ANSIOSOS NO AMOR

ANSIOSOS

NO AMOR

Como se tornar mais seguro
no amor e na vida

JESSICA BAUM

Título original: *Anxiously Attached*

Copyright © 2022 por Jessica Baum
Copyright da tradução © 2023 por GMT Editores Ltda.

Todos os direitos reservados. Nenhuma parte deste livro pode ser utilizada ou reproduzida sob quaisquer meios existentes sem autorização por escrito dos editores.

Publicado mediante acordo com a TarcherPerigee, um selo do Penguin Publishing Group, uma divisão da Penguin Random House LLC.

ilustrações de miolo: Monika Jasnauskaite
tradução: Lúcia Ribeiro da Silva
preparo de originais: Pedro Siqueira
revisão: Priscila Cerqueira e Tereza da Rocha
diagramação: Valéria Teixeira
capa: Caroline Johnson
adaptação de capa: Ana Paula Daudt Brandão
imagem de capa: Malorny / Moment / Getty Images
impressão e acabamento: Cromosete Gráfica e Editora Ltda.

CIP-BRASIL. CATALOGAÇÃO NA PUBLICAÇÃO
SINDICATO NACIONAL DOS EDITORES DE LIVROS, RJ

B341a

Baum, Jessica
  Ansiosos no amor / Jessica Baum ; tradução Lúcia Ribeiro da Silva. - 1. ed. - Rio de Janeiro : Sextante, 2023.
  240 p. ; 23 cm.

  Tradução de: Anxiously attached
  ISBN 978-65-5564-579-8

  1. Comportamento de apego. 2. Ansiedade. 3. Relações interpessoais. 4. Intimidade (Psicologia). I. Silva, Lúcia Ribeiro da. II. Título.

22-81351   CDD: 158.2
                             CDU: 159.942.2

Gabriela Faray Ferreira Lopes - Bibliotecária - CRB-7/6643

Todos os direitos reservados, no Brasil, por
GMT Editores Ltda.
Rua Voluntários da Pátria, 45 – Gr. 1.404 – Botafogo
22270-000 – Rio de Janeiro – RJ
Tel.: (21) 2538-4100 – Fax: (21) 2286-9244
E-mail: atendimento@sextante.com.br
www.sextante.com.br

Ao meu par cósmico, Sven.
Seu amor constante me
apoia de maneiras que
nunca imaginei possíveis.

SUMÁRIO

INTRODUÇÃO — 9

PARTE UM — Como nos perdemos
- CAPÍTULO UM — O papel dos relacionamentos — 22
- CAPÍTULO DOIS — O silencioso pacto do eu mirim — 45
- CAPÍTULO TRÊS — A dança da ansiedade e da evitação — 67

PARTE DOIS — Tornando-se egófilo
- CAPÍTULO QUATRO — Escute seu coração — 90
- CAPÍTULO CINCO — Curando o eu mirim de dentro para fora — 109
- CAPÍTULO SEIS — Da abnegação à egofilia — 135

PARTE TRÊS — Amando com todo o seu ser
- CAPÍTULO SETE — A beleza dos limites — 164
- CAPÍTULO OITO — Um novo jeito de amar e ser amado — 189
- CAPÍTULO NOVE — O poder transformador do amor — 216

AGRADECIMENTOS — 233
NOTAS — 235

INTRODUÇÃO

Nos primeiros anos da vida adulta, eu era um desastre em matéria de namoro. Permanecia nos relacionamentos para evitar a solidão, e os homens com quem eu saía eram emocionalmente indisponíveis e alheios às minhas necessidades. Eu era muito infeliz. Sentia-me rejeitada pelo aparente desinteresse deles e tinha raiva por nem sequer me perguntarem sobre como eu me sentia.

Quero relatar duas experiências que me abalaram profundamente e ativaram meus padrões arraigados de apego. Elas tocaram nas mesmas feridas, embora pareçam muito diferentes quando vistas de fora. Aos 19 anos, tive um namorado que era dono da própria empresa. Passados os primeiros impulsos da paixão, quando a relação se tornou menos empolgante, ele voltou toda a atenção para o trabalho – e hoje entendo que era exatamente o que precisava fazer. Ele não era mau sujeito, apenas estava iniciando o próprio negócio e vivia sob enorme pressão. Mas seu afastamento gradual despertou o medo do abandono dentro de mim, e me senti muito angustiada. Emagreci, vi minha vida começar a perder o sentido. Aquilo me assustou e, com o tempo, o tumulto em meu íntimo tornou-se tão intenso que precisei ser hospitalizada por ansiedade aguda. Quando o médico me perguntou por que eu estava ali, respondi simplesmente: "Porque meu namorado não me ama." Mal conseguia disfarçar meu medo de ficar sozinha, e, quando a nossa proximidade intensa se transformou em desligamento total, aquilo causou em mim um profundo mal-estar. Eu não compreendia o que estava acontecendo e tinha a impressão de que ia enlouquecer. Li diversos livros sobre codependência, mas, embora eles ajudassem, continuavam sem explicar o que estava acontecendo dentro do meu corpo.

Anos depois, casei com um homem que era inteiramente incapaz de manter um vínculo emocional. No início do namoro, eu não dava muita importância quando ele não respondia às minhas mensagens. Com o tempo, fiquei hipersensível até mesmo aos menores sinais de afastamento. A cada seis ou oito semanas, um padrão se repetia: ele se distanciava e eu ficava buscando contato. Eu me sentia aprisionada nesse ciclo interminável, mas acreditava que, de algum modo, o compromisso do casamento modificaria essa dinâmica e me traria uma sensação de segurança. Agora entendo com clareza que, assim que nos aproximávamos da intimidade (e eu começava a me sentir segura), ele se afastava devido ao seu pavor de estabelecer um vínculo profundo. Ele parava de mandar mensagens e nossa comunicação tornava-se insossa e superficial. À medida que ele se distanciava, eu tinha a impressão de que não havia ninguém à minha frente quando olhava para ele. Meu corpo inteiro reagia ao vê-lo insatisfeito. Meu coração disparava e eu me sentia vazia, como se tivessem arrancado alguma coisa de mim. Minha visão embaçava e o pânico me invadia. Quando não conseguia restabelecer a conexão com ele, eu ficava tão perdida e sozinha quanto na infância. Sua incapacidade de manter o vínculo e, principalmente, aquele seu olhar vazio me levavam a uma experiência primitiva de abandono. Era como se me faltasse oxigênio.

Esses anos foram sombrios e confusos. Eu não conseguia entender as minhas emoções e o que acontecia no meu corpo. Mas tudo mudou quando passei a conhecer meus padrões de apego, as reações do meu sistema nervoso e as feridas em meu interior. Aprendi a olhar para trás e entendi que o medo da separação tinha me acompanhado a vida inteira. Isso me permitiu dar sentido à minha experiência física e abrir caminho para a compaixão e a cura. Na verdade, escrevi este livro para dar exatamente isto a você: a compreensão profunda do que *de fato* acontece no seu corpo e da razão pela qual você tem essa tendência ao autoabandono. Serei seu apoio nesta jornada que lhe trará segurança para construir relacionamentos mais satisfatórios.

Vamos começar com algumas questões. Se você está se perguntando se por acaso tem um estilo de apego ansioso, a lista a seguir lhe proporcionará algumas respostas. Desenvolvemos o apego ansioso e experimentamos tais sentimentos e comportamentos quando passamos a infância inseguros quanto à presença de alguém ao nosso lado. Alguns deles dizem respeito à ansiedade em si, e alguns têm a ver com as estratégias que usamos para tentar nos proteger dessa angústia. Por favor, trate a si mesmo com gentileza ao se questionar sobre as situações abaixo:

Você se pega pensando demais em seu par atual, deixando outros interesses de lado?

Você está sempre comentando com os amigos sobre seu par e sobre o relacionamento de vocês?

Você abre mão do que deseja para fazer aquilo que acredita que seu par deseja?

No começo, você idealiza seu par e depois se decepciona quando essa pessoa não atende perfeitamente às suas necessidades?

Se seu par não responde logo a uma mensagem de texto, você sente sua ansiedade aumentar?

Você se pega imaginando motivos para essa falta de resposta imediata?

Você fica insistindo para falar com seu par quando não recebe uma resposta imediata?

Você se apega muito depressa e depois se angustia por não saber se a relação vai durar?

Você ameaça ir embora quando seu par não lhe dá toda a atenção que você quer?

Você se afasta de seu par quando essa pessoa não atende às suas necessidades de contato?

Você se apressa a buscar reconciliação depois de uma briga, insistindo em continuar a conversa até fazerem as pazes?

Você dá sermão e culpa seu par por não manter tanto contato quanto você necessita?

Você fica listando os defeitos de seu par?

Você costuma sentir raiva de si mesmo ou de seu par por ele não se mostrar tão disponível quanto você gostaria?

Você tem ou pensa em ter um caso só para provocar ciúmes?

Você vigia o que seu par faz na internet?

Você vasculha o telefone do seu par para saber com quem ele mantém contato e garantir que não está mentindo?

Em primeiro lugar, saiba que é absolutamente normal se identificar com todos ou alguns desses comportamentos – daqui a pouco você vai entender o motivo por trás dessa tendência e sentir mais compaixão por si mesmo. Encarar essas emoções e condutas pode causar dor ou vergonha. Entretanto, o trabalho que faremos juntos lhe abrirá as portas para reconhecer seu medo e seu sofrimento, dando-lhe a certeza de que merece apoio para curar as feridas que geram esses comportamentos.
Vamos começar por um conceito que talvez pareça estranho. E se eu lhe dissesse que, para melhorar a qualidade de seus relacionamentos, você precisa focar mais em si mesmo? É provável que isso contrarie tudo que você aprendeu sobre o que significa dedicar-se a uma relação de modo amoroso e carinhoso. Talvez você acredite que para receber amor é preciso dá-lo continuamente, como se o amor fosse algo que precisa ser merecido. Mas a orientação que sempre dou é: para cultivar relacionamentos

saudáveis, precisamos nos compreender profundamente e curar as feridas que nos mantêm nesse ciclo infeliz, para só então entrar em uma relação amorosa nos sentindo mais fortes e seguros. Chamo esse processo transformador de tornar-se *egófilo*.*

Quando você entrar nos relacionamentos com essa postura empoderada, as táticas dos joguinhos e da busca por atenção não despertarão mais nenhum interesse. Você atrairá pessoas mais compatíveis com você, terá habilidade e equilíbrio para lidar com qualquer dificuldade e terá clareza para saber quando é hora de terminar tudo.

Como terapeuta de casais há mais de dez anos, ajudei milhares de mulheres e homens a se tornarem egófilos e a atrair e firmar relações íntimas de apoio. Faço esse trabalho porque minha própria jornada de cura me ensinou que é possível mudar nossas formas de reagir nos relacionamentos. Para mim, o ponto da virada foi compreender que eu tinha um *apego ansioso* e identificar os padrões presentes em todos os meus relacionamentos românticos. Esse estilo de relação se enraíza numa insegurança profunda e costuma se manifestar como uma espécie de vício no amor. Uma boa indicação de que estamos presos nesse tipo de relacionamento é quando sabemos que ele nos fere, mas ainda assim permanecemos aprisionados, ou continuamos atraindo sempre o mesmo tipo de relação, o que nos deixa confusos e desgastados.

Foi muito útil saber que as primeiras interações que tive na infância haviam estabelecido os padrões agora presentes em minha vida amorosa. Isso me permitiu enxergar que eu usava as relações românticas em uma

---

* N. da T.: Na língua inglesa, *selfish* corresponde a *egoísta*, aquele que só se interessa por si e pelo que lhe diz respeito, enquanto *selfless* significa *abnegado*, *altruísta*, aquele que renuncia aos próprios desejos e interesses em prol de uma dedicação extrema a alguém ou algo (uma causa, por exemplo). Ocorre que, na formação etimológica de *selfless*, o sufixo *less* (*não*, ou *sem*) tem uma conotação negativa, e o vocábulo admitiria a tradução "literal" *sem eu*, apontando uma pessoa desprovida de afeto e interesse por si mesma. Assim, a autora prefere contrastar o egoísta (*selfish*) com o neologismo *self--full* – alguém com um eu pleno, que quer bem a si mesmo e é capaz de se doar generosamente ao outro, mas sem prejuízo de seu amor-próprio e seus interesses pessoais, alguém que é amigo do seu eu. Para dar fluência ao texto, a ideia de *gostar de si* ou *ser amigo do próprio eu* foi traduzida como *egofilia*, e seu adjetivo correspondente, *egófilo*.

tentativa de "consertar" o que parecia quebrado em mim, ou de me completar, e que isso só tinha me deixado ainda mais frustrada e infeliz. Eu precisava recapitular, reunir uma rede de apoio confiável e tratar a ansiedade que meus pais, com a melhor das intenções, haviam incutido em mim.

Isso não significa que devemos pôr toda a culpa em nossos pais. Eles fizeram o melhor possível com o que receberam. Muito provavelmente nos amavam da maneira que sabiam amar, porém o amor não é suficiente para construir uma base sólida para uma identidade segura. Isso requer pais que sejam capazes de nos enxergar e de estar inteiramente presentes para nós, nos acolhendo tais como somos, mesmo quando estamos confusos, zangados ou tristes. Eles também precisam nutrir carinho e curiosidade pela pessoa que estamos nos tornando e apoiar todos os aspectos do nosso eu. Por realmente nos enxergarem, eles são bons espelhos para nosso estado interior e estão dispostos a corrigir os erros que possam ter cometido. Tudo isso nos deixa seguros para crescer e nos tornarmos quem somos de verdade. Essas experiências com nossos pais literalmente moldam nosso cérebro, de maneiras que respaldarão nossa capacidade de manter relacionamentos gratificantes quando estivermos prontos para a amizade e, mais tarde, para o romance. O mais importante, talvez, é que também internalizamos nossos pais como companheiros permanentes, que formam o núcleo de uma comunidade interna que nos sustentará durante toda a vida. Exploraremos melhor o cérebro e a internalização adiante.

Muitos pais simplesmente não receberam o necessário para nos fornecer esse tipo de segurança. Quando os internalizamos, também absorvemos sua angústia, sua raiva ou sua ausência. Depois, cabe a nós lidar com o trabalho de reparo interior. Devo dizer que esse processo de cura foi a coisa mais difícil que já tive que fazer. Significou revisitar mágoas passadas, o que, pouco a pouco, me permitiu modificar minhas expectativas habituais de como os relacionamentos deveriam ser. O maior catalisador desse trabalho foi o término do meu primeiro casamento. Enfrentei solidão, confusão e medo ao me desafiar a ficar bem estando solteira. Só não percebi que aquele relacionamento estava desvelando profundas feridas subconscientes, que demandavam cuidado. Durante esse período, comecei a buscar amigos que estivessem emocionalmente presentes, que pudessem me apoiar de maneira calorosa e confiável. Isso contribuiu para eu me sentir amparada enquanto trabalhava na reconstrução do meu mundo interior. O carinho deles me deu a segurança de que eu precisava e também me trouxe paz de espírito. Sei que os internalizei porque sinto o apoio bondoso deles, enquanto comunidade, ao escrever este texto. À medida que fui me curando, deixei de me perder no amor romântico, como fazia antes. Esse processo levou a uma calma interior, à estabilidade, à consciência das minhas necessidades e à confiança em mim mesma, uma sensação que eu nunca havia imaginado possível. Com o tempo, encontrei um parceiro amoroso com quem estabeleci um vínculo mais seguro. Neste novo relacionamento, comecei a integrar todo o meu crescimento à minha consciência recém-descoberta, o que nos permitiu atingir camadas mais profundas de uma intimidade realmente gratificante. Como resultado, sinto-me amparada por ele como nunca antes – e sou capaz de lhe devolver o mesmo apoio e aceitação. Onde quer que você esteja em sua jornada, o processo de transformação que exploraremos juntos aqui permitirá que você também encontre o que precisa para curar feridas antigas, a fim de cultivar relacionamentos saudáveis, amorosos e sustentáveis. Escrevi este livro porque esse é meu desejo para você.

Nos três primeiros capítulos, vamos focar em aprofundar a compreensão de nós mesmos e de nosso comportamento nas relações. Isso nos ajudará a desenvolver sabedoria e compaixão pelas partes de nosso eu que talvez preferíssemos negar. Essa consciência e essa aceitação tornam-se a base da mudança.

Começaremos examinando dois estilos de apego, ambos nascidos na infância, que criam variados padrões de relacionamento na vida adulta, sobretudo nas relações mais íntimas. Algumas pessoas desenvolvem um estilo de apego ansioso, como o que identifiquei em mim. Isso é diferente dos sentimentos que todos temos no início de uma relação. Como tudo é novo e desconhecido, a dinâmica nem sempre vem à tona logo no princípio. Cada um de nós passa por uma série de sentimentos distintos e é compreensível que, vez por outra, *todos* questionemos se é realmente seguro ir adiante e nos mostrarmos vulneráveis para o nosso par. Isso pode gerar confusão, porque é possível que o relacionamento comece felicíssimo e empolgante, até o medo da intimidade vir à tona e nossas feridas primordiais serem reabertas.

O apego ansioso provém de um profundo sentimento de *instabilidade interna*, no qual feridas antigas levam as pessoas a supor que serão invariavelmente abandonadas. Esse sentimento pode resultar em comportamentos que só afastam ainda mais os parceiros: mandar dezenas de mensagens seguidas, monitorar o telefone alheio, ter obsessão com postagens nas redes sociais ou ser excessivamente pegajoso e ciumento. Por trás de todas essas condutas estão o pavor e uma necessidade desesperada de manter por perto a outra pessoa. Resultado: relacionamentos turbulentos, dolorosos e, no fim das contas, insustentáveis.

Este livro foi escrito para os que têm apego ansioso, mas também será útil para compreendermos o estilo no extremo oposto do espectro. O apego evitativo também está enraizado nas experiências da primeira infância, com pais que não estavam presentes ou não eram capazes de oferecer apoio afetivo suficiente. Pessoas esquivas desenvolveram um mecanismo diferente de enfrentamento. Ao verem que era perigoso confiar nos outros, os tipos esquivos aprenderam a se proteger mantendo distância da intimidade. É comum serem dedicados a suas carreiras e tenderem a recuar quando a proximidade aumenta. A crítica do parceiro pode ser o suficiente para romper o relacionamento. Embora não seja esse o meu estilo de apego, tive muitas experiências com pessoas assim. Vamos nos concentrar nesses dois tipos, porque é comum eles se atraírem, como a mariposa é atraída pela luz.

No capítulo seguinte, exploraremos o mundo das partes mais infantis de nós, o *eu mirim* – que aprendeu o que tinha que fazer para manter o vínculo com os próprios pais. A autocompaixão tende a aflorar quando experimentamos como os comportamentos que mais nos desagradam em nós foram absolutamente necessários para permanecermos ligados às figuras centrais em nossa vida. Essas perdas precoces causam feridas primordiais, das quais podemos não ter consciência, mas que nos levam a perpetuar esses padrões ao avançarmos para a idade adulta.

Após compreender isso, poderemos explorar, no último capítulo da Parte 1, como a dança dos relacionamentos adultos entre a ansiedade e a evitação emerge dessas experiências infantis. Duas pessoas em busca de um relacionamento amoroso são atraídas por padrões conhecidos de proteção, por causa das feridas primordiais da infância. E isso nos leva ao que Melody Beattie chama de relacionamento codependente. Uma definição brevíssima de codependência seria a seguinte: a tentativa de controlar as emoções e os comportamentos de outra pessoa para não ter que vivenciar os próprios sentimentos dolorosos.[1] *Se eu conseguir fazer com que você fique perto de mim, não terei que sentir o abandono assustador à espreita em meu íntimo* (pessoa ansiosa). *Se eu puder ficar longe o bastante de você, não terei que experimentar a vulnerabilidade que ameaça me fazer sentir o meu infinito vazio interior* (pessoa evitativa). Na verdade, cada uma dessas pessoas depende da outra para obter proteção, porém de modos que garantem mais sofrimento para ambas. As evitativas ficam ainda mais convencidas de que os relacionamentos devem ser evitados, enquanto as ansiosas, mais em contato com as próprias emoções, sofrem um abandono angustiante ao se abnegarem, na tentativa de preservar a relação.

Na sequência, abordaremos o tipo de ferida que leva a comportamentos ainda mais destrutivos de vício no amor (pessoa ansiosa) e a um narcísico foco em si mesmo (pessoa evitativa). Tendo experimentado na pele esse tipo de relação, conheço a dor que isso traz e sei da importância de curar as perigosas feridas daqueles com um padrão de apego ansioso.

Em seguida, passaremos à parte central deste livro – o trabalho de curar as feridas primordiais e nos tornarmos egófilos. A lição mais importante que aprendi, ao começar a compreender meu padrão de apego ansioso, foi que enfrentar os medos mais profundos de abandono, solidão e rejeição no amor é a chave para adquirirmos segurança e preparo para um relacionamento saudável. Quanto mais ignorarmos essas partes vulneráveis e feridas de nós mesmos, mais prolongaremos a experiência desoladora de manter relacionamentos que reproduzem os sentimentos de abandono e medo vivenciados na infância.

Enquanto seres humanos, temos dificuldade em lidar com a dor, e costumamos fazer o possível para evitar o incômodo de enfrentá-la dentro de nós. O trabalho interno de nos tornarmos egófilos, que inclui localizarmos exatamente onde dói e cuidarmos com gentileza dessas partes feridas, não é exceção à regra. Mesmo quando intuímos que é assim que nos livraremos de apegos nocivos, é comum nos retrairmos, muitas vezes por não termos uma rede de apoio. Mas é fundamental encontrar alguém que nos ajude nesse processo – seja um terapeuta ou um amigo capaz de nos ouvir com delicadeza e sem juízos de valor.

Terei o privilégio de segurar sua mão ao longo deste livro, trabalhando com você para ajudá-lo a desenvolver seu novo sistema interno de suporte. Sentir-se cuidado e ouvido por outras pessoas lhe dará um sentimento de segurança, ingrediente vital para curar sua relação consigo mesmo. Essa rede externa de segurança lhe trará paz de espírito, construirá uma comunidade interna de cuidados e permitirá que você seja quem é de verdade. Vai também ensiná-lo a responder de outra maneira às suas necessidades de apego quando elas surgirem. Com o tempo, você se sentirá muito mais seguro.

Começaremos com uma prática de reflexão que ajudará você a construir a chamada *interocepção*. Isso significa escutar as sensações do seu corpo para entrar em contato com seu mundo interior. É lá que nossas feridas primordiais ficam cuidadosamente armazenadas, até que alguém venha nos ajudar no processo de cura.

No capítulo seguinte, depois que você tiver começado a desenvolver a capacidade de escutar o seu interior, o seu eu mirim iniciará sua jornada curativa. Você poderá voltar ao livro quantas vezes quiser para encontrar as práticas de meditação que lhe darão o apoio necessário pelo resto da vida.* Essa parte da jornada será dolorosa em alguns momentos, quando tocarmos no medo e na angústia que o assolam desde pequeno. O que possibilita esse trabalho são o cuidado e o calor humano que trazemos com nossa escuta presente e os recursos internos que estamos construindo. Esse movimento em direção à segurança é fortalecido à medida que você demonstra coragem suficiente para fazê-lo.

No último capítulo da Parte 2, examinaremos a transformação da personalidade abnegada na personalidade egófila – e o que esperar ao concluir essa jornada. Vamos rever os lugares em que estivemos e comemoraremos a sensação de plenitude que emerge quando recuperamos o eu mirim e construímos uma comunidade firme de cuidadores internos.

Com isso, estaremos prontos para a Parte 3. Como será ter uma relação de interdependência com alguém? Nesse tipo de relacionamento, os dois parceiros têm segurança interna suficiente para não depender apenas um do outro para se conectarem e se sentirem à vontade com a intimidade

---

* Você pode baixar uma versão áudio (em inglês) das meditações apresentadas neste livro em beselffull.com/meditations.

crescente. Ao mesmo tempo, podem recorrer um ao outro em busca de apoio. Diríamos que eles não abandonam nem invadem o espaço alheio. Tecer uma parceria como essa é desafiador e recompensador. Significa desenvolver novos tipos de limites internos e externos (Capítulo 7); adquirir habilidade para enfrentar as dificuldades da relação, de modo que o trabalho de conciliação entre duas pessoas fortaleça o relacionamento em vez de perturbá-lo (Capítulo 8); e usar os recursos do universo para sustentar uma vida em perpétua renovação da capacidade de amar (Capítulo 9).

Creio que as pessoas entram em nossa vida por uma razão e que cada indivíduo com quem cruzamos tem uma lição valiosa a dividir conosco. Precisamos apenas nos abrir para recebê-la. Vista dessa maneira, diríamos que a natureza por trás de todos os relacionamentos é espiritual. É por isso que o caminho para nos tornarmos egófilos é também uma jornada espiritual rumo à plenitude, uma jornada em que procuramos estabelecer uma ligação não apenas com nosso eu interior, mas também com uma fonte de amor e apoio incondicionais muito maior do que imaginamos.

Há um mistério profundo nessa jornada para dentro. Podemos passar a sentir que contamos com o divino, que nunca estamos sozinhos e que o universo realmente nos protege. A neurociência relacional também nos diz que fomos feitos para esses tipos de conexões, que enchem nosso corpo com a neuroquímica de vínculos calorosos e seguros.[2] Confiando nessa conexão espiritual e no suporte humano, começamos a agir de maneira mais espontânea e criativa, aumentando nossas chances de encontrar um amor que nos realize. À medida que se curar, você se sentirá mais seguro no mundo, em seus relacionamentos e dentro de si mesmo.

Compartilho isso como uma motivação para a jornada que vamos iniciar, uma jornada para entender melhor suas mágoas e curá-las, para que você não tenha mais que buscar do lado de fora todo o conforto e toda a proteção de que precisa. O objetivo deste livro – que inclui meditações e práticas guiadas para ajudá-lo a transitar por suas feridas e necessidades emocionais mais profundas – é iluminar as partes de seu mundo interior que necessitam de amor e carinho, incentivando-o a investigar como a dinâmica de relacionamentos passados sempre influenciou essas suas partes doloridas e vulneráveis. Ao prosseguir por estas páginas, siga seu ritmo e respeite seu tempo para se aprofundar em si mesmo. Podemos fazer isso juntos.

PARTE UM

Como nos perdemos

CAPÍTULO UM

O papel dos relacionamentos

A coisa mais importante que quero que você saiba é que o seu desejo de manter um relacionamento é o que há de mais natural no mundo. Todos fomos feitos para criar vínculos íntimos com outras pessoas. Nascemos fisicamente ligados a nossas mães pelo cordão umbilical, que um dia foi a nossa única fonte de sustento, o fio mágico da própria vida. Na infância, continuamos a depender dos nossos pais e do grupo familiar mais amplo para sobreviver. Parte do crescimento significa aprendermos a ser mais autossuficientes, até um dia nos tornarmos capazes de atender às nossas necessidades de sobrevivência. Ao avançarmos para a idade adulta, a sociedade nos diz que devemos ser autônomos e independentes, mas, quando nosso estilo de apego é ansioso, nosso mundo interior afirma que devemos nos agarrar aos relacionamentos, ou seremos abandonados. Na verdade, o mapa do caminho intermediário, da interdependência, está traçado antes mesmo de respirarmos pela primeira vez. Somos criaturas sociais, desde o nascimento até o último suspiro, sempre em busca de pessoas confiáveis em quem possamos nos apoiar e que também possam se apoiar em nós. Nada é capaz de trazer maior sensação de segurança do que o vínculo verdadeiro com outra pessoa.

Quando estamos no mundo, buscando uma conexão fora do seio da família, como saber se a pessoa a quem confiamos nossos sentimentos está à altura e não vai partir nosso frágil coração? Diante dessa incerteza, tendemos a reprimir nosso desejo de proximidade, ficando superindependentes, ou então pulamos de relacionamento em relacionamento, como uma solução rápida para a dor que a solidão provoca. Embora já não precisemos mais daquele tipo de vínculo que nos garantia alimento e abrigo, nossos relacionamentos adultos desempenham dois papéis diferentes, mas de igual importância: a necessidade de sermos vistos e reconhecidos pelos outros a fim de sentir apoio e segurança; e a satisfação da intimidade a longo prazo com outra pessoa.

Em nossas relações mais próximas (aquelas em que nos sentimos realmente seguros e relaxados para sermos quem somos de verdade), conseguimos alcançar até mesmo estados mais profundos do ser e descobrimos a alegria de sermos plenamente aceitos. Desse modo, nossas relações íntimas tornam-se o espelho em que encontramos nosso eu *inteiro*. Seguros nesse eu inteiro, podemos compreender nossas necessidades mais profundas e procurar atendê-las, definindo nosso lugar no mundo. Nada legitima e liberta mais do que a permissão de sermos simplesmente *nós* – e, num relacionamento saudável, essa permissão é concedida a ambos os lados, numa troca recíproca, permanente e incondicional de aceitação e carinho. Quando isso acontece, os conflitos são vistos como uma oportunidade de desenvolver empatia e compreensão para nos aproximarmos ainda mais. Tudo isso nos ajuda a ficar confortáveis com a intimidade e permite dar e receber amor com mais facilidade.

Dependendo das influências de nossa criação e de nossa cultura, pode ser difícil formar esses relacionamentos seguros e saudáveis. É possível que, quando crianças, tenhamos vivenciado um sentimento de desinteresse dos outros por nós, e por isso tenhamos aprendido a lidar com tudo sozinhos; ou talvez não tenhamos recebido muita atenção, de modo que nos apegamos de forma ansiosa a qualquer migalha de atenção e afeto que apareça pelo caminho, mesmo sem acreditar que isso será suficiente. Se a base de nossos vínculos foi erguida sobre um terreno instável, temos que primeiro tratar dessas feridas primordiais para então criar os relacionamentos seguros que desejamos.

O QUE É A TEORIA DO APEGO?

A *teoria do apego*, que estuda como estabelecemos vínculos na primeira infância, teve como pioneiro o psicólogo John Bowlby, na década de 1950.[3] Bowlby explicou que, quando bebês, dependemos de cuidadores para atender nossas necessidades básicas, e o modo como esses cuidadores (nossos pais, avós e irmãos) as satisfazem cria um *estilo de apego*. Esse estilo pode afetar a maneira como nos relacionamos com os outros na infância e até na idade adulta. Com sua colega Mary Ainsworth, Bowlby identificou três estilos diferentes de apego: ansioso, evitativo e seguro. A compreensão desses padrões relacionais forma a base do meu trabalho como terapeuta de casais – e também ajudou a compreender minhas próprias tendências de relacionamento, depois que meu primeiro casamento terminou num divórcio devastador. Quando cheguei ao fundo do poço afetivo, soube que era hora de mudar. Percebi que precisava criar em mim um sentimento interno de segurança, que havia me faltado durante a vida inteira, e descobri que meu estilo de apego ansioso estava na origem da minha infelicidade.

Como descrevi na introdução, a pessoa que vivencia um apego ansioso teme ser abandonada por ter recebido dos pais um vínculo muito inconsistente. Para se proteger disso no futuro, ela tende a concentrar toda a sua energia em encontrar um relacionamento. Não raro, sua necessidade de manter o vínculo sufoca emocionalmente o parceiro, porque ela não consegue evitar a obsessão pelo comprometimento da outra pessoa. Quando o novo parceiro começa a se retrair, é comum vir à tona a sensação de não ser digno de amor. A vida de quem se apega ansiosamente pode se tornar uma busca interminável por um relacionamento que prove que essa pessoa merece ser amada, mas a necessidade de se agarrar à reafirmação, por medo e insegurança, cria demandas que costumam levar ao abandono que o ansioso tanto teme.

Por sua vez, as pessoas com apego evitativo têm forte necessidade de fugir ao primeiro sinal de intimidade. No caso delas, a crença central é a mesma – *Não receberei o amor de que preciso* –, mas terá sido transmitida de modo diferente, por pais incapazes de atender às necessidades afetivas dos filhos. A conclusão mais lógica é que as pessoas esquivas têm que se virar sozinhas, e por isso aprendem a valorizar sua independência e sua autossuficiência acima de tudo, por não acreditarem que alguém suprirá suas demandas afetivas.

As pessoas com apego seguro ficam mais à vontade com a intimidade e acreditam que suas necessidades afetivas serão atendidas. Quando crianças, seus pais ofereciam calor humano e atenção constantes, transmitindo a mensagem de que elas eram muito queridas. Isso as preparou para já esperar e querer interdependência em seus relacionamentos adultos. Essas pessoas são capazes de oferecer amor e apoio sem perder sua noção de identidade, transitando com facilidade entre o vínculo profundo e a solidão temporária, sem temer que o relacionamento acabe.

Muitos de nós vivenciam mais de um estilo de apego quando pequenos. Talvez nossa mãe tenha se mostrado angustiada e inconsistente e nosso pai ficasse apenas calado lendo o jornal. Por termos esses dois padrões dentro de nós, qualquer um deles pode emergir, dependendo de como seja nosso relacionamento atual. Quando sentimos que um amigo ou nosso par está grudando em nós, a evitação que vivenciamos com nosso pai pode acionar nosso afastamento. Se estamos com alguém que tende a se afastar, podemos descobrir que a ansiedade que vivenciávamos com nossa mãe logo volta à tona. Ao avançarmos juntos neste livro, você verá com maior clareza suas tendências, seus padrões e suas necessidades em diferentes situações. Aos poucos, isso o ajudará a compreender melhor do que você precisa numa relação romântica.

Aqueles que tiveram uma criação estável se perguntam por que ainda têm sentimentos de insegurança de vez em quando. É importante reconhecer que todos podemos nos sentir ansiosos quando nosso par tem forte tendência a se esquivar da intimidade. Esses sentimentos são a voz de um primitivo sistema adaptativo de alerta tentando nos avisar a respeito do que está acontecendo com o casal. Dispor desse conhecimento na caixa de ferramentas afetiva é um lembrete de que o apego é sempre uma experiência a dois.

Nenhum desses estilos de apego é "melhor" do que o outro. A maneira como nos relacionamos também nos leva a ser quem somos. Seja ela ansiosa, evitativa ou segura, nossa maneira de estabelecer vínculos com os outros desenvolveu-se ao longo da vida, ao nos adaptarmos da melhor forma possível à situação familiar. Ao contrário do que se pode pensar, ela não é algo que precisa ser modificado da noite para o dia. A verdadeira força está em aprendermos a compreender e a trabalhar *com* as necessidades singulares de nosso estilo de apego enquanto nos curamos, a fim de podermos nos concentrar em relacionamentos que nos permitam florescer, sendo *exatamente como somos*.

Nestas páginas, examinaremos principalmente o estilo de apego ansioso, aquele com que, acredito, você mais se identifica, caso o título do livro tenha ressoado em você. É provável que já tenha cuidado muitas vezes de um coração partido, e que pergunte a si mesmo por que continua atraindo parceiros que parecem ultraindependentes ou tão narcisistas que se revelam incapazes de compreendê-lo e de satisfazer suas necessidades afetivas. Já você percebe as relações de outra maneira, acreditando que para amar e ser amado tem que dar tudo de si, e mais até. Acredita que é uma virtude ser *abnegado* em seus relacionamentos. Por mais que isso soe convincente, é na verdade o caminho mais rápido para nos perdermos no amor, um caminho que pode parecer romântico, mas é o oposto da trilha do autoconhecimento e da autoaceitação, que são as verdadeiras funções das relações íntimas na vida adulta.

A teoria do apego romântico adulto foi originalmente formulada pelos psicólogos Cindy Hazan e Phillip R. Shaver, na década de 1980.[4] Seu trabalho inovador mostrou que quase 56% das pessoas tinham um estilo de apego seguro, enquanto 25% tinham apego ansioso e 19% eram evitativas. Essas proporções mudaram um pouco nas décadas seguintes, quando o número de pessoas com apego seguro diminuiu e o das que eram do estilo inseguro cresceu, provavelmente por causa da tensão constante da vida cotidiana. Hazan e Shaver também notaram que nossas experiências mais precoces de apego exercem forte influência na maneira como entramos nos relacionamentos adultos, sobretudo os mais íntimos. Quanto mais próxima a relação, mais ela estimula nossas expectativas anteriores referentes ao apego.

Sua pesquisa sugeriu ainda que determinados estilos de apego podem atrair outros. Como mencionei na introdução, é comum as pessoas ansiosas e as evitativas se atraírem. A pessoa evitativa é sempre atraída pela ansiosa, pois no fundo deseja exatamente aquilo que tanto tenta evitar: a intimidade. Enquanto isso, a pessoa ansiosa é hipervigilante em sua busca por estabilidade, algo que a pessoa de apego evitativo tem pouca chance de proporcionar. Examinemos mais de perto como isso ocorre, usando como exemplo minha relação com meu ex-marido.

Quando nos conhecemos, foi tudo maravilhoso. Ele era muito atencioso e planejava uma porção de programas divertidos para fazermos juntos. O melhor de tudo era que sua atenção era contínua. Ele parecia expressar suas emoções de maneira aberta e livre, dizendo que me amava sem hesitação alguma. No entanto, quanto mais próximos e íntimos nos tornamos, mais *os nossos medos individuais ligados aos relacionamentos* entraram em ação. Isso se manifestou de maneiras diferentes em nós dois, de acordo com nosso estilo de apego. Ao sentir medo, ele recuava e eu corria em sua direção, em busca de reafirmação e consolo. Quanto mais minha ansiedade me induzia a procurá-lo, mais a evitação dele o retraía. Quando sentia que ele se afastava, eu entrava em pânico e tentava chamar ainda mais sua atenção, mandando inúmeras mensagens de texto, por exemplo. Por ser evitativo, ele se sentia ameaçado pela minha carência e pela expressão das minhas emoções, fechava-se emocionalmente e cortava todo o contato. Depois, rompia o relacionamento. Com o passar do tempo, sentia-se menos pressionado e lembrava do quanto me amava. Então voltava para mim inteiramente comprometido. Entretanto, assim que as coisas voltavam ao normal, a dança recomeçava.

Aposto que você se identifica com esse cenário. É um ciclo conhecido pela maioria das pessoas com estilo ansioso de apego. Somos movidos por tanto medo que fazemos tudo o que for necessário para nos agarrarmos a um relacionamento, custe o que custar. Você deve ter ouvido algumas mulheres dizerem "Quero um homem que cuide de mim", ou "Vai ficar tudo bem quando eu me casar". Embora seja verdade que um relacionamento saudável pode ajudar a nos tornarmos a nossa melhor versão, a questão é que essas afirmações sugerem que o par romântico será a solução de todos os nossos problemas. Quando pensamos dessa maneira, o desejo de encontrar um companheiro transforma-se numa busca aflitiva por algo que acreditamos faltar em nosso ser. Em vez de encarar os relacionamentos como um meio de nos compreendermos melhor (compartilhando também uma intimidade gratificante), buscamos alguém que nos *complete*.

Ao fazê-lo, passamos a explorar uma fonte de energia – a energia de nosso par, em vez da nossa – a ponto de não mais funcionarmos sem seu amor e sua atenção. Em vez de confiar em nossos recursos internos nas horas de aperto, recorremos à outra pessoa para que ela faça com que voltemos a nos sentir inteiros. E isso até pode funcionar por algum tempo. Começamos a nos sentir mais seguros, mas, por outro lado, já temendo perder essa segurança, dizemos a nós mesmos: "Essa é a pessoa que eu estava procurando." Essa sensação é seguida por: "Se ela me deixar, eu não sobrevivo. Tenho que me agarrar a ela." Para prevenir a perda, tendemos a nos abandonarmos por completo, colocando as necessidades da outra pessoa acima das nossas, na esperança de fazê-la depender de *nós* do mesmo modo que passamos a depender *dela*.

Consideremos o exemplo de Sam, uma cliente minha que parecia viver muito bem sozinha. Trabalhava com relações públicas e tinha uma vida social agitada. Começou a sair com Mark, que era o tipo de homem com o qual ela sempre havia sonhado. Muito bonito, com um ótimo emprego, atencioso e divertido. Sam apaixonou-se perdidamente, num piscar de olhos. E Mark fazia tudo certo. Levava Sam a restaurantes chiques, mandava mensagens a qualquer hora do dia, era gentil com a família dela e até falava na vida futura dos dois como casal. Eles faziam tudo juntos. Sam parou de frequentar suas aulas de ginástica, à espera dos planos de Mark para os dois. Começou a faltar às "noites das garotas" e parou de visitar a irmã nos fins de semana. Percebi que estava se apegando profundamente a Mark e abrindo mão de inúmeras partes maravilhosas de sua vida. Ela começou a dedicar toda a sua energia a cuidar de cada necessidade dele. Passados alguns meses, estava convencida de que Mark era o homem certo. Foi então que ele começou a se afastar. Parou de fazer contato com ela durante o dia, passava boa parte do fim de semana com os amigos e se recusava a explicar o que havia mudado quando ela o confrontava. Talvez ele nem fosse capaz de dizer a Sam por que estava se afastando, uma vez que o apego exagerado dela vinha despertando nele sua experiência da primeira infância, provavelmente sem que ele sequer se desse conta disso.

Vi Sam desmoronar aos poucos. Ela não entendia o que estava acontecendo e dizia coisas do tipo: "Mudei minha vida inteira por ele. Achei que ele ia me pedir em casamento. Não sei o que fazer sem esse homem." Mark percebeu que ela estava perdendo o controle e se retraiu ainda mais. Foi desolador ver Sam mergulhar naquela escuridão. Seu desempenho no trabalho caiu muito. Seu grupo de amigos e sua família, que no começo tinham ficado felizes por ela, se sentiam magoados e usados, porque ela os havia negligenciado durante o período em que estivera com Mark. Sua autoconfiança foi abalada. Sam foi ficando cada vez mais angustiada e insegura. Mark acabou rompendo com ela em definitivo. Sam e eu tínhamos um trabalho interior muito sério a fazer juntas.

Olhando para trás, identificamos um murmúrio contínuo de ansiedade minando esse relacionamento. Em Sam, essa necessidade urgente de conexão era um dos sintomas de um sistema de apego que havia enfrentado a angústia e a imprevisibilidade, não um cuidado contínuo, na infância e depois dela. Isso a deixou com um sistema nervoso que rastreava a segurança e a disponibilidade de todo aquele que fosse escolhido como cuidador primário de suas necessidades – no caso, Mark. As pessoas que se apegam ansiosamente tendem a ter um sistema de apego hipersensível, que as leva a colocar em primeiro lugar sua disponibilidade para o parceiro, como padrão básico, e a empurrar todas as suas outras necessidades e prioridades para o segundo plano.

Isso faz muito sentido. Se, em sua criação, você lidou com a inconstância em seus apegos primários, na idade adulta você provavelmente passará a vida contando com a decepção. Ficará hipervigilante e sensível, de acordo com o que aprendeu quando criança. Como resultado, estará sempre em alerta máximo, à procura de mudanças sutis no humor do parceiro, numa eterna busca por indícios de problemas. Isso faz com que você perca a sensação de segurança, e seu corpo entra em estado de aflição ao primeiro sinal de abandono.

Se você é uma pessoa com apego seguro, quando seu par não responde logo a uma mensagem, talvez pense assim: "Ele deve estar ocupado no trabalho." Mas quando você vive um apego ansioso, pensa coisas como "Ele não está muito interessado em mim", ou "Há alguma coisa errada com a gente". Mais uma vez, isso faz sentido, porque você aprendeu na infância que os relacionamentos não são confiáveis.

Lembra como descrevi a sensação de quando meu ex-marido se afastava? Meu coração disparava e eu me sentia vazia, como se tivessem arrancado algo de dentro de mim. Uma vez que nosso segundo cérebro, o que fica no abdômen, está ligado à segurança, essa sensação me dizia que eu temia ser abandonada. Quando nos sentimos assim, o pensamento racional se perde, a reação de luta ou fuga (que protege a sobrevivência) se instaura, e passamos a ter comportamentos que achamos que manterão o vínculo, como mandar mensagens incessantes, pedir desculpas por aquilo que não foi culpa nossa ou até monitorar cada passo do outro – qualquer coisa para corrigir o problema e restabelecer a conexão. Certa vez, cheguei a vigiar a casa do meu ex-marido para descobrir seu paradeiro, uma vez que ele não respondia às minhas mensagens. Para alguém de fora, isso pareceria completamente irracional, mas, da perspectiva das minhas experiências e dos meus temores primários diante do abandono, todos esses comportamentos faziam pleno sentido. Embora eu não soubesse disso, eram também uma forma certeira de afastá-lo ainda mais de mim. Mas meu sistema de apego impulsivo estava apenas fazendo o possível para me ajudar a me sentir segura.

PROGRAMADOS PARA A CONEXÃO

Idealmente, o papel de nossos relacionamentos é nos fazer bem sendo quem já somos, porém o estilo de apego ansioso, assim que é ativado, cria uma sensação de inquietação no corpo todo. A reação física extrema que eu experimentava toda vez que meu ex se afastava de mim me dava a impressão de estar enlouquecendo. Mais tarde, aprendi que esse era apenas o modo como meu sistema nervoso fora preparado para reagir quando eu vivenciava a desconexão ou o abandono. Compreender o funcionamento do *sistema nervoso autônomo* (SNA) me permitiu desenvolver mais autocompaixão. O Dr. Stephen Porges, cientista que desenvolveu a chamada *teoria polivagal*, afirma que "a conexão é um imperativo biológico" – o que significa que, tanto neurobiológica quanto psicologicamente, fomos programados para criar vínculos.[5] Deixe-me explicar por que é tão importante entender isso.

É tarefa do SNA nos manter em estado de conexão para nos mantermos seguros. Ao longo da evolução, quando nossa sobrevivência como seres humanos dependia de sermos aceitos como parte de nossa tribo ou nosso grupo, três ramos do SNA se desenvolveram – esses "nervos vagos" nos dão três respostas diferentes a pistas que recebemos em nosso mundo interior e exterior. Porges cunhou o termo *neurocepção* para descrever esse processo, que é basicamente o meio pelo qual nosso sistema fica sabendo se nos sentimos seguros ou não.[6] Esse processo funciona como um radar que vasculha o nosso ambiente o tempo todo enquanto nosso sistema subconsciente pergunta "Você está do meu lado?" – o que significa: você é receptivo a mim, tal como estou neste momento? Está me vendo de verdade? Vai me proteger? Posso me sentir seguro com você? Se tivermos um desentendimento, você se voltará contra mim?

Quando esse radar detecta que estamos em segurança, o ramo do SNA que permite que nos apeguemos calorosamente a outras pessoas é ativado.[7] Isso cria o chamado *estado ventral*. Ele nos ajuda a escutar o outro, suaviza nossa voz, relaxa a musculatura ao redor dos olhos e torna nosso rosto mais expressivo para podermos transmitir melhor nossas emoções. Além das palavras, essas mudanças físicas sinalizam para as pessoas que é seguro aproximar-se, abrir-se e estabelecer contato. Não podemos fingir esse estado. Ele só acontece quando nos sentimos seguros na presença de alguém. Logo, quando nos sentimos ameaçados, acontece o inverso: o estado ventral se fecha e não há possibilidade de conexão.

Era isso que eu vivenciava toda vez que meu ex-marido se afastava de mim. Pressentindo o abandono, outro ramo do SNA era ativado, colocando-me no estado conhecido como *excitação simpática*. Destinado a me proteger de qualquer ameaça externa à minha segurança, esse estado, quando ativado, costuma receber o nome de *reação de luta ou fuga*. Nossos ouvidos começam a sondar o perigo, e já não conseguimos perceber o significado sutil por trás do que as pessoas dizem. A área em volta dos olhos se estreita. O olhar se aguça. A voz assume uma entonação que sinaliza perigo. No contexto do meu relacionamento, era isso que levava às mensagens de texto constantes, às perseguições e às tentativas desesperadas de chamar a atenção do meu par. Pior ainda: quando entramos no estado de excitação simpática, isso pode desencadear uma resposta semelhante em outras pessoas. O sistema nervoso humano é extremamente sensível e foi concebido para repercutir nas pessoas que nos cercam, de modo que, quando eu começava a telegrafar o perigo para meu parceiro, ele também se adaptava e entrava na reação de luta ou fuga. E, embora minha tendência fosse mobilizar minha energia para a "luta", agindo na tentativa de mantê-lo por perto, a resposta aprendida por ele era a "fuga".

Há também uma terceira ramificação do SNA, que só entra em ação quando nos sentimos tão desamparados e apavorados que achamos que nossa vida está ameaçada.[8] Imagine um bebê chorando sem parar em seu berço, sem que ninguém se aproxime. Ele entra em excitação simpática, pedindo ajuda. Depois de algum tempo, ele se cala. É que perdeu a esperança de receber ajuda – porque acionou o ramo *dorsal* do SNA. Isso acontece porque, numa tentativa de minimizar o gasto de energia diante do perigo extremo percebido, tudo em nosso sistema desacelera, inclusive a respiração e a frequência cardíaca. Nosso rosto empalidece e começamos a nos desligar do mundo à nossa volta, ficando tão pequenos e "invisíveis" quanto possível. Esse desaparecimento é uma espécie de hibernação diante do desamparo, que nos permite guardar recursos para um momento mais oportuno.

Por exemplo, havia momentos em meu relacionamento em que eu sentia tanta vergonha de ficar nervosa que desejava não ter sentimento algum. Mais tarde, compreendi que essa sensação de querer me fechar e me esconder era resultado do acionamento da reação dorsal, por eu ter desistido de tentar fazer com que meu parceiro respondesse – assim como ocorreu com o bebê do exemplo anterior. A ilustração a seguir serve para mostrar todas essas ramificações do SNA e a maneira como essas vias de informação percorrem nosso corpo.

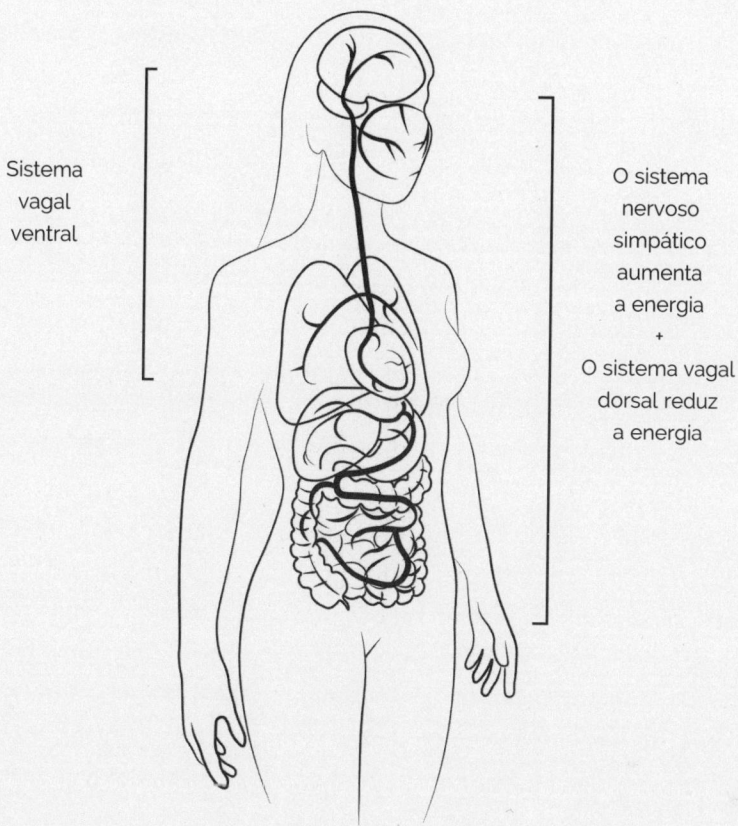

O interessante é que todas essas respostas do SNA se adaptam ao que está acontecendo no mundo exterior *e* no mundo interior. Enquanto, do lado de fora, as ações do meu ex desencadeavam em mim uma reação de medo, isso também era uma resposta ao meu estado interior – pois as experiências do início da minha vida tinham levado à crença inconsciente dominante de que os outros sempre se afastariam quando eu precisasse deles. Poderosas sensações físicas me levavam a praticar aqueles atos, assim como as experiências da primeira infância do meu parceiro faziam com que ele se afastasse mais.

Então, é possível fazer o sistema nervoso autônomo passar por cima dessas reações? Sim e não. O SNA começa a se desenvolver no útero, com o restante de nossas vias neurais.[9] Cerca de três meses depois de sermos concebidos, nosso sistema começa a se associar ao de nossa mãe. Se ela fica relaxada e contente durante a gravidez, nosso SNA em desenvolvimento captará isso. Antes mesmo de nascermos, começaremos a aprender que o mundo é um lugar seguro e benevolente. Entretanto, se ela fica ansiosa com muita frequência, nosso sistema nervoso e nossa neuroquímica vão se igualando aos dela, e chegamos ao mundo programados para sentir medo. Depois que nascemos, encontramos nossa mãe cara a cara, e assim se inicia o que Deb Dana (outra autora que escreve sobre a teoria polivagal) chama de "dança diádica da conexão".

Sejam quais forem os sentimentos predominantes de nossa mãe durante a gravidez, todos nascemos esperando ser calorosamente recebidos por essa pessoa que nos carregou e nos nutriu nos primeiros estágios da existência. Nossa mãe (ou o cuidador principal) também é a primeira pessoa com quem tentamos nos conectar – o que fazemos buscando a *corregulação* com ela. Por exemplo, sempre que estamos chateados ou com fome, se ela estiver atenta para o que precisamos, na maioria das vezes ela nos fornecerá conforto ou comida. Isso nos ensina que, quando expressamos nossas necessidades, elas são atendidas. Como nos acalmamos quando ela nos atende, nossa mãe também experimenta sentimentos reconfortantes. É como uma dança entre a mãe e o bebê. Enquanto isso, em um nível emocional, a curiosidade e o interesse de nossa mãe em entender quem é esse pequeno ser nos mostra que a nossa existência importa.

No geral, essa corregulação acontece por meio de uma ligação instintiva e não verbalizada com a mãe e outros cuidadores primários.[10] Num mundo ideal, eles estariam intuitivamente sintonizados com nossas necessidades, apesar de termos um repertório limitado como bebês e crianças pequenas, como chorar ou ter acessos de raiva. Essas experiências primárias de segurança e conexão confiáveis nos colocam no estado ventral, ajudando-nos a acreditar que também seremos recebidos e cuidados de maneira calorosa por outras pessoas. Entretanto, quando ocorre a corregulação, dois processos se passam em nosso sistema neural: desenvolvem-se as conexões efetivas entre os neurônios que nos permitem regular nossas emoções, e internalizamos a presença materna amorosa como uma *companheira interna constante*. Ao crescermos e, pouco a pouco, nos tornarmos mais independentes, como parte natural de nosso desenvolvimento, esses dois processos são o que ajuda a nos sentirmos "bem", mesmo quando não há ninguém do lado de fora cuidando de nós.

Você já deve ter imaginado que os primórdios da minha vida não construíram esse tipo de circuito, como acontece com muitos dos que têm padrão de apego ansioso. A mãe que internalizei era angustiada, deprimida e cheia de temores. Não apenas teve depressão pós-parto depois que nasci como também vivia preocupada comigo. Além disso, às vezes sua atenção era desviada de mim, porque ela era profundamente infeliz no casamento. Uma vez que enfrentava dificuldades e estava trancada em suas próprias reações do SNA simpático e dorsal, ela era incapaz de proporcionar uma sintonia regular. Como resultado, meu sistema nervoso começou a esperar que minhas necessidades *não fossem* atendidas, que as pessoas só estivessem presentes durante uma parte do tempo e que rompessem inesperadamente o contato. A luta pessoal e a falta de apoio da minha mãe impactaram sua capacidade de fazer uma correlação contínua comigo, e, por conseguinte, também não construí a rede que me ajudaria a acalmar meu sistema nervoso quando adulta. Além de eu ter internalizado uma genitora que só fazia atiçar minha angústia, também internalizei a ausência do meu pai, que estava lutando com a depressão e o abuso de drogas, o que o tornava indisponível. Quando a tentativa natural dos bebês de alcançar seus cuidadores não é atendida, eles também desenvolvem a *sensopercepção*, que corresponde a sentimentos, sensações e consciência corporal de que *há algo de errado com eles*. Como resultado, muitos de nós entram em relacionamentos adultos com essa sensação de "erro" guardada bem no fundo e fora do campo de visão, até começar a criar intimidade com alguém e não ter mais como escondê-la.

Aprender tudo isso me ajudou a ver que meus sentimentos, minhas sensações e os comportamentos descontrolados com meu ex-marido eram resultado de uma programação que se desenvolvera quando eu era muito nova. Meu cérebro não estava fazendo uma escolha consciente de se sentir ou de agir daquela maneira; simplesmente reagia a sinais que meu sistema nervoso percebia como ameaça. Para tornar tudo ainda mais desafiador, essas reações acontecem na velocidade de um raio, enquanto o restante do cérebro funciona num ritmo muito mais lento – e, quando o alarme do nosso corpo intui essa desconexão dolorosa, nossos pensamentos conscientes não conseguem detê-la.

Todavia, é possível reprogramar nossa capacidade de regulação – o elo perdido do nosso processo de desenvolvimento como crianças que não receberam cuidados contínuos.[11] Graças à *neuroplasticidade*, nosso cérebro é capaz de desenvolver novos circuitos *em qualquer idade*. O processo de nos tornarmos egófilos envolve termos hoje as experiências de cuidado e tranquilização de que precisávamos quando crianças. Examinaremos juntos esse processo ao longo do livro, recorrendo às experiências positivas do seu passado para internalizar um novo genitor que o nutra intuitivamente. Além disso, você também aprenderá a importância de se ligar a pessoas disponíveis, que lhe deem apoio em sua vida atual. Como resultado, começará a ter uma sensação de segurança que talvez nunca tenha experimentado. Por sua vez, isso ajudará você a permanecer por mais tempo no estado ventral de conexão, mesmo diante de experiências que antes teriam provocado uma crise nervosa. Você será cada vez mais capaz de reagir de forma consciente quando sentimentos intensos forem ativados em seus relacionamentos, em vez de reagir com base num estado simpático.

Com o tempo e a prática, as novas conexões do seu sistema nervoso se fortalecerão e, mesmo ao se sentir entrando em excitação simpática, parte de você será capaz de apenas *observar* sua frequência cardíaca acelerada, ou o nó na boca do estômago. Desenvolver a capacidade de notar e compreender o significado dessas sensações físicas – em vez de agir com base nelas – é sinal de que novas vias neurais estão se formando. Você também pode descobrir que seu SNA retorna a um estado de equilíbrio com mais rapidez e facilidade do que antes. Esse é outro sinal irrefutável de que está havendo uma reprogramação. E você acabará até notando que seus pensamentos espelham as mudanças do seu sistema nervoso. Em vez de ficar num estado constante de hiperventilação diante da próxima percepção de ameaça, você se pegará concluindo que seu par está simplesmente ocupado demais no trabalho quando não responder às suas mensagens – ao contrário de ver nisso um sinal de que ele está prestes a terminar tudo. A baixa autoestima também acabará dando lugar à certeza de que você merece receber amor, e você olhará com mais compaixão para os mecanismos de defesa que desenvolveu quando criança. Em pouco tempo, você se descobrirá conectado a si mesmo (e às pessoas) de maneiras que nunca imaginou.

O MITO DO CONTO DE FADAS

Temos muitas fantasias irreais sobre o amor romântico, começando pela história de que nosso par é o único responsável por fazer com que nos sintamos seguros e amados. Como psicoterapeuta, ajudo casais e indivíduos a elaborar dificuldades interpessoais. No entanto, muitos clientes me procuram não porque querem um amor verdadeiramente gratificante – o tipo de relacionamento saudável e interdependente que engrandece o indivíduo e o casal. Não. Eles sentam em meu divã buscando um romance de conto de fadas, com um final do tipo "felizes para sempre", como os que veem nos filmes. E, embora seja possível encontrar a verdadeira felicidade num relacionamento íntimo, é crucial compreender que essa felicidade *na união* vem, primordialmente, de primeiro ganharmos intimidade com *nós mesmos* e desenvolvermos um novo sentido do que de fato é um relacionamento amoroso.

Mas, é claro, nos ensinaram o contrário disso. Desde as princesas da Disney, trazidas de volta à vida com um beijo, passando pelo drama de quem nos convidará para o baile de formatura do ensino médio, até incontáveis comédias românticas que nos falam sobre a heroína em busca do par perfeito, gravaram em nós a ideia de que, de algum modo, um relacionamento romântico nos salvará de uma vida assustadora e solitária. Se você tem um estilo de apego ansioso, a ideia de que "é sorte minha ter essa pessoa" também pode levá-lo a se agarrar ao primeiro relacionamento que aparecer, mesmo que não lhe convenha. Meu trabalho, em casos desse tipo, é ajudar meus clientes a examinar com franqueza seus relacionamentos para ver se mergulharam na fantasia de que seus parceiros estão ali para salvá-los, e se, ao fazerem isso, perderam a autoconfiança e a conexão consigo mesmos. Juntos, construímos a compreensão de que, ao aceitarem a si próprios – ao se tornarem egófilos –, seus relacionamentos terão uma chance muito maior de amadurecer na forma de uma gratificante interdependência.

Também fomos levados a crer que o casamento – que representa o compromisso máximo – é uma prova de amor. Para além da esperança de que a outra pessoa nos traga felicidade e segurança material e afetiva (o que nunca é garantido), é importante examinarmos em que consiste, de fato, o casamento: a união legal entre duas pessoas, que tem pouco ou nada a ver com a verdadeira qualidade de seu relacionamento. Não há nada de errado em querer casar com a pessoa que você ama. Essa pode ser uma das experiências mais gratificantes da vida. No entanto, creio que, como sociedade, tendemos a enfatizar demais o matrimônio como a meta suprema ou a solução de nossos problemas. Na verdade, transferir nossa sensação de segurança para outra pessoa, por meio de um contrato legal, pode impedir que mergulhemos em nós mesmos e façamos o trabalho de estabelecer nosso próprio sentimento de segurança e estabilidade.

Muitas vezes, anos depois da cerimônia de casamento, uma cliente entra no meu consultório e me revela por que *realmente* decidiu se casar. Muitas dizem que se casaram porque queriam ter um filho. Outras alegam que estavam "envelhecendo" e achavam que era uma questão de "agora ou nunca". Algumas admitem ter reconhecido que, na verdade, a coisa não parecia boa, como quando o acordo pré-nupcial levantou problemas incômodos, mas já era tarde demais – os convites para a cerimônia tinham sido enviados e elas não podiam voltar atrás. Fatores como esses levam muitas pessoas a se precipitarem no casamento, com um sentimento profundo de que podem não estar agindo pelas razões certas. Não raro, ao olharem para trás, minhas clientes admitem que tinham visto todos os sinais de alerta, além de terem sentido uma forte intuição de que aquela união não parecia uma boa ideia. Mais tarde, esses problemas, antes ignorados, aparecem com força total quando o casamento fracassa – deixando ambas as partes com a sensação de serem as almas mais solitárias do planeta.

Outra crença comum é que o casamento é a chave do amor eterno. Tirando o fato de que quase 50% dos casamentos terminam em divórcio,[12] devemos reconhecer que nem todos os relacionamentos foram feitos para durar para sempre. A maioria de nossas relações, inclusive nossas amizades mais próximas, serve para nos ensinar lições valiosas sobre nós mesmos, para continuarmos crescendo e evoluindo como indivíduos. Vista dessa maneira, qualquer necessidade de ter certeza de como se desenrolarão as coisas torna-se menos preocupante. É mais importante viver o momento com o outro e valorizar as dádivas que cada um traz.

E se, em vez de um anel e uma proposta de casamento, a qualidade de uma relação for medida pelo crescimento que os dois experimentam na união e pela evolução de ambos como casal? Isso acontece quando o indivíduo se sente seguro o suficiente com aquela pessoa para de vez em quando ficar sozinho, estabelecendo uma ligação com seus recursos internos e sociais, e depois voltar à relação com energia renovada. Proponho isso como alternativa a buscarmos tudo a partir de *dentro* da parceria, o que é um sintoma de vício no amor e uma causa de codependência (que investigaremos plenamente no Capítulo 3). Não seria ótimo se a sociedade também comemorasse essa visão egófila do amor romântico?

Quando duas pessoas encontram um sentimento de "lar" em si mesmas e concordam em ser quem são, aceitando as falhas uma da outra e compreendendo suas necessidades, elas podem começar a construir juntas um lar externo. Nesse ponto, os votos proferidos no casamento legal (sem falar na aliança e no vestido) são só a cerejinha do bolo de noiva de três andares. Quando se está num relacionamento em que há um compromisso natural, baseado no desejo recíproco de apoiar o crescimento do outro e desenvolver a interdependência, o casamento torna-se menos um fim e mais uma progressão. A pessoa também sente o alívio de crescer com alguém de maneira segura e forte. A sensação de segurança e aceitação mútua por trás do acordo matrimonial é mais importante do que o acordo em si.

A ANSIEDADE E A DÁDIVA DA EMPATIA

Quando nos apaixonamos, esperamos entrar em sincronia com nosso par e nos transformarmos numa unidade sinérgica, certo? Até certo ponto, é o que acontece, sim. Nos relacionamentos íntimos, ficamos ligados aos nossos parceiros por um cordão de energia e pelos chamados *neurônios especulares*, o que significa que os sentimentos, os estados de espírito, os pensamentos e as ações de cada indivíduo são compartilhados.[13] Mesmo que eles se originem num dos parceiros, o outro é capaz de senti-los. Por exemplo, podemos ficar tensas quando nosso marido está nervoso no trabalho, ou ter um acesso de riso quando o outro cai na gargalhada. Essa é uma função natural da nossa capacidade de sentir empatia, uma forma importante de nos ligarmos emocionalmente aos nossos pares. É comum que esses circuitos de ressonância com o outro surjam nas pessoas com estilo ansioso de apego, por elas terem gastado tempo e energia demais em busca de pais que não eram capazes de se conectarem continuamente a elas.

A empatia pode ser definida, em termos simples, como a capacidade de sentir o que o outro sente, a ponto de ser possível captar e até sentir a energia, os estados de ânimo e os pensamentos alheios. Pode ser uma bênção ter essa sensibilidade. É assim que nos conectamos, é assim que cuidamos uns dos outros e nos tornamos bons amigos. Ser empáticos nos permite ter compaixão e ajuda os outros a se sentirem vistos, compreendidos e acolhidos. Na verdade, é isso que faz de mim uma terapeuta tão dedicada! Mas é algo que pode se transformar num fardo se não for controlado. Sem os limites adequados, é possível perder de vista quais sentimentos são nossos e quais pertencem ao nosso par. Podemos ficar tão absortos que esquecemos por completo os nossos sentimentos.

As crianças com apego ansioso tornam-se mais sensíveis às outras pessoas para poderem se sentir tão conectadas quanto possível. A hiperconsciência a respeito dos sentimentos dos nossos pais foi parte do modo como nós nos adaptamos à inconsistência deles. É perfeitamente compreensível que, ao nos conectarmos a novas pessoas como adultos, reajamos das maneiras que aprendemos quando crianças. A capacidade de avaliar o estado emocional do nosso par vira uma forma de proteção contra o abandono. Ser egófilo não significa que colocaremos um ponto-final em nossa capacidade de sensibilidade ou empatia, mas que vamos aprender a cuidar também de nossas necessidades e a lhes dar ouvidos, para só então podermos nos doar a partir de uma postura de plenitude.

Quando entramos num relacionamento a partir de uma postura de insegurança e medo, é fácil sermos inundados pelo desejo de saber tudo sobre a pessoa por quem estamos nos apaixonando. Ela está feliz? De que ela precisa? Ela está falando sério quando diz que me ama? Ou será que está prestes a sair porta afora? Sobrecarregados de informações sobre o que está acontecendo com *a outra pessoa*, torna-se cada vez mais difícil acessar nossos sentimentos e reconhecer nossas necessidades.

É possível aprendermos a trabalhar com nossa natureza sensível e empática. Com a prática e o trabalho terapêutico, você pode amar plenamente outra pessoa e, ao mesmo tempo, manter alguns limites claros. Isso significa entender que suas necessidades são distintas das do seu par e que sentir e expressar suas necessidades são cruciais para manter o equilíbrio. Ao aprender que os relacionamentos proporcionam um lugar seguro para compartilhar suas necessidades, além de atender às necessidades alheias, você será capaz de transitar na conexão profunda que pode vir da sua sensibilidade aos sentimentos do outro, e ela levará também a um amor universal maior.

Isso começa com a criação de uma ligação inabalável com o mundo que há dentro de nós. Quando estamos alinhados com nós mesmos acima de tudo, podemos deslocar o foco entre as nossas necessidades e as da outra pessoa. Sabemos, instintivamente, quando pôr energia no relacionamento, ou quando é hora de recuarmos para nós mesmos a fim de recarregar nossas reservas. O processo de nos tornarmos egófilos também significa aprendermos qual tipo de relacionamento devemos buscar: um que nos ajude a aprender a confiar, a sentir apoio e a nos curarmos. Esteja você ou não num relacionamento romântico neste exato momento, é importante que encontre esse suporte emocionalmente disponível – seja num terapeuta, num amigo ou num grupo de apoio que possa lhe fornecer um respaldo externo enquanto você faz o trabalho interno. Comece a pensar em quem, no seu mundo passado ou presente, pode estar apto a lhe oferecer esse tipo de apoio acrítico e incondicional. Diga a essa pessoa que talvez você a procure, de vez em quando, para falar de sua experiência enquanto atravessa esse processo de cura – a transformação interior.

ESTÁ TUDO BEM!

Talvez você esteja lendo este capítulo e pensando: "Tudo isso me parece ótimo, mas *meu* problema é que vivo escolhendo as pessoas erradas." É fácil cair nesse raciocínio quando você passou por uma série de términos complicados e relacionamentos desastrosos, mas atribuir a culpa pelo fracasso de seus relacionamentos à incapacidade de escolher o par ideal não é justo, pois implica que você é, simplesmente, ineficaz em avaliar um caráter. A razão de você se encontrar nesse tipo de relacionamento tem a ver com a maneira como espera amar e ser amado. E isso remonta àqueles padrões profundamente arraigados da infância. Tenho trabalhado com Nina, uma mulher solteira de 33 anos, homossexual, contadora. Ela é uma pessoa convencional e tende a se portar no mundo com cautela. Procurou minha ajuda explicando que se sente atraída por mulheres infiéis e, de vez em quando, afetivamente abusivas, que lhe dão um gelo quando ela mais precisa e a deixam na mão sem explicação alguma. Depois de revelar e explorar seus sentimentos, Nina pôde ver que se sente atraída por mulheres rebeldes e descontraídas, pois tem a impressão de que lhe faltam essas qualidades. Ela fez um trabalho interno e descobriu que seu espírito livre tinha sido massacrado por pais incapazes de tolerar sua alegria ou sua curiosidade. À medida que começou a desvendar lentamente esses traços perdidos, teve medo de não ser aceita se viesse a ser só um pouquinho mais extrovertida. Ao elaborar esses medos, Nina pôde assumir mais riscos. Começou a fazer aulas de dança contemporânea e deu uma renovada no guarda-roupa para expressar sua natureza mais autêntica, passando das camisas de manga comprida e ponta de colarinho abotoada para o estilo *boho chic*. Chegou até a tatuar uma lua. Em nossas sessões, começou a falar mais e até expressou uma raiva saudável pela primeira vez. Tudo isso a levou a questionar seu sistema de crenças de como "devia" se mostrar ao mundo. Não demorou muito para se descobrir tendo uma química maior com mulheres mais gentis e estáveis, e deu início ao seu primeiro relacionamento de longo prazo em muitos anos.

Se, tal como Nina, você se viu numa série de relacionamentos que tiveram um fim doloroso, isso não quer dizer que tenha mais uma vez escolhido a pessoa errada. Em cada relacionamento, você e seu par se escolheram, *subconscientemente,* e você o fez por boas razões. Examinaremos a fundo essa dinâmica no próximo capítulo, mas o que isso lhe mostra é que, simplesmente, você tem um trabalho interno maior a fazer. Há mais coisas a aprender sobre quem você é e do que precisa para sua recuperação. Enquanto examinarmos nossos relacionamentos pela perspectiva de "bom" e "ruim", de "certo para mim" ou "errado para mim", não estaremos ainda considerando nosso papel no desenrolar dos fatos.

Em minha relação com meu ex-marido, eu tinha a sensação de ser a vítima do meu casamento infeliz, como se tudo estivesse acontecendo *comigo* e eu não tivesse controle algum sobre a situação. Nos anos que se seguiram ao divórcio, porém, em vez de buscar uma cura para o meu coração partido em outros relacionamentos, optei por olhar para dentro. Enfrentei certa solidão. Redescobri alguns amigos e relações que podiam me ajudar enquanto eu adquiria uma nova percepção de mim mesma. Você também tem a oportunidade de examinar mais a fundo o que o leva, inconscientemente, a se apegar a pessoas que alimentam sua ansiedade, fazendo com que você entre numa espiral de pânico ao primeiro sinal de problema. No mínimo, nossos relacionamentos românticos insalubres nos ensinam algumas de nossas lições de vida mais valiosas. Vistos dessa maneira, cada briga ou cada rompimento doloroso podem ser considerados uma placa que diz: "Pare aqui para se recuperar."

Desde que nos disponhamos a observar e aprender, podemos encontrar significados profundos em toda interação. Na verdade, creio que toda pessoa com quem cruzamos – inclusive familiares, amigos, professores, colegas e até aquelas com quem interagimos nas redes sociais – tem uma lição valiosa para nós. Só precisamos nos abrir para recebê-la. Embora nossas interações com as pessoas possam acelerar essa jornada de descobrimento, nem sequer temos que estar num relacionamento para começar a aprender a ser egófilos. Às vezes, é mais fácil iniciar essa jornada de cura quando estamos entre um relacionamento íntimo e outro, pois nós mesmos precisamos fazer o trabalho, e o desejo tem que vir de dentro. Por outro lado, também não podemos obrigar ninguém a iniciar essa jornada conosco. Podemos fazer um pedido a nosso parceiro, mas não lhe dizer simplesmente: "Olhe, estou aprendendo a me curar e é melhor você fazer o mesmo. Você tem tantos problemas quanto eu, e isso não vai funcionar se você também não corrigir os seus." Não é preciso ser especialista em relacionamentos para imaginar como essa conversa terminaria.

No fim das contas, você é responsável por si mesmo, e apenas por si mesmo. Vai se admirar ao ver quanto seus relacionamentos atuais e futuros melhorarão quando você tiver tomado a iniciativa e feito o trabalho interior. Isso talvez pareça promissor demais: cure suas próprias feridas e seu relacionamento se transformará, instantaneamente, no romance perfeito de contos de fadas com que você sempre sonhou. Mas também temos que nos manter realistas. Para começo de conversa, nenhum relacionamento é impecável. Por mais que você se torne afetivamente seguro, vai se desentender com seu par de tempos em tempos. Um relacionamento bem-sucedido não é aquele livre de problemas. Pelo contrário, a saúde de sua união se resume a como vocês lidam com os conflitos quando eles surgem.

Muitas pessoas descobrem que há uma dimensão espiritual nisso. É possível que você acabe se alinhando, em termos energéticos, a uma fonte universal de amor e apoio muito maior do que já imaginou possível, uma ligação que você começará a ver refletida na qualidade de *todos* os seus relacionamentos. Afinal, o amor vem sob muitas formas, desde o amor-próprio até o amor romântico, o amor divino e o amor por tudo que existe. Quando você se dispõe a cultivar relacionamentos românticos sadios, está enveredando por um caminho que pode levar à transformação espiritual. Talvez esta se torne uma jornada que vai muito além de encontrar um par para dividir um lar ou suas necessidades cotidianas. Se entrarmos em nossos relacionamentos com uma postura de estabilidade interna, eles podem ser uma via para nos compreendermos como seres espirituais, ligados a tudo que existe.

CAPÍTULO DOIS

O silencioso pacto do eu mirim

Embora um contrato de casamento possa ser visto como a cereja do bolo em matéria de assumir um compromisso romântico com outra pessoa, a verdade é que firmamos um *pacto afetivo* com toda e qualquer pessoa com quem estreitamos um vínculo. À medida que as pessoas se tornam mais próximas, aos poucos elas se sentem suficientemente seguras para revelar mais do seu mundo interior, inclusive partes de si mesmas que receiam que seu par possa não gostar. Pode ser que uma pessoa comece a demonstrar irritação com certas coisas. Ou a outra diga que não abre mão de ver esportes na TV no sábado à noite. Nesse momento de maior vulnerabilidade, as maneiras pelas quais cada uma delas aprendeu a amar e ser amada na infância começam a se agitar em seu íntimo. A pergunta "Você ainda me amará se..." começa a despontar em seu coração. E os pactos afetivos que elas fizeram na última vez que se sentiram tão vulneráveis, na primeira infância, tornam-se cruciais no relacionamento.

No fundo, toda interação que fazemos ao longo do dia envolve algum tipo de troca. Quer se trate de fazer compras, trabalhar por um salário ou fofocar com os amigos, todo investimento de nosso tempo, nossa energia ou nosso dinheiro é feito, pura e simplesmente, com a expectativa de recebermos algo em troca. Isso não nos torna calculistas, manipuladores ou gananciosos. É apenas como o mundo funciona. Do mesmo modo que as árvores consomem dióxido de carbono e bombeiam oxigênio novo na atmosfera, dar e receber fazem parte da vida. Vista dessa maneira, é compreensível que tal dinâmica também constitua a base de nossos relacionamentos românticos.

Embora a troca mútua de compreensão, apoio e amor incondicional seja o que todos queremos quando firmamos um "contrato" com um parceiro potencial para a vida inteira, nossa capacidade de experimentar isso é profundamente impactada por nossas experiências infantis e pelo estilo de apego que desenvolvemos a partir delas. Parte de nossa sabedoria intrínseca está em sermos capazes de nos adaptarmos à maneira pela qual nossos cuidadores primários atendem (ou não) às nossas necessidades básicas. Uma vez que a conexão é um imperativo biológico, dedicamos toda a nossa energia a permanecer tão apegados quanto possível aos nossos pais. Essa é a origem do pacto afetivo que trazemos para nossas relações íntimas. Examinemos mais de perto como isso se estabelece.

Somos muito abertos e vulneráveis em nossos primeiros dias de vida, e muito dependentes do apoio de nossos cuidadores. Ao chegarmos a 1 ano de idade, já desenvolvemos padrões de interação com nossos pais, com base em sua capacidade de estar conosco. Quando eles são capazes de intuir nossas necessidades, quando sabem ser calorosamente interessados em relação a quem somos como pequenos seres, dando boas-vindas a todas as partes de nós, quando são capazes de nos responder nos momentos em que os buscamos, estamos desenvolvendo um apego seguro. Isso enraíza a expectativa de sermos acolhidos, valorizados e apoiados nos relacionamentos com os outros. Fica claro que somos dignos de amor. Em vez de se basear numa ideia ou numa crença, esse *saber* é gerado pelas sensações de nosso corpo nos relacionamentos. Ele pode incluir um calorzinho no peito, o abdômen relaxado, uma sensação geral de receptividade e riso fácil. Inclui também lágrimas que são recebidas com interesse, legitimação e disposição para ajudar. Tudo isso leva nosso SNA para o estado ventral, vez após outra, tecendo o circuito neural da regulação afetiva. Uma dádiva!

Mas alguns pais têm mágoas demais para oferecer esse tipo de cuidado. Quando um ou ambos são ansiosos, talvez consigam estar conosco algumas vezes, mas são afastados por sua própria inquietação interna, de modo inesperado e frequente. Essa imprevisibilidade nos deixa sem saber quando eles voltarão a se desligar de nós, o que nos amedronta e nos torna hipervigilantes. Quando pequenos, logo aprendemos quais de nossas atitudes levam ao desaparecimento de nossos pais e começamos a reprimi-las. Sem que haja qualquer pensamento consciente envolvido, podemos nos impedir de ter expressões sadias de alegria, tristeza ou raiva, no esforço de manter nossos pais conosco. Enquanto isso, nosso SNA gasta um tempo longo demais na excitação simpática, o que nos deixa quase continuamente com medo da perda e do abandono. Carregamos esse legado para nossos relacionamentos adultos, guardado em nosso subconsciente, até ele ser ativado pela perspectiva da intimidade. Nessa hora, *tudo que nunca aprendemos* sobre estabelecer vínculos vem à tona.

As crianças cujos pais são muito engajados em suas carreiras e valorizam o bom comportamento e o sucesso acima de tudo também aprendem desde cedo que os relacionamentos não são importantes, em comparação com a capacidade de a pessoa se sair bem no mundo. Deixadas por conta própria, é comum elas brincarem em silêncio e, quando os pais regressam, demonstrarem pouco interesse em se conectar com eles. Apesar de muitas vezes esses pais se interessarem por ajudá-las a desenvolver habilidades, eles ficam perdidos quando os filhos estão tristes ou assustados. É como se metade da criança, a parte intelectual dela, fosse apoiada, enquanto a outra metade, a afetiva e relacional, fosse negligenciada. Estamos tão acostumados com a pressão constante e a vergonha iminente que isso nos parece normal, mas os pesquisadores nos dizem que esse tipo de abandono afetivo leva a uma excitação simpática quase constante. Ao entrarmos em relacionamentos na idade adulta, nós nos descobrimos perdidos e perplexos diante da intimidade. Podemos ser muito competentes no mundo, mas temos dificuldade de entender por que isso não é suficiente para deixar nosso parceiro feliz. Quando a carência do outro aumenta, nós nos apavoramos e nos voltamos para o trabalho como a única fonte de conexão que conhecemos.

Cada um de nós é único, é claro, e cada uma de nossas primeiras experiências de vínculo há de ser diferente. Mas, ao ler isto, talvez você reconheça tendências invisíveis que se desenvolveram muito cedo, quando você procurava se ligar aos seus cuidadores. Uma vez que a conexão é a necessidade mais fundamental que temos, literalmente nos desdobramos para assumir qualquer forma estranha que se faça necessária, a fim de termos a sensação de pertencimento.

CONHECENDO O EU MIRIM

"Eu mirim" é como nos referimos à nossa parte mais infantil, que talvez você tenha reconhecido nas descrições anteriores. Ao nos desenvolvermos, sempre que nosso corpo sente alguma coisa, essas sensações são enviadas ao cérebro, onde as transformamos em "histórias" para que possamos dar sentido ao que experimentamos. Por exemplo, quando nos sentimos tristes ou com medo por causa de uma interação com outra pessoa, podemos ter a impressão de que há algo de errado conosco. O eu mirim (que continua a existir hoje como parte de você) armazenou essas experiências, sensações e histórias como lembranças na parte subconsciente do cérebro. Tanto as feridas primordiais quanto o apoio primordial que recebemos na infância ficam ali, e essas lembranças incorporadas passam a desempenhar um papel importante em nossos comportamentos como adultos – sobretudo quando se trata de relacionamentos.

Você passará a conhecer seu eu mirim muito melhor nos próximos capítulos, já que ele desempenha um papel-chave no apego ansioso. Por enquanto, considere o seguinte: já que o eu mirim tem o poder de influenciar nossas ações e escolhas de maneiras completamente alheias a nós, haverá alguma surpresa em nos pegarmos cometendo os mesmos "erros" no amor, vez após outra? O que nosso eu adulto pode ver, *conscientemente*, como uma decisão ruim ou um alerta vermelho é algo que parte do nosso cérebro conhece muito bem, acreditando que, no fundo, *o amor é assim mesmo*. Vamos dar uma olhada em como isso funciona.

Imagine duas crianças de 9 ou 10 anos se encontrando no pátio do recreio de uma escola. A mãe de Ben, uma das crianças, demonstra muito pouca emoção e é hiperconcentrada em sua carreira. Embora ocupar um cargo de contadora de alto escalão seja um trabalho bem estressante, ela consegue dar força a Ben de muitas maneiras – inclusive ajudando-o no dever de casa e elogiando quando ele tem um bom desempenho. Ela vai aos jogos de futebol americano do filho e é comum expressar o orgulho que sente dele. No entanto, tem dificuldade em dar apoio afetivo a Ben, como quando ele manifesta tristeza ou raiva. Na verdade, é comum ela não notar os estados afetivos do filho. E, toda vez que ele fica nervoso, ela o ajuda a descobrir como "resolver o problema", em vez de simplesmente escutá-lo e validar o que ele sente. Nada disso faz dela uma mãe "ruim" – ela apenas demonstra seu amor por Ben do mesmo modo que *ela* o recebeu quando criança. Ela também cresceu com pais que tinham dificuldade com os vínculos afetivos e se concentravam mais em elogiar as realizações da filha. Como as crianças pequenas moldam-se a partir das necessidades e dos valores dos pais, Ben acredita que, para receber amor, deve sempre "sair-se bem" e, com isso, preocupa-se cada vez mais em fazer coisas de que se orgulhe, ao mesmo tempo que minimiza a consciência de seus estados emocionais, uma vez que é doloroso vê-los passarem despercebidos. Na escola, sua atitude independente significa que ele aparenta ser uma pessoa segura, e Hunter, sua colega de turma, admira muito a confiança dele.

Enquanto isso, na casa de Hunter, as coisas são bem diferentes. A mãe dela costuma estar sempre ocupada com sua própria angústia e parece não ter tempo para a filha. As demandas de cuidar da casa e exercer uma carreira de que não gosta dificultam notar as necessidades de Hunter. Às vezes, ela se acalma o bastante para ler uma história para a filha e dar carinho a ela, porém, na maior parte do tempo, parece exausta e distraída. Como resultado, Hunter tem a vivência de que o amor vem e vai de maneiras imprevisíveis, o que a assusta. Ela se tornou hipervigilante em relação às necessidades afetivas da mãe, fazendo as pequenas coisas que parecem ajudar sua genitora a ficar mais disponível – ficar calada, manter o quarto arrumado, não pedir muito. As pequenas doses de afeição que ela recebe são tão boas que Hunter aprendeu a pôr as próprias necessidades em segundo plano, fazendo o possível e o impossível para agradar a mãe. Ela acha que tem que trabalhar duro para conquistar o amor materno. Quando isso não funciona, é comum os seus sentimentos de ser ignorada transbordarem, levando-a a se agarrar à mãe, em desespero. Na escola, Ben admira a atenção de Hunter, por sua bondade e sua natureza franca.

Com o tempo, Hunter e Ben se tornam amigos e, ao fazê-lo, firmam um silencioso *pacto do eu mirim*, baseado nas crenças centrais já gravadas neles do que significa dar e receber amor. Ben impressiona Hunter com sua independência, fazendo com que ela se sinta "especial e vista", quando a escolhe para passar algum tempo em sua companhia. Em troca, Hunter o enche de atenções, e ele se sente "especial e visto" por ela. É como se cada um soubesse, instintivamente, do que o outro necessita para se sentir amado e valorizado e, embora a amizade seja benéfica para ambos a princípio, depois de algum tempo a proximidade traz uma sensação artificial, forçada. Enquanto Hunter anseia por mais atenção, Ben começa a se sentir confuso e incompetente. Hunter passa a se ressentir de ter que se esforçar tanto para manter o vínculo entre os dois e, quando se manifesta com emoção, Ben sente-se oprimido pela expressão desses sentimentos e passa a se retrair. Sentindo-se rejeitada, Hunter fica ainda mais zangada com ele. Os dois acabam tendo uma briga – e a amizade termina.

Será que essas crianças têm culpa do que aconteceu? Será que foram ingênuas ao se tornarem amigas, ou se arriscaram de propósito a ter uma desavença? É claro que não. Quando se trata de formar vínculos com outras pessoas, elas só querem se sentir reconhecidas, aceitas e amadas do jeito que são, e apenas se comportam da maneira que aprenderam que as ajudaria a receber amor e atenção.

DE ONDE VÊM NOSSAS FERIDAS PRIMORDIAIS

A história de Hunter e Ben ilustra como são criadas na infância as feridas nos vínculos, e como essas feridas passam a influenciar a textura de nossos relacionamentos. Faltava na vida doméstica de Ben o reconhecimento das emoções, de modo que ele desenvolveu um estilo evitativo de apego para se manter ligado aos pais pouco afetuosos. Quanto a Hunter, tendo recebido atenção inconsistente da mãe, ela passou a se apegar ansiosamente, lutando para obter as migalhas de atenção que a mãe conseguia lhe oferecer quando tudo estava bem. Nessas condições, a amizade dos dois seguiu um padrão que se tornará muito conhecido por eles ao lidarem com seus relacionamentos adultos, uma vez que todos os seus vínculos íntimos seguirão o mesmo pacto do eu mirim.

E por quê? Quando não examinadas, as feridas primordiais formadas na infância, bem como seus padrões relacionais intrínsecos, continuam controlando nossos comportamentos nos bastidores da vida adulta. Quando há feridas não tratadas, essa parte de nós nunca cresce. Embora possamos supor que estamos entrando em nossos relacionamentos românticos como adultos plenamente formados, na verdade o nosso eu mirim muitas vezes faz a única coisa que aprendeu.

Essas feridas primordiais se enraízam na primeira infância, como resultado de termos uma ou mais de nossas necessidades afetivas básicas não atendidas. Alguns pais erram um pouquinho a mão, outros erram na maior parte do tempo. Precisamos de segurança, atenção, amor e conexões serenas, sem pressa para acabar. Como vimos no último capítulo, durante a primeira infância e os primeiros anos de vida, dependemos de nossos cuidadores primários para termos essas necessidades atendidas. Quando isso não acontece, seja pela razão que for, resvalamos para um estado de desorganização afetiva. É provável que isso ocorra até num ambiente doméstico plenamente funcional. Nossos pais são humanos e falhos, e o simples ritmo da vida moderna, aliado à falta de apoio do grupo familiar mais amplo, significa que não se pode esperar que eles satisfaçam todas as nossas necessidades, em todas as horas do dia. Entretanto, quando eles sentem nossa falta e conseguem reconhecer isso, além de oferecerem momentos de amor incondicional e de alegria em nossa presença, isso basta para desenvolvermos um apego seguro. Quando uma ou mais de nossas necessidades são seguidamente ignoradas e nossos pais não conseguem notar nem corrigir o problema, desenvolvemos uma ferida primordial no tocante a essas necessidades. Ben precisava que fosse seguro sentir emoções, e Hunter precisava de uma mãe suficientemente estável para lhe dar segurança. As adaptações resultantes, nas duas crianças, lhes granjearam todo o carinho que seus pais podiam oferecer, mas que ficou muito aquém do que elas realmente precisavam. Por isso ambas se encaminhavam para a idade adulta com feridas firmemente entrincheiradas.

Este é um bom momento para fazer uma reflexão. Ao ler este texto, será que você começa a vislumbrar as maneiras como seus pais atenderam sua necessidade de segurança, atenção, conversa, amor e vínculo sereno? E as maneiras como não puderam fazê-lo? Mesmo tendo as melhores intenções, nossos pais também carregam feridas, e é comum que isso lhes dificulte dar o que não receberam. Fazer uma pequena pausa aqui, para apenas escutar como você se sente a respeito disso, pode dar início à nossa jornada conjunta por esse caminho.

Nossas experiências de apego com nossos pais têm muito a ver com o desenvolvimento de nosso cérebro.[14] Como funciona isso? A amígdala é uma parte importante do cérebro, envolvida em nossa reação emocional a situações ameaçadoras. Para desempenhar essa função, ela tem gravadas as lembranças de como reagimos a acontecimentos assustadores na infância, criando um mapa de como responderemos a situações similares no futuro. Esse é um modo de nosso cérebro trabalhar para nos manter seguros. Se, para me aceitarem, meus pais precisam que eu me sente perfeitamente ereta à mesa do jantar, meu cérebro me alertará a nunca curvar o corpo, nem mesmo quando eu for a executiva-chefe da minha empresa. A mensagem vem tão depressa que reagimos *sem pensar* diante do que percebemos como ameaças imediatas à nossa segurança. É claro que não há perigo em curvar meus ombros, mas meu cérebro não vive no presente. Pelo contrário, a antiga mensagem sobre a má postura está plenamente viva neste exato momento. Esse é um exemplo simples e inofensivo, mas, quando essa "ameaça" é menos parecida com seguir ou não o impulso de curvar os ombros e mais semelhante a um par romântico de ar frio e distante, os riscos são muito maiores.

Típica do modo como Hunter e Ben interagem, a ferida primordial do abandono é acionada na pessoa ansiosa. Para os que têm esse tipo de apego, o medo de ser abandonado provém da falta de atenção às suas necessidades, o que resulta num sistema de apego que precisa estar constantemente em guarda, com o SNA em excitação simpática. A amígdala dessas pessoas se torna hipersensível aos sinais de abandono. Sua reação adaptativa natural é concentrar-se nas necessidades da outra pessoa e, se isso não funcionar, agarrar-se a ela, em desespero, na tentativa de fazer com que ela tranquilize o SNA. Nas pessoas com estilo de apego evitativo, houve uma ferida primordial relacionada à negligência afetiva. Na infância, as emoções dessas pessoas passaram despercebidas, de modo que seu cérebro ergueu um muro entre a parte que sente essa necessidade (com uma dor terrível por ela não ter sido atendida) e a parte capaz de se concentrar no desempenho. Quando essas pessoas sentem a ameaça da intimidade, que as exporia à imensa dor de não terem suas emoções reconhecidas, seu sistema se fecha e se concentra nas tarefas à mão. Tudo acontece automaticamente nas duas pessoas, na tentativa de protegê-las da dor intolerável de suas feridas primordiais.

Para que você possa se tornar plenamente funcional em seus relacionamentos interpessoais, é vital que invista algum tempo em reconhecer e conversar com esse eu mirim ferido. Vou acompanhá-lo enquanto você aprende a perceber as experiências mais duras que teve quando criança. Vou ensiná-lo a escutar sua criança interior, para que você possa lhe dar a atenção e o cuidado que ela não recebeu na infância. Esse é o processo de se tornar egófilo, e mostrarei como exatamente fazer isso na Parte 2 deste livro. Primeiro, porém, precisamos identificar as feridas primordiais que você carrega. Esse é o passo inicial para reescrever o pacto adaptado mas doloroso com o eu mirim, que constitui a base de nossas dificuldades de relacionamento.

ONDE DÓI?

Recapitulando, desenvolvemos uma ferida primordial quando uma de nossas necessidades básicas permanece negligenciada. Com o tempo, isso leva à formação dos mecanismos de defesa que passam a influenciar nosso comportamento e nossa maneira de estabelecer relações com os outros. Geralmente desenvolvidas durante a infância, essas feridas ficam tão calcificadas com o passar do tempo, e os respectivos padrões relacionais se tornam tão profundamente arraigados, que nós os carregamos conosco por toda parte, de modo que eles se tornam as lentes com as quais vemos o mundo, colorindo nossa percepção em todas as interações. Com o tempo, ficamos tão acostumados a conviver com nossas feridas primordiais (e tão apegados às crenças que elas instilaram em nós) que elas simplesmente parecem ser quem somos. Acabamos nos adaptando a essa versão de nós mesmos.

Examinemos de perto minha cliente Carrie, que faz todo o possível para encontrar o amor, mas cujas feridas a impedem de estabelecer uma intimidade mais profunda. Quando estava avaliando por que nenhum de seus relacionamentos parecia funcionar, ela descobriu que sempre se sentia frustrada depois da fase inicial do namoro, quando os homens se interessavam menos por sua aparência e queriam um vínculo mais profundo. Quando o tipo de atenção que eles lhe davam se alterava, ela se sentia angustiada, perdida e solitária. Desde que era muito pequena, seus pais a enchiam de atenção em alguns momentos, mas sempre realçando como ela era linda. No restante do tempo, eles a descartavam e tornavam a voltar o foco para suas carreiras atarefadas. Carrie começou a achar que a beleza era seu único valor, de modo que, toda vez que se sentia confusa, triste ou amedrontada, simplesmente afastava essas partes suas, como se fossem indignas de cuidado. Esse padrão gerou duas ideias: "A única coisa que importa é minha aparência" e "Não há mais nada de valor em mim".

É claro que nada disso era verdade, mas, como esse era o único aspecto refletido por seus pais como valioso, ela não tivera meios de desenvolver outras partes de si. Sentia uma dor enorme quando a mãe lhe dizia "Pare de chorar; ninguém gosta de olhos vermelhos", ou quando o pai lhe assegurava: "Você não tem que se preocupar com suas notas na escola, porque sua beleza lhe abrirá todas as portas." Um dos aspectos mais contundentes da experiência de Carrie era ela nunca ter se permitido explorar os próprios interesses. Quando disse aos pais que adoraria fazer uma ou duas aulas de pintura, eles a silenciaram na mesma hora: "Para quê? A pintura não vai levá-la a lugar algum na vida, e você já tem muitas coisas para fazer." Quando ela dizia que estava aborrecida com alguma coisa, a mãe retrucava: "Entendo que isso a magoe, mas, ei, pelo menos você é linda." Em momento algum Carrie sentia que sua voz autêntica era ouvida.

Com toda a sua atenção voltada para a manutenção dessa fachada externa, ela não apenas perdeu a oportunidade de desenvolver seu considerável talento artístico como também não aprendeu que sentimentos como a tristeza e a raiva eram partes igualmente importantes dela. Em vez disso, desenvolveu uma profunda ferida primordial de vergonha. Com o tempo, seus sentimentos de desamparo evoluíram para a crença adulta de que ela deveria ser amada, acima de tudo, por sua beleza, ou começaria a sentir o abandono profundo que tinha vivenciado quando os pais ignoravam sua rica vida emocional. Era como se houvesse uma voz constante em sua cabeça dizendo: "Faça o que fizer, não deixe ninguém tirar os olhos de você!"

Mas, espere aí, será que ela não pode só continuar procurando até achar um parceiro que se mantenha focado em sua aparência física? Infelizmente, não é tão simples assim. Uma vez que essa ferida primordial se tornou parte de Carrie, ela a leva consigo para todos os relacionamentos, transmitindo uma mensagem a cada parceiro: "Você tem que continuar me achando belíssima e nunca desejar de mim mais do que isso." Enquanto isso, no fundo, sua maior convicção é: "Mesmo sabendo que sou bonita, não tenho mais nada a oferecer." Quando inconscientemente ela atrai um parceiro que só se interessa por sua aparência, sofre a mesma dor que sofria com os pais. Quando atrai alguém que quer conhecê-la mais a fundo, entra em pânico assim que essa pessoa deixa de se concentrar em sua beleza. Essa ferida primordial a deixou num beco sem saída.

Se tudo isso acontece nos bastidores sem sequer notarmos, como é que vamos interromper esse padrão? A primeira coisa é lembrar que não é tarefa do nosso par nos consertar, nem cabe a nós encontrar alguém que milagrosamente nos compreenda e saiba tratar nossas feridas. Nosso foco é identificá-las, examinar de onde vieram e estabelecer uma conexão com a dor e o medo que mantêm esses pensamentos e comportamentos presentes, a fim de curá-los. Enquanto não formos capazes de fazer isso, os padrões que se repetem em nossos relacionamentos continuarão a seguir um roteiro muito parecido.

Com o passar do tempo, uma ferida como a de Carrie pode criar uma crosta. Entretanto, ela será reaberta repetidas vezes em todos os relacionamentos íntimos e, em pouco tempo, a pessoa simplesmente se acostumará com a dor. Ainda mais trágico é que muitas vezes somos atraídos, como que por um ímã energizado, a reviver essas feridas primordiais, *porque uma parte profunda de nós acredita que elas são verdadeiras.*

Os exemplos de crenças comuns que se formam em torno de nossas experiências relacionais mais frequentes durante a infância incluem:

- Vão me abandonar.
- Não mereço receber amor.
- Vão me rejeitar se eu mostrar meu verdadeiro eu.
- Vou sofrer humilhação ou constrangimento.
- Não posso confiar nos outros.
- Não estou à altura.

- Tenho que me esforçar muito para conquistar o amor.
- Preciso das pessoas, mas não posso confiar nelas.
- Cabe a mim manter os outros felizes.
- As pessoas sempre querem tirar alguma coisa de mim.
- O mundo é um lugar inseguro.
- Comigo sempre acontecem coisas ruins.
- As pessoas só gostam de mim quando me saio bem.

PASSOS PARA RECONHECER SUAS FERIDAS PRIMORDIAIS

Para começarmos a nos familiarizar com as suas feridas primordiais, continuemos com a história de Carrie enquanto você segue estes passos:

Passo um: quem você atrai?

Ao dar uma olhada em seu histórico de relacionamentos, Carrie descobriu que sempre acaba escolhendo parceiros com as seguintes características: eles se apaixonam por ela, são focados na própria carreira e ficam emocionalmente presentes enquanto a cortejam, mas a abandonam quando sentem que ela está se apegando a eles. Num nível mais profundo, esses parceiros tendem a ser tão dedicados ao sucesso que ela se sente só e abandonada quando eles voltam novamente o foco para a vida profissional. Responda:

- Que qualidades tendem a ser comuns em seus pares românticos?
- O que há em comum na maneira como essas pessoas tratam você nos relacionamentos?

Passo dois: como você se relaciona?

Carrie sente atração por executivos elegantes e bonitos que atingiram um alto nível de sucesso. Ela os atrai porque eles a consideram sensual e autoconfiante. Esses homens conseguem estar com ela no começo, mas depois ficam tão absortos em suas carreiras que sua vida afetiva passa a vir em segundo plano. Nunca estão disponíveis para conversas importantes e não sabem falar de seus sentimentos. Como resultado, Carrie começa a se sentir emocionalmente carente ao lado deles e, não raro, prende a atenção do parceiro usando roupas sensuais, mas depois experimenta um sentimento de abandono, pois falta ao relacionamento uma conexão mais profunda. Responda:

- O que está faltando em sua comunicação com seu par?
- O que você não se sente à vontade para expressar?
- O que não é ouvido quando você realmente se expressa?
- Quais são os sentimentos negativos que você experimenta repetidas vezes em seus relacionamentos?

Passo três: faça uma viagem de volta no tempo

A mãe de Carrie era muito bonita e valorizava sua aparência, e o pai era um advogado de sucesso que se concentrava quase exclusivamente no trabalho. Basicamente, ela recebia elogios e amor por sua aparência, e ninguém gastava muito tempo ajudando-a a aprender mais sobre seu eu completo. Ela até se lembra de uma ocasião em que os pais lhe disseram: "Não se preocupe, meu bem, você é tão bonita que nunca terá problema para encontrar namorados." Como resultado, muitas vezes ela se sentiu dividida entre a admiração pelos pais e a tristeza por se sentir vazia em seu íntimo. Isso apontou para uma ferida primordial de abandono, que ela pôde ver que havia continuado a influenciar seus relacionamentos, levando à crença de que *As pessoas só me valorizam pela minha aparência, mas depois acabam me deixando*. Responda:

- O que faltou nos cuidados que você recebia quando criança?
- Você se lembra de algum incidente específico em que tenha vivenciado isso?
- Quais são suas sensações físicas ao falar dessa experiência?
- Que crenças a respeito do amor podem ter derivado disso?
- De que modo os seus relacionamentos refletem hoje o que você experimentou na infância?

Passo quatro: mapeie seu padrão

Para você entender com perfeita clareza como suas feridas primordiais da infância continuam a influenciar seus relacionamentos íntimos, crie um mapa para rastreá-las. Primeiro, escreva todas as feridas primordiais que você identificou, junto de quaisquer crenças ligadas a elas. Em seguida, descreva como experimentou cada uma delas na infância. Por último, anote de que maneiras elas têm sido reativadas em seus relacionamentos adultos. Eis um exemplo, retirado do mapa de Carrie:

Minha ferida primordial:	Sempre vão me abandonar.
Um exemplo disso na minha infância:	Nenhum de meus pais me ajudou a compreender outros aspectos de mim mesma.
Crença que aprendi a respeito de mim:	Minhas necessidades não são importantes e meu papel é aparentar que também penso assim.
Como isso ainda está presente hoje:	Eu tendo a atrair muitos homens, mas nenhum deles quer me conhecer.
Sensações físicas e sentimentos que aparecem:	Tristeza, dor no coração, nó na boca do estômago, depressão.

Ao mapear seus padrões, Carrie também se deu conta de que, toda vez que sua ferida primordial é ativada, ela sufoca a parte de si mesma que se sente abandonada e segue adiante em sua vida cotidiana. Afinal, seus parceiros (como seus pais) sempre cuidaram de suas necessidades físicas de abrigo e alimento, de modo que ela acha que deve ser grata, mesmo que a falta de aceitação incondicional a deixe com um vazio interior. Para aprender com os relacionamentos passados, reserve algum tempo para pensar em como você reage quando uma ferida primordial é tocada ou ativada. Por exemplo, você tende a correr e se esconder, ou reage com uma emoção como raiva ou tristeza? Você se fecha afetivamente ou cai em um poço de conversas negativas consigo mesmo?

A ferida do abandono de Carrie é apenas um exemplo. Quanto a você, talvez seus pais tenham enfrentado problemas financeiros e pedido emprestado o dinheiro que você ganhava ao trabalhar no verão, para ajudá-los a quitar as contas. Isso poderia resultar num padrão em que você atrai parceiros desempregados, falidos e que dependem de você, reforçando a crença de que você tem que proporcionar segurança financeira para receber amor. Talvez você sempre rechace as pessoas após três meses de relacionamento porque sua ferida primordial lhe diz que ninguém é confiável. Ou talvez você se agarre desesperadamente aos seus relacionamentos muito depois de ficar claro que eles não estão dando certo, já que sua ferida primordial é o pavor de ficar só. Quaisquer que sejam as suas feridas primordiais e os padrões dolorosos ligados a elas, podemos iniciar o processo de curá-las. Nesse meio-tempo, até a autoconsciência pode ajudar, já que você conseguirá intuir melhor o momento de desacelerar e se concentrar na cura, em vez de forçar um novo relacionamento. Se você continuar ignorando essas feridas, talvez venha a se descobrir numa situação parecida com a de Susan e Dan.

SUSAN E DAN

Para o mundo exterior, Susan e Dan parecem relativamente felizes juntos. Atrás das portas fechadas, porém, vêm lutando com alguns problemas. Embora gostem de fazer refeições fora de casa, Susan também prepara regularmente o jantar. Ao fazê-lo, pede que Dan a ajude a arrumar a cozinha e a pôr a louça na lavadora. Na maioria das vezes, Dan se lembra disso e se dispõe a ajudá-la na limpeza depois da refeição. Às vezes, no entanto, ele simplesmente ignora o combinado, em geral quando está exausto após um dia cansativo no trabalho, e só quer relaxar diante da televisão.

Quando isso acontece, Susan se aborrece e se sente depreciada. Mas tem medo de verbalizar sua frustração porque seu eu mirim ferido teme que aborrecer Dan o leve a abandoná-la. A ferida primordial de abandono de Susan a leva a acreditar, num nível subconsciente profundo, que só receberá o amor dele se puder mantê-lo feliz – uma crença comum nas pessoas de apego ansioso. E assim, em vez de se pronunciar e dizer a Dan o que a incomoda quando ele se esquece de arrumar a cozinha, ela minimiza sua necessidade de ajuda e reconhecimento e, para compensar, torna-se ainda mais atenciosa com as necessidades dele.

Até que chegou uma noite de domingo em que Susan havia preparado um belo jantar. Estivera a tarde inteira na cozinha, preparando os pratos, cozinhando e assando. Dan havia passado o dia todo esperando a hora de um jogo e assim, depois do jantar, recolheu-se rapidamente à sala e ligou a TV. Susan então explodiu. Não conseguiu mais conter a frustração. Toda a raiva que viera acumulando dentro de si saiu num jorro: ela o insultou e o xingou, quebrou alguns pratos, e a briga que se seguiu levou à ruptura do relacionamento.

Dan não tinha ideia de como sua falta de envolvimento no processo de limpeza magoava Susan. Era completamente alheio a isso, não porque fosse um mau parceiro, mas porque Susan nunca expressava sua irritação. Ele sabia, claro, que ela apreciava sua ajuda. Mas Susan vinha sufocando suas necessidades e sua autenticidade emocional porque tinha medo de perdê-lo. Evitara o conflito até não poder mais, e os ressentimentos se acumularam até o eu mirim ferido de Susan não ter outra opção senão explodir. Inconscientemente, ela havia criado um cenário em que seu medo de que Dan a abandonasse ficou um passo mais perto de se tornar realidade.

ATRAÇÃO FATAL

Agora, vamos ver como os pactos com o eu mirim funcionam no mundo dos encontros adultos. Duas pessoas se conhecem num aplicativo de namoro. A conexão é instantânea. A conversa logo flui e parece de uma naturalidade incrível. Os dois começam a trocar cada vez mais mensagens, e não demora para que passem muito tempo juntos. Primeiro, encontram-se para um café. Depois, para uns drinques, e logo passam a se encontrar três ou quatro vezes por semana.

Vista de fora, a progressão do relacionamento parece normal e sadia. Não é esse o tipo de conexão que todos procuram? O que não fica muito óbvio é que cada um deles tem um eu mirim, que também faz parte do relacionamento desde o começo. Se essas crianças internas houverem recebido o apoio de que precisavam para desenvolver um estilo de apego seguro, podemos imaginar que esse relacionamento se desenrolará com bastante facilidade. Entretanto, se uma ou ambas estiverem carregando feridas primordiais significativas, é provável que, num nível subconsciente, essas pessoas também tenham visto uma na outra alguma coisa que lhes pareceu familiar, vinda do passado. É impressionante a sensibilidade de nosso sistema ao que se passa dentro de outra pessoa. Certa vez, uma cliente minha disse que, se eu enfileirasse vinte homens, ela fatalmente escolheria o mais infiel de todos, mesmo que não soubesse nada sobre ele. Todos entramos nos relacionamentos com nossas expectativas inconscientes, que passam a atuar à medida que a conexão evolui.

As expectativas podem variar bastante. Talvez queiramos recriar e encenar feridas antigas de infância para enfim tentarmos curá-las. Talvez desejemos nos manter protegidos de nossos maiores temores, como o medo de sermos abandonados ou nos tornarmos inteiramente responsáveis pelo bem-estar de outra pessoa. Ou talvez, como no tipo de relacionamento sadio descrito no Capítulo 1, queiramos aprender mais sobre nós mesmos e crescer espiritualmente.

Embora costume ser impossível identificá-lo no início de um relacionamento, reconhecer o pacto subconsciente entre seu eu mirim e o de seu par quando vocês se depararem com a primeira dificuldade ajudará a descobrir onde você tem um trabalho mais profundo a fazer. Por exemplo, quando Julie começou a entrar em contato com seu eu mirim, ela se deu conta de que o relacionamento com seu novo parceiro, Steve, estava ativando velhas feridas. Julie era a mais nova de quatro irmãos, de modo que suas necessidades afetivas nem sempre foram atendidas durante a infância. Ela não recebia a atenção de que precisava porque seus pais eram muito atarefados. Por outro lado, quando conheceu Steve, achou-o atencioso e extremamente disponível. Suas necessidades foram logo atendidas por ele e, durante um período, o eu mirim de Julie sentiu-se seguro e amado. Com o passar do tempo, no entanto, Steve tornou-se cada vez mais controlador. Ficou claro que ele só se dispunha a estar afetivamente presente se pudesse assumir as rédeas da situação. Isso fez com que as necessidades autênticas e a própria identidade de Julie fossem postas de lado. Em vez de se sentir amada e apoiada, ela passou a se ver numa armadilha. Seu trabalho consistiu em enxergar que necessitar da atenção de Steve às vezes se sobrepunha à capacidade dela de cuidar de seu próprio mundo interior, o que levava ao abandono de si mesma.

Pare um pouco e observe seus relacionamentos atuais e passados. Consegue sentir a natureza dos pactos do eu mirim que, sem se dar conta, você estabeleceu com diferentes pessoas? "Se você ficar com ele, nunca estará sozinha", pode ter prometido um eu mirim. "Deixarei você tomar todas as decisões se ficar comigo", talvez tenha dito outro.

Retornando à ideia de que todos os nossos relacionamentos interpessoais têm por base a reciprocidade, é compreensível que queiramos nos tornar parceiros de alguém que "nos entenda" e pareça saber do que precisamos. Os problemas surgem quando esse acordo exige a renúncia do eu autêntico e pleno de um dos parceiros. Nesse cenário, é inevitável que ambos comecem a acumular ressentimentos. Resultado: frustração, animosidade e culpa, e mais um relacionamento "fracassado". Além disso, uma vez feito um pacto dessa natureza, é muito mais difícil identificar e curar as feridas primordiais em que ele se baseou. É como se o amor cegasse você.

A DANÇA ENERGÉTICA DOS RELACIONAMENTOS

Olhemos para isso de um ângulo um pouco diferente. Lembra que eu disse que nossas feridas primordiais funcionam como um *ímã*? Vejamos primeiro como funciona realmente a energia. A teoria quântica nos mostra que tudo no universo é feito de energia, inclusive nossos pensamentos e sentimentos, que têm sua própria carga eletromagnética.[15] Isso significa que nossos mais simples pensamentos (tanto os conscientes quanto os padrões primordiais subconscientes) têm o poder de "atrair magneticamente" situações que combinam com nossa marca energética. Isso explica por que nos sentimos misteriosamente mais atraídos por algumas pessoas do que por outras. Dito em termos simples, as crenças de alguém a respeito de si mesmo e do mundo fazem com que essa pessoa seja um par energético para nós.

Isso também mostra que a energia de todos os padrões criados por nossas feridas primordiais pode nos fazer estabelecer os mesmos pactos do eu mirim que são constantes causadores de dor em nossos relacionamentos. Por exemplo, se Hunter acredita, em seu subconsciente, que "é preciso se esforçar muito para conquistar amor", ela projetará a energia dessa crença em seu mundo, atraindo com isso situações e relacionamentos que comprovam que a crença é verdadeira. Inconscientemente, ela de fato recria essa realidade com suas expectativas íntimas.

Como nosso eu mirim se prende a feridas do passado até que elas possam ser curadas (por meio do processo de tornar-se egófilo), a energia – ou carga afetiva – dessas feridas continua presa dentro de nós. Como seres energizados, dependemos de uma fonte de energia que flua livremente para funcionarmos da maneira certa no mundo. Quando não há nenhuma forma de liberação da energia *aprisionada* em nossas feridas primordiais, ela cresce ao longo do tempo, o que resulta em explosões emocionais (como vimos na história de Susan), ou se manifesta em problemas afetivos, como angústia, depressão, vício e automutilação. Quando surgem problemas desse tipo, é sinal de que nosso eu mirim ferido não se sente seguro – e de que está em busca de consolo, inclusive por meio de novos relacionamentos íntimos que pareçam oferecer exatamente o elixir (um novo suplemento de energia) que estava procurando (o que se manifesta como uma "sede" insaciável de apego). No entanto, quando entramos num pacto do eu mirim com outra pessoa a partir dessa postura, nossa energia afetiva não flui nem é reabastecida.

Como resultado dessa energia estagnada, também começam a nos faltar criatividade e espontaneidade, e podemos nos sentir abatidos, inquietos e não realizados. Temos dificuldade de acessar nosso eu superior, ou de encontrar algum tipo de conexão ou sentido espiritual no mundo. Perdemos a nossa intuição e nossa capacidade inata de saber quando algo está certo ou errado para nós, o que nos impossibilita de tomar decisões que atendam aos nossos interesses. Mesmo quando pensamos estar fazendo algo benéfico para nós, na verdade podemos estar causando mais dano. Basicamente vivemos no modo de sobrevivência e, como resultado, a vida parece despojada de alegria e realização autênticas e duradouras.

Entrar numa parceria em que predomina a energia de nossas feridas primordiais significa que, em vez de escolhermos um par que nos ajude a nos expandirmos e a crescer, simplesmente usamos esse relacionamento como mais um quebra-galho temporário. A princípio, podemos ficar distraídos ou temporariamente calmos em função da nova energia que essa pessoa introduz em nossa vida. É possível que, à medida que o relacionamento se deteriora, obtenhamos inevitavelmente algum alívio por poder culpar o outro por nossa dor. Todavia, quanto mais evitarmos enfrentar a causa radical dessa energia aprisionada e trabalhar para liberá-la, mais permaneceremos imersos nela.

Agora, comparemos isso com a experiência de criar um vínculo íntimo a partir de uma postura afetivamente sadia. Quando nos conscientizamos de nossas feridas primordiais, podemos reconhecer as áreas de nossa vida que exigem atenção e tratar dessas feridas com o apoio carinhoso de outras pessoas. O pacto do eu mirim que fazemos com alguém partindo dessa postura baseia-se numa *troca recíproca de energia livre*. É isso que significa ser egófilo. Por exemplo, Rachel começa a se sentir isolada de seu parceiro. O trabalho a deixa cansada demais para se divertir e, assim, mesmo estando num relacionamento, não há uma verdadeira noção de comunidade em sua vida. Num estado egófilo, Rachel estaria apta a reservar espaço para seus próprios sentimentos de solidão e isolamento. Está ciente de ter se sentido assim na infância muitas vezes e nota que esses sentimentos são tão antigos quanto ela. Compartilha esses sentimentos com sua melhor amiga, que é capaz de realmente escutar sem tentar intervir. Isso a impede de correr para o parceiro e pedir que ele a ajude, ou de culpar o parceiro por seus sentimentos de solidão. À medida que seu eu mirim se sente atendido e cuidado, Rachel começa a atentar para sua necessidade de convívio social. Talvez entre para uma academia de ioga, ou ingresse num clube do livro para discutir temas de seu interesse. Ao reconhecer sua necessidade não atendida de convívio social, ela dá passos positivos no sentido de criá-lo para si.

Sem essa consciência e esse movimento em direção à cura, seu próprio fluxo de energia fica bloqueado ou inacessível para ela, e sua reação automática pode ser mergulhar mais fundo em seu relacionamento romântico. Rachel opta por passar ainda mais tempo com o parceiro, dedicando-se a ele na esperança de receber em troca aquilo de que ela precisa. É possível que fique frustrada e ressentida quando ele quiser passar algum tempo com amigos, ou ir sozinho à academia. A essa altura, Rachel depende do parceiro para suprir todas as suas necessidades, mesmo aquelas que ele simplesmente não está apto a atender. Como resultado, ela fica deprimida e o relacionamento passa a ser tenso.

A segunda versão da história de Rachel mostra um exemplo clássico de alguém que cai na *codependência*, termo usado para descrever os relacionamentos em que um ou ambos os parceiros se concentram nas necessidades do outro para se proteger da própria dor e do medo. Sim, somos seres interdependentes e todos precisamos de um vínculo com os outros, mas quando esse vínculo se baseia no medo, ou quando o par se torna nossa única fonte de alimento e apoio afetivos e energéticos, instala-se a codependência. Como descobriremos no próximo capítulo, nesse cenário ficamos tão sintonizados e somos tão empáticos com as necessidades de nosso par que negligenciamos as nossas próprias, muitas vezes porque temos medo de pedir que elas sejam atendidas e isso leve à rejeição ou ao abandono. Como resultado, atraímos inconscientemente pessoas que "precisam" de nós, confundindo isso com a ideia de que elas nos "amam". As reações que nascem do medo bloqueiam o fluxo de energia e sobrecarregam nossa intuição.

Para ajudar você a entender como isso funciona, vamos imaginar uma linha de energia que ligue sua cabeça ao seu coração.[16] Curiosamente, essa é também a via neural ativada quando estamos em estado ventral e receptivos a uma conexão segura. Essa linha de energia começa acima da nossa cabeça, ligando-nos ao fluxo universal de energia, percorre nosso cérebro e chega ao coração. Quando estamos centrados e alinhados, a energia flui com facilidade entre esses três centros, permitindo que eles se liguem e troquem informações entre si. Quando esse sistema funciona bem, estamos aptos a repor nossos recursos energéticos, fazendo a conexão com os recursos internos que desenvolvemos em nosso processo de cura. Passamos a ser nossa própria fonte renovadora de energia de livre fluxo. Somos mais capazes de fazer escolhas alinhadas com a pessoa que somos hoje, em vez de agir com base nos padrões subconscientes que foram instaurados para aplacar e consolar nosso eu mirim ferido. Mais do que isso, estamos aptos a introduzir uma nova energia livre em nossos relacionamentos, ajudando a nós mesmos e nosso parceiro a crescer.

Agora digamos que um desses centros de energia tenha sido bloqueado em decorrência de uma ferida primordial não examinada. Talvez o coração tenha se fechado por medo do abandono (como o de Susan), de modo que nos desconectamos de nossos sentimentos para tornar outra pessoa feliz. Ou então mentimos para o nosso par a fim de evitar suas críticas, o que cria um nó apertado de paranoia no estômago e no cérebro. Talvez ignoremos o chamado de nossa alma porque tememos ficar sozinhos, deixando de ouvir nossa intuição e fazendo escolhas importantes que não servem ao nosso bem maior. Em cada um desses exemplos, uma ferida primordial é ativada, nosso fluxo de energia é bloqueado e passamos a confiar apenas em nosso par para regular nosso sistema energético.

Quando buscamos estabilidade e energia apenas em uma fonte externa, perdemos nosso centro e o relacionamento fica desequilibrado. Isso significa que, se entrarmos numa relação colocando *toda* a nossa segurança em nosso par romântico, sem desenvolver a capacidade de regular e recarregar nosso próprio sistema energético, nosso relacionamento perderá fôlego. Quando nossa única sensação de segurança provém da relação e, de repente, essa relação enfrenta dificuldades, é provável que mobilizemos nosso sistema energético e freneticamente façamos qualquer coisa para acessar o sistema da outra pessoa. Por estarmos amedrontados, começamos então a ceder toda a nossa energia, e isso nos leva ao completo esgotamento. Com o tempo – e, às vezes, até da noite para o dia –, passamos a depender inteiramente da outra pessoa para nos mantermos seguros. Em vez de uma interdependência sadia, resvalamos para a codependência. É provável que esse trajeto soe familiar para muitos dos que têm um estilo de apego ansioso. No próximo capítulo, abordaremos a dança que se desenvolve entre as pessoas ansiosas e as pessoas esquivas e procuraremos nos aprofundar na compaixão e na compreensão para iniciar nosso próprio trabalho de cura.

CAPÍTULO TRÊS

A dança da ansiedade e da evitação

Como discutimos no Capítulo 1, os apegos seguros formam-se a partir de nossa capacidade de corregulação com nossos cuidadores primários; muitas vezes, ela se inicia com uma figura materna. Quando a mãe está sintonizada com nossas necessidades, essa capacidade de corregulação desenvolve-se naturalmente em nós. Nos primeiros dias após o nascimento, quando mãe e filho ainda estão se conhecendo, os bebês não têm a vantagem de poder dizer "Mamãe, preciso que você me pegue no colo", ou "Mamãe, estou com fome". Em vez disso, a corregulação se dá numa dança de expressões faciais alegres, respostas aos gritos do bebê e um tom de voz que diz à criança que a mãe está em sintonia com ela. Tudo isso é alimentado pela ação recíproca de interações químicas invisíveis. Nem sempre a mãe acerta logo de primeira, mas, ao cuidar do bebê, continua tentando, até os dois conseguirem se acertar – na brincadeira ou no repouso. Toda vez que isso acontece, nosso cérebro tão jovem vai sendo preparado para a dança da conexão: uma dança que se desenrola em nossos relacionamentos românticos adultos.

Numa relação sadia e de apoio recíproco, essa capacidade de os parceiros atentarem um para o outro e oferecerem dicas de segurança ajuda cada um a decifrar a melhor maneira de responder àquilo de que seu par precisa. No entanto, quando duas pessoas que não aprenderam a corregulação na infância se juntam – problema que está por trás dos que têm um estilo de apego ansioso ou evitativo –, elas de fato não têm a capacidade de realmente enxergar e estar uma com a outra, e os resultados podem ser explosivos, ou silenciosamente infelizes. Isso se aplica sobretudo aos casos em que esses dois opostos se atraem. Cada um busca no outro aquilo que lhe faltou na infância e nenhum dos dois é capaz de oferecê-lo.

No fim, todos temos a mesma necessidade de amor incondicional, apoio e compreensão. Enquanto os de apego ansioso expressam isso num desejo de conexão e reafirmação constantes, as pessoas esquivas sentem-se mais seguras quando lhes são concedidos amplo espaço e independência. Lembra-se da teoria por trás do pacto do eu mirim? Esses diferentes mapas relacionais desenvolveram-se como estratégias de sobrevivência na primeira infância, em resposta a cuidados inconsistentes ou negligentes em termos afetivos, e são desencadeados toda vez que deparamos com um padrão semelhante em nossos relacionamentos adultos. Sentimos atração por comportamentos que confirmam nossa crença subconsciente de que *o amor é assim mesmo*. Confundimos aquilo que parece *familiar* com aquilo que é *bom*, ao mesmo tempo que ficamos cada vez mais desestabilizados diante do comportamento do nosso par, o que leva as pessoas ansiosas a se agarrarem com força ainda maior e as pessoas esquivas a se desligarem afetivamente e se fecharem.

Quando o ansioso se encontra com o evitativo, é como a junção dos dois polos opostos de um ímã. O vínculo intuitivo e estável torna-se muito difícil de estabelecer, porque nenhum dos dois se sente seguro e, por isso, ambos passam para a ativação simpática, impossibilitando a conexão e a corregulação. Para além de um simples caso de linha cruzada, eles de fato não são capazes de sintonizar as necessidades um do outro. Cada um age no relacionamento da única maneira que sabe, de modo que os comportamentos e sentimentos que eles provocam parecem comprovar que os medos mais profundos do outro estão certos. Para as pessoas de apego ansioso, os parceiros que se afastam repetidas vezes provam que elas são intrinsecamente indignas de amor e sempre serão abandonadas. Duas forças começam a puxar essa pessoa: "Tenho que fazê-lo ficar!" e "Não posso confiar nele, pois com certeza vai me abandonar". Isso leva a comportamentos que, quase com certeza, vão comprovar que a segunda afirmação é verdadeira, de modo que as atitudes carentes se tornam cada vez mais desesperadas.

As pessoas esquivas têm uma luta interior diferente. Ou aprenderam que suas únicas partes valorizadas eram as que se concentravam no trabalho e no sucesso, no bom comportamento e em não demonstrar muita emoção, ou suas famílias eram tão caóticas que seu único refúgio foi o distanciamento. Seja como for, seus pais tiveram pouca capacidade de atentar para as suas necessidades, e os relacionamentos não foram considerados importantes. Em outras palavras, esses pais não tiveram a capacidade de oferecer a corregulação, de modo que os circuitos do vínculo seguro nunca foram instalados. Mas, como a conexão é um imperativo biológico, aqueles que se adaptaram mediante o afastamento de qualquer necessidade de apoio afetivo também têm dentro de si um poço profundo de dor, no qual se encontram as necessidades legítimas de amor e consolo. Quando as pessoas de apego ansioso começam a solicitá-los, eles entram numa luta pela vida, porque a atenção afetiva ameaça abrir aquele poço de dor. De modo inconsciente, seu mundo interior grita este alerta: "Se você deixar essa pessoa entrar, vai morrer da dor que sente por dentro." Num nível mais consciente, é comum o pensamento ser assim: "Essa pessoa é instável e não está se portando bem." Seguindo o padrão da família, os evitativos simplesmente se retraem.

Dado que inconscientemente ambos os parceiros desempenham o mesmo papel nessa dança, vamos examinar mais de perto as feridas primordiais que são despertadas e se transformam nos comportamentos que atiçam o drama nos relacionamentos entre ansiosos e evitativos. Lembre-se de que esses são apenas exemplos de ambos os parceiros fazendo o possível para se proteger, e de que a intenção (geralmente) não é ferir. Esses atos e comportamentos são ativados por uma sensação de insegurança. Todos provêm de um lugar de sobrevivência e podem ser vistos por um viés de compaixão.

Para nós, pessoas ansiosas, o que chamaríamos de nosso *alarme do apego* é disparado toda vez que algo externo ou interno sinaliza que logo poderemos ser abandonados. O mundo interno do nosso eu mirim foi tocado e ficamos obcecados com o restabelecimento da proximidade com nosso par. As preocupações internas de sermos abandonados combinam-se com as pistas externas de desapego e nos retiram de um estado de calma para a reação de luta ou fuga do sistema nervoso simpático. Visto que o antigo padrão é fortemente acionado, nosso corpo volta a experimentar a dificuldade de recuperar o vínculo com nossos pais e a dor que surgia quando não conseguíamos fazer isso. Nesse momento, o passado transforma-se no presente, impedindo enxergar o que está acontecendo.

O pavor que cresce em nós às vezes nos faz "fugir" e deixar de buscar uma reconexão; porém, na maioria das vezes, instiga a "aumentarmos o volume" energicamente para recuperar o vínculo.[17] Como um polvo, expandimos nossa energia em uma busca generalizada, investindo numa série de *estratégias de ativação*. Movidos pelo medo e pelo desejo, esses comportamentos perduram até obtermos uma resposta que nos reafirme que o relacionamento está são e salvo. Ainda que nosso par tenha respondido, as feridas primordiais do eu mirim não são curadas por esse breve sinal, de modo que, em nosso íntimo, permanecemos em guarda para o próximo sinal de possível abandono. É muito difícil, para o eu mirim, encontrar o solo firme da segurança.

Devido a esse medo contínuo, algumas estratégias de ativação estão presentes na maior parte do tempo. Podemos fazer algo tão inócuo quanto falar o tempo todo de alguém, porque isso mantém a pessoa na nossa cabeça (e, portanto, ao nosso alcance). Ninguém está fisicamente disponível para nós assim com tanta frequência, mas é como se fosse disso de que precisamos, por causa das dolorosas ausências da infância que foram despertadas nesse relacionamento íntimo.

Outro comportamento que pode lhe parecer familiar: quando não conseguimos entrar em contato com nosso par por um longo período sem que haja explicação para isso, exigimos que ele nos procure o mais depressa possível e ainda que justifique sua ausência, a fim de acalmar nosso sistema de apego. Os parceiros que compreendem isso são capazes de fazer pequenos gestos para nos reconfortar, como enviar uma mensagem de texto avisando que vão se atrasar e por quê, ou algumas informações sobre compromissos futuros. Mas, quando isso não acontece, as estratégias de ativação podem ganhar novas proporções e tornar-se mais impulsivas, à medida que nosso eu mirim tem mais certeza do abandono e fica mais desesperado em suas tentativas de chamar a atenção do outro.

Muitas vezes, esse é o estágio seguinte à doação constante e abnegada que constitui a primeira camada do mecanismo de defesa. Enquanto isso mantém nosso par próximo, aparentamos relativa calma, embora continuemos tensos por dentro. Quando sentimos que o outro está escapando – seja por estar apenas cuidando da própria vida, ou por estar mesmo se afastando –, passamos à segunda camada de mecanismos de defesa. Estamos sempre em guarda para qualquer sinal que possamos interpretar como abandono, porque a dor de nossas perdas primitivas assemelha-se a uma mola sob tensão, só esperando ser solta. É então que somos atirados no espaço sideral de uma ativação simpática acelerada, na qual estes outros comportamentos procuram controlar o pânico interno e a certeza de que dessa vez estamos perdendo a pessoa amada:

Tentativas constantes de estabelecer contato. Enviar muitas mensagens (sobretudo se a pessoa não responde logo), ligar sem parar ou circular por lugares que a pessoa frequenta.

Pagar na mesma moeda. Reparar no tempo que o outro levou para responder e demorar o mesmo tanto, se não mais, para responder de volta.

Pedir desculpas por coisas que você não fez. Esse comportamento tem raízes profundas na infância, quando tínhamos a sensação de termos feito algo de errado para nossos pais não estarem conectados a nós.

Pressionar a pessoa a continuar falando até que o vínculo se restabeleça. Isso pode assumir a forma de conversas que duram a noite inteira, até que se chegue a uma resolução.

Recusar-se a dar o primeiro passo para fazer as pazes. À primeira vista, isso parece ser o oposto de retomar o vínculo, mas é uma tentativa de fazer a pessoa provar seu amor por meio do desejo de reatar.

Quando nenhum desses comportamentos é suficiente para apagar o incêndio em nosso sistema nervoso, as tentativas de trazer o par de volta costumam galgar para os chamados *comportamentos de protesto*: tentativas desesperadas de uma criança aflita de encontrar alguma forma de manter o contato, ainda que essas condutas quase sempre afastem ainda mais o parceiro:

Ameaças vazias. Ameaçar ir embora se a pessoa não nos der o que queremos.

Culpar raivosamente o outro. Usar a culpa para fazer a pessoa ficar.

Acessos de fúria. É o eu mirim fazendo pirraça por meio de um colapso nervoso.

Stalking na internet. Analisar as curtidas da pessoa e quem ela segue no Instagram. Assistir obsessivamente aos vídeos que ela faz no TikTok ou vasculhar seu perfil no Facebook.

Ser infiel. Ter um caso só para provocar ciúme.

É possível que você tenha outros comportamentos controladores para acrescentar à lista. Caso se reconheça em alguma dessas condutas, não se censure por isso. Lembre-se de que é provável que você tenha aprendido na primeira infância que, para ter suas necessidades atendidas, precisava aumentar o volume e ampliar sua energia. Talvez tenha gritado até a exaustão para fazer com que um dos seus pais o pegasse no colo. Essa é simplesmente uma maneira de o eu mirim ferido tentar estabelecer a segurança e o vínculo. Se você se sente tentado por uma dessas estratégias ou comportamentos de ativação, o tratamento que estamos dedicados a fazer neste momento lhe dará outras opções. Construiremos uma base de segurança interior, cuidando do eu mirim e fortalecendo sua comunidade de cuidadores internos. À medida que o fizermos, seus protetores internos se acalmarão e seus comportamentos externos de proteção serão mais raros, porque eles não precisarão mais se defender de tanta dor e tanto medo.

Você vai começar a intuir se esse é um relacionamento em que vocês dois podem trabalhar juntos para ajudar um ao outro a se curar e crescer, ou se é hora de seguir com a vida. Tudo isso é um processo, e sei por experiência própria que há dias em que sou mais capaz de acessar esse estado de egofilia do que em outros. Parte de sermos egófilos é sermos gentis com nós mesmos quando nos sentimos meio vazios.

Enquanto isso, nossos parceiros esquivos estarão lidando com a própria necessidade interna de segurança. Se não tiveram muita conexão ou estabilidade afetiva quando pequenos, eles chegam à idade adulta com a certeza interna de que os relacionamentos se resumem principalmente a dor. Então, para eles, é melhor serem independentes. Ao mesmo tempo, como todos os seres humanos, eles também anseiam pela proximidade. Ao se aproximarem da intimidade, a dor da infância ameaça irromper e eles começam a se proteger, muitas vezes sem se darem conta de que isso está acontecendo. Então se convencem da razão pela qual esse relacionamento não lhes serve. À medida que seu par ansioso começa a sentir os primeiros sinais de afastamento, inicia tentativas frenéticas de trazê-los de volta. Como se comportam os nossos parceiros evitativos quando exibimos nossas estratégias de ativação? Em geral, há um retraimento ainda maior, porque essa é a única maneira que eles conhecem de se sentirem seguros. Poderíamos chamá-las de *estratégias de desativação*.[18] Eis algumas delas:

Não telefonar nem escrever de volta. Não dar notícias por alguns dias, mesmo depois de uma troca carinhosa de mensagens ou de um encontro incrível.

Não se comprometer nem dizer "eu te amo". Eles guardam para si as informações sobre o que sentem em relação a nós e ao relacionamento.

Ser vago ao falar do futuro. Mesmo quando as coisas estão correndo bem, eles não se dispõem a fazer planos concretos.

Manter distância física. Eles não são afetuosos, não gostam de passar a noite na sua casa e não se dispõem a morar com você, mesmo depois de vocês terem passado um bom tempo juntos.

Trabalhar ou viajar muito. Eles usam o trabalho e as viagens para manter distância.

Isso nos alvoroça mais e podemos dar início a comportamentos de protesto, que estimulam nosso par evitativo a uma escalada em suas próprias condutas – as quais vamos chamar de *comportamentos de eliminação*:

Apontar nossas falhas, inclusive nos chamando de carentes. Isso diz mais sobre eles, mas é um modo de se convencerem de que há boas razões para o afastamento.

Pensar em trair. Quer se trate de aventuras físicas ou afetivas, a busca de ligações íntimas com outras pessoas cria uma distância e enfraquece o vínculo do casal. Também evita que apostem tudo no relacionamento.

Romper. O rompimento surge do nada e ocorre no momento em que presumíamos que as coisas estavam indo bem. Isso pode fazer a pessoa ansiosa enlouquecer, na tentativa de descobrir o que deu errado ou, pior ainda, o que *ela* teria feito de errado.

Ghosting. Uma palavra relativamente nova que significa simplesmente desaparecer da nossa vida, sem qualquer explicação ou aviso.

Mais uma vez, talvez você possa acrescentar outros comportamentos a essa lista. Embora muitas dessas atitudes nos machuquem, lembre-se de que isso é um mecanismo de defesa nas pessoas esquivas. Não justifica os atos nem os torna corretos, mas essa compreensão pode nos permitir sentir alguma compaixão, o que acalma nosso SNA. Por outro lado, como você pode imaginar, as estratégias de desativação e eliminação descritas inflamam a pessoa ansiosa de uma forma visceral e primitiva. Está preparado o terreno para um vaivém dramático, que pode ser tão familiar e viciante quanto devastador. A ilustração seguinte mostra como o sistema ansioso é ativado pelo polvo, que, com medo, estende os tentáculos para alcançar a pessoa esquiva, enquanto esta se esconde feito uma tartaruga no casco quando fica amedrontada.

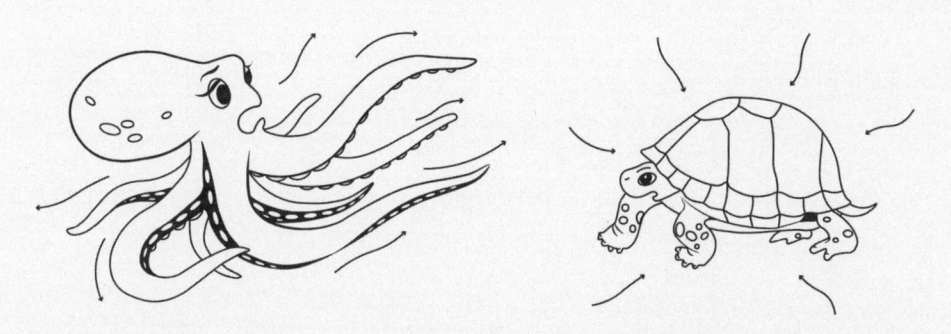

O polvo demonstra medo na expansão da energia quando o SNA é ativado. A tartaruga reprime a energia quando o SNA se assusta. Os dois sistemas reagem ao medo e fazem com que um e outro se mantenham num ciclo reativo. Não importa quem inicia o ciclo; ninguém consegue evitá-lo. As respostas disparam alarmes mútuos no SNA das duas pessoas.

Em alguns relacionamentos, os estados constantes de medo do SNA nunca admitem um vínculo estável, uma correlação ou uma correção, de modo que o relacionamento é uma montanha-russa que parece sempre desestabilizar os dois parceiros. Entretanto, no Capítulo 8 examinaremos como o polvo pode aprender a tranquilizar o SNA e como a tartaruga pode espichar o pescoço para ser mais vulnerável, num relacionamento que proporcione conexão e consciência suficientes para ser curativo.

PETER E LAUREN

Lauren era uma atraente cliente minha de 32 anos. Sempre fora ansiosa, mas suas feridas ligadas ao apego nunca tinham sido inteiramente ativadas até ela se apaixonar por Peter. Creio que ele tentou ao máximo amá-la. Com o tempo, entretanto, ela começou a notar que ele se afastava e, sempre que ela sentia que os dois estavam ficando mais próximos, ele rompia a relação. Lauren começou a ter sintomas físicos e afetivos ligados à sua ansiedade, como a síndrome do intestino irritável e ideias obsessivas. Dado que sua infância tinha sido repleta de intensidade em meio às suas tentativas de lidar com as grandes emoções da mãe, ela interpretava a força de suas reações às idas e vindas de Peter como um sinal de amor verdadeiro. Para ela, intensidade era o mesmo que amor.

Quando os dois me procuraram, ficou claro que Peter queria estar no relacionamento. Em nossas sessões, Lauren se abriu a respeito de sua infância e contou sobre sentir-se profundamente rejeitada pela mãe, por mais que tentasse agradá-la. Ela passara a crer que a mãe nunca a havia realmente desejado. Notei que Peter lutava para sentir empatia por Lauren nesses momentos. Quando lhe fiz perguntas a respeito disso, ele revelou que sentia mais dificuldade em se ligar a Lauren quando ela se mostrava vulnerável. Gostava da Lauren independente e divertida que havia conhecido e, quando ela expressava carência ou mostrava fraqueza e emoções intensas, isso o desanimava. Peter revelou que, em sua infância, era castigado quando tinha medo ou ficava triste. "Levante a cabeça e aja como um homem", lembrou-se de ouvir o pai lhe dizer quando ele tinha apenas 3 anos. A expressão de repulsa no rosto do pai fazia com que Peter sentisse o estômago embrulhado e evitasse qualquer pessoa que manifestasse sentimentos ternos e vulneráveis. Quando tentávamos trabalhar essas questões, Peter ficava nervoso, chegando mesmo a ter urticária e a lutar contra o intenso desejo de romper com Lauren. Se lidar com essas antigas feridas excruciantes era o preço do relacionamento, ele preferia ir embora. Em vez de ajudar seu eu mirim, ele se protegia, preocupado por Lauren ser carente demais e temendo que ela não fosse tão inteligente quanto ele.

Embora Peter fosse capaz de entender que muitas de suas reações eram defensivas, o medo de seu mundo interior o levava a focar nos defeitos de Lauren, mentalmente voltando-se contra ela toda vez que os dois se aproximavam de uma verdadeira intimidade. O corpo de Peter também se fechava, a ponto de às vezes ele pegar no sono por não conseguir lidar com seus sentimentos. Ele se lembrou de fazer isso quando criança, fechando-se por horas dentro do armário para fugir do desdém paterno. Por sua vez, Lauren voltou aos seus padrões infantis com a mãe, acreditando que precisava se corrigir para Peter amá-la. Isso nunca havia funcionado com a mãe e tampouco poderia funcionar num relacionamento adulto. À medida que a ansiedade aumentou, Lauren começou a emagrecer e a ter problemas para dormir. Foi muito triste ver quanto os dois desejavam descobrir como ficar juntos, mas se viam desamparadamente presos nas garras das feridas de épocas muito primitivas da vida. Assim como podemos fazer uma corregulação nos relacionamentos saudáveis, também nos "codesregulamos" quando nenhum dos parceiros encontra um solo firme dentro de si. A cada nível de desespero, os dois se entrincheiravam mais e mais nesses antigos padrões. Com o tempo, Lauren admitiu que aquelas idas e vindas eram traumáticas demais. Talvez intuindo que o fim estava próximo, Peter conheceu outra pessoa durante um dos rompimentos do casal.

Visto de fora, foi um fim triste, pois pude perceber que a ligação entre os dois era genuína. Os relacionamentos têm suas nuances. Havia um carinho adulto e saudável entre Lauren e Peter, mas, conforme aumentava a intimidade, os dois eram lançados de volta a experiências infantis que levavam um a magoar o outro diariamente. No fim, a coisa mais egófila que Lauren podia fazer nesse cenário era seguir adiante, com seu eu mirim e sua comunidade de cuidadores internos mostrando algumas áreas que precisavam de tratamento. Ela também foi aprendendo algumas lições importantes sobre o que realmente desejava encontrar num parceiro.

Às vezes, o relacionamento com alguém extremamente esquivo pode esclarecer o sistema de apego da pessoa de um modo que ela não havia experimentado até então. Ao tocar em feridas da infância, a intensidade dessas necessidades iniciais vem à tona e, aliada à afeição genuína que possa existir, acende uma fogueira neuroquímica que parece convincente, encantadora e até inebriante. Quando nos tornamos egófilos, temos menos probabilidade de atrair esse tipo de par. E, mesmo que o façamos, nossa maior clareza quanto à nossa identidade e o acesso mais fácil à voz de nossos cuidadores internos nos ajudam a sair mais depressa da situação. No caso de Lauren, o mais difícil foi aceitar que sua atração e seu amor intensos por Peter não eram suficientes. Todos queremos muito que nosso amor seja aceito por outra pessoa, mas aos poucos ela compreendeu que aquilo não era culpa de ninguém. As feridas dos dois simplesmente os deixavam com necessidades tão conflitantes de reafirmação e independência que era impossível eles terem um relacionamento estável e mutuamente benéfico. Ambos necessitavam fazer um grande tratamento *sozinhos* para ficar disponíveis um para o outro.

Se você ama alguém que não retribui seu amor como você necessita, e se amar *mais* faz apenas com que você se perca por completo, a lição mais profunda está em abrir mão da relação e perceber que o amor sozinho não basta. Muitos de nós se descobrem em relacionamentos que não fornecem um porto seguro em que possamos nos curar. Pelo contrário, eles apenas recriam um ciclo destrutivo de dor afetiva. Lauren começou a compreender por que se tornara abnegada nessa dinâmica. Seu crescimento pessoal veio da escolha de seguir adiante, saindo de uma relação repleta de tumultos. Era o único caminho para voltar a si mesma.

Nós, de apego ansioso, temos uma vulnerabilidade particular. *Todo mundo pode nos parecer um pouquinho esquivo*. Algumas pessoas têm um toque de evitação em seus mecanismos de defesa, porque foi assim que elas aprenderam a se proteger numa ou noutra ocasião. Não se trata de um traço predominante em sua maneira de se relacionar, mas surge de vez em quando. Mesmo essa pequena tendência a retrair-se pode nos ativar. Por isso é tão importante iniciarmos as práticas de tratamento das feridas primordiais do eu mirim e depois transformá-las em práticas vitalícias. Enquanto nosso eu mirim ficar preso numa dor e num medo antigos, sempre enxergaremos tudo com um olhar marcado por essas perdas anteriores. Até as pessoas mais bem ajustadas se fecham, esquecem de retornar uma ligação e precisam de um espaço vez ou outra, agindo como a tartaruga. Isso significa que há uma chance de também termos de aprender a trabalhar nossa ansiedade nos relacionamentos com pessoas fundamentalmente seguras, mas que podem ter proteções do tipo tartaruga. Entretanto, esses relacionamentos serão mais clementes e menos exigentes para nosso SNA, uma vez que os parceiros mais seguros estarão mais aptos a retomar o vínculo rapidamente. Com o tempo, essas interações tornam-se parte de nossa cura, e a voz e os atos de nossos parceiros tornam-se parte de nossa comunidade de cuidadores internos. Por si só, isso faz parte da aprendizagem de um tipo de amor em que cada parceiro fica livre para expressar suas necessidades e sente que elas são atendidas. Examinaremos isso em detalhes no Capítulo 8.

A CAMINHO DO APEGO SEGURO

À medida que trabalhamos em direção à cura, talvez já não nos chamemos de *ansiosamente apegados*. Vamos passando a ser pessoas de *apego seguro conquistado*. Ele tem esse nome porque não recebemos esse sentimento interno de segurança de nossos cuidadores primários, mas o obtemos por nosso próprio trabalho árduo como adultos. Mesmo assim, entre os que um dia se identificaram como ansiosamente apegados, é provável que quando alguém se mostrar inacessível, seja qual for a razão, sejamos sensíveis ao seu retraimento. É como sentir a cicatriz de uma lesão anterior. Saberemos que estamos passando para uma recuperação maior quando tivermos uma reação diferente ante o surgimento de antigos sentimentos. Então reconheceremos sua origem e não teremos mais que agir com base neles, daquelas formas tão drasticamente protetoras.

Em meio ao nosso processo de cura, poderemos constatar que ainda sentimos bastante atração pelo desafio e pela empolgação da busca, por ela combinar com a ativação simpática de nosso SNA das experiências infantis. Ao mesmo tempo, a pessoa que não "está presente" para nós confirma o que nosso eu mirim ferido sabe, no fundo, ser verdade: *Não mereço amor, atenção e apoio*.

Isso nos deixa vulneráveis ao típico "bad boy". Machão, independente, afetivamente inacessível e totalmente causador de obsessão: é provável que tenha havido alguns desse tipo no seu passado. Eles devem tê-la deixado frustrada e inconsolável, pela evidente indiferença à sua necessidade ardente de reafirmação e conexão. Nessas condições, é impossível haver confiança profunda e intimidade. Em algum momento, correr atrás deixa de ser emocionante e você passa a se sentir exausta, confusa e usada. Acredite, todas nós já passamos por isso.

Com o processo de cura, o fascínio diminui. Vamos aprendendo a reconhecer do que realmente precisamos num relacionamento: um alto nível de conexão e um apego seguro e estável. Quanto mais nos sentimos à vontade com o reconhecimento disso, menor a probabilidade de nos conformarmos com menos. Ao mesmo tempo, aprendemos a reconhecer os alertas vermelhos quando os vemos. Isso quer dizer que já não somos tão atraídos pelo que *parece* ser um "amor verdadeiro", e sim por algo que é *sentido* como muito diferente, mais satisfatório e tranquilizador. Para muitas de nós, parece haver uma etapa intermediária em que os caras legais que encontramos não trazem essa empolgação e podem parecer maçantes, até vermos que, na verdade, eles oferecem a ligação forte pela qual ansiamos.

Acabamos nos perguntando: "E os gestos românticos grandiosos, o coração disparado e o friozinho na barriga? Sinto falta disso!" Lembre-se: quando tínhamos um apego ansioso, esses sintomas, que eram frequentemente confundidos com a química da atração, na verdade eram sinais precoces de que nossa ferida do apego estava sendo despertada. Mais uma vez, é hora de sermos realmente francas com nós mesmas quanto àquilo de que precisamos de fato num parceiro, se o que estamos buscando for uma conexão duradoura e uma intimidade autêntica: *segurança*. E, se achamos que a segurança não é lá muito sensual, aqui estão as razões pelas quais isso não é verdade.

A rigor, é só quando nos sentimos seguras num relacionamento que desenvolvemos a confiança. Uma vez estabelecida a confiança recíproca, ambos os parceiros ficam livres para explorar o mundo fora da relação, onde cada um é capaz de desenvolver seus interesses pessoais e repor a própria energia. Isso cria uma base e uma química saudáveis entre os dois, uma vez que cada parceiro traz continuamente alguma coisa nova e diferente para o relacionamento, e os dois evoluem e crescem juntos.

Essa nem sempre é uma transição simples, porque nossos sistemas estão muito acostumados com a carga da excitação simpática. No começo, a falta dessa carga pode assemelhar-se ao tédio; porém, quanto mais tempo passamos com amigos cujo sistema ventral é forte, e quanto mais nos sintonizamos com as necessidades do eu mirim, mais esses parceiros confiáveis dão a sensação de ser uma boa escolha para a pessoa egófila que estamos nos tornando. Bem diferente do tédio, a segurança que permite esse grau de autonomia e exploração é o que impede que as coisas se tornem rançosas. Se o "bad boy" ou o cara indisponível mantêm as coisas interessantes por deixarem você pisando em ovos, o cara legal faz isso ajudando-a a se sentir segura o bastante para continuar a evoluir e crescer, enquanto vocês dois vivenciam a dádiva do aprofundamento da intimidade.

QUANDO A FALTA DE EMPATIA SE TORNA ABUSO E A ATRAÇÃO SE TORNA VÍCIO

Ter um par romântico com fortes mecanismos de evitação é uma coisa, mas as pessoas ansiosas, empáticas e abnegadas também correm o risco de atrair aqueles que cresceram com a urgência de serem postos num pedestal: os narcisistas. Como identificá-los? As feridas do apego primordial dos narcisistas fazem com que eles sejam autocentrados e desprovidos de empatia. Repletos de vergonha e secretamente convencidos de não valerem nada, eles se protegem com a crença consciente de que são melhores do que os outros, assim exigindo a comprovação constante disso por meio da insistência na adoração de todos. No começo, para conseguir nossa dedicação, eles também parecem saber exatamente como se sintonizar com nossas necessidades e têm um talento insólito para fazer seus pretendentes se sentirem "especiais". Imagine como isso seria sedutor para quem não teve esse sentimento quando criança. O radar mágico que atrai mutuamente as pessoas ajuda os narcisistas a entrar em sintonia com aqueles que são passíveis de sucumbir ao chamariz sedutor de serem considerados especiais.

Na verdade, eles praticam uma forma extrema de autoproteção, procurando controlar o fluxo de adoração que vai de nós para eles. Enquanto isso continuar acontecendo, eles nunca precisarão se sentir vulneráveis à vergonha que espreita logo abaixo da superfície. Uma vez que somos todos seres humanos, não há como continuar alimentando essa necessidade constante de adoração (embora, em nossa abnegação, tentemos fazê-lo), de modo que eles acham que há algo de errado quando ocorre um lapso nessa idolatria. E isso é uma justificativa para nos rejeitarem de propósito. Apesar de na verdade ser sorte nossa o fato de sermos dispensados, a angústia que isso causa aprofunda a ferida dentro de nós e pode nos tornar ainda mais vulneráveis à sedução de outro narcisista.

Infelizmente, a história do narcisista com o empático é comum. Quando as pessoas são abnegadas, elas se concentram tanto no outro que tendem a atrair o oposto: alguém egoísta ou extremamente autocentrado. Nessa dinâmica, a abnegação pode resvalar para um cuidado patológico, no qual ser hipervigilante quanto às necessidades do outro é o preço para permanecer na relação. Os narcisistas criam cenários desestabilizadores, que os mantêm no centro das atenções, promovendo a crença de seu eu mirim ferido de que só conseguirão aquilo de que precisam dominando os outros.[19] Fazem isso distribuindo pequenas doses de dopamina na forma de atenção – uma tática que mantém o empático ainda mais aprisionado, num processo conhecido como *reforço intermitente*. Nesse processo, ficamos à espera do próximo momento de foco em nós, sem jamais sabermos quando virá. A cultura moderna dos namoros se refere a esse tipo de comportamento como *jogar migalhas*, quando alguém manifesta interesse apenas para manter a outra pessoa presa a si nos momentos em que intui que a está perdendo. Isso pode lhe dar a sensação de estar numa terrível montanha-russa. Falar nisso pode por si só mexer com as sensações da ativação simpática.

Na verdade, esse tipo de dinâmica tende a ser perigoso para quem é ansiosamente apegado, porque permanecer num relacionamento com um narcisista pode beirar uma forma de automutilação. A pessoa abnegada se doa de modo incessante, a ponto de quase desaparecer, enquanto se torna ainda mais ansiosa. Não há momentos de segurança e conexão verdadeira, porque os narcisistas são muito voltados para a própria ausência de segurança. A vergonha está sempre ameaçando irromper. Os narcisistas precisam continuar alimentando o sentimento de serem adorados, e ficam nervosos e com raiva (podendo se tornar violentos) toda vez que deixam de se sentir "especiais". Internamente, esses dois parceiros são crianças desesperadas, apanhadas numa dança que só faz causar mais mágoas; porém, externamente, somos nós que ficamos com o grosso do castigo. Por que permanecemos nesse tipo de relação? Quando temos um apego ansioso, acreditamos que "ser necessário" é o mesmo que "ser amado", por isso é compreensível que nos disponhamos a assumir tamanha responsabilidade por cuidar da criança ferida e agoniada de um par narcisista. Muitas vezes, quanto mais a ferida de nossos pais se assemelha à ferida do narcisista, mais difícil é abandonarmos essa relação.

Você acha que pode ter caído na armadilha de um narcisista? Embora esse seja um termo muito usado em toda parte, o transtorno completo da personalidade narcísica afeta aproximadamente 0,5% a 5% da população geral (com maior prevalência entre os homens).[20] Mas há graus variáveis de expressão das tendências narcísicas, e qualquer pessoa que se enquadre no espectro dos autocentrados e desprovidos de empatia pode exibir algumas delas. A maioria de nós tem momentos assim. Quando somos suficientemente ameaçados, apesar de sermos quase sempre altruístas, praticamos atos que se concentram unicamente em obter aquilo de que precisamos para nos sentirmos seguros.

Como acontece com todos, isso não é culpa dos narcisistas. Esses traços resultam de como eles aprenderam a se proteger ao serem repetidamente envergonhados e humilhados na primeira infância. Mas, se você supõe que seu par evitativo tem tendências narcisistas, saiba que não há sacrifício que seja capaz de levar a uma parceria amorosa com uma personalidade tão extrema. Estar numa conexão verdadeira com outra pessoa traria para seu par um grau de vulnerabilidade que ameaçaria empurrá-lo para o intolerável poço da vergonha. Imagine o desespero de uma pessoa se afogando, e você terá uma ideia do que é ser um narcisista sob a ameaça da exposição de seu mundo interior. Ao mesmo tempo, cada tijolo que você usa para construir seu amor-próprio é sentido por ele como uma ameaça à sobrevivência, de modo que ele estará esperando com mais uma desfeita ou um menosprezo para derrubar você. Nesse cenário, o único curso de ação possível é reconhecer e depois aceitar o que está acontecendo, e então se afastar. Se um dos propósitos de todas as relações é nos ajudar a aprender alguma coisa sobre nós mesmos, a lição aprendida, nesse caso, é que sentir mais amor pelo outro e tentar com empenho fazer com que ele nos ame nem sempre leva à reciprocidade de um relacionamento sadio. Essa mudança requer que os dois façam o árduo trabalho de buscar a cura e, para a maioria dos narcisistas, a quantidade de dor que eles sentiriam os mantém presos a comportamentos que garantam que isso nunca venha a acontecer.

Apesar de "sabermos" que precisamos nos afastar, nem sempre conseguimos fazê-lo. A resposta da pessoa ansiosa à intensidade e ao desespero do par narcisista pode consistir em ir além da codependência e cair no vício no amor. O vício é algo que fazemos para nos protegermos de dores e medos antigos. Embora abrande temporariamente a ferida, ele não a *cura*, de modo que sempre precisamos de mais uma "dose". Como qualquer outra droga, a química de bem-estar do primeiro amor pode logo criar seu próprio tipo de dependência, sobretudo para quem tem o estilo de apego ansioso. As substâncias neuroquímicas liberadas na fase inicial dos relacionamentos parecem superpotentes porque, quando crianças, não recebemos um volume suficiente delas, de modo que nossa reação aumenta ao sentirmos sua liberação.

Nas garras do vício no amor, nosso foco é estreitado até nada mais importar. Só conseguimos pensar em encontrar e conservar um par que satisfaça nossa ânsia de amor. Essa necessidade urgente é o que nos leva a sempre voltar por mais, mesmo quando sabemos, logicamente, que o relacionamento não é bom para nós. Quando chegamos a esse ponto, corremos o risco de nos perdermos por completo na busca do consolo momentâneo do amor. Somos o par perfeito para a necessidade que o narcisista tem de uma pessoa que o adore e lhe proporcione uma eterna atenção idólatra, não importa quão mal isso nos faça. Ainda que o vício no amor possa ser tão difícil de abandonar quanto um narcótico potente, ele é também um subproduto do eu mirim de cada um, da criança interna ferida que conhecemos no Capítulo 2, que busca alguém que "conserte" ou preencha o que lhe parece dilacerado e vazio do lado de dentro. Portanto, existe esperança.

O que acontece em nosso organismo quando nos descobrimos capturados pelo vício no amor? Em primeiro lugar, é normal ansiar por um relacionamento com um par amoroso, assim como dedicar-lhe muito tempo no início. Você se apaixonou e seu par é tudo em que consegue pensar. Fica difícil concentrar-se no trabalho e você só fala dele com seus amigos. Tem obsessão pelas mensagens dessa pessoa nas redes sociais e quer passar o tempo inteiro com ela, sorvendo cada uma de suas palavras. Você chega até a pensar se é melhor se casar no verão ou no outono. Apesar da impressão de que esse par é a fonte de todas essas sensações incrivelmente boas, na verdade é a química do seu próprio corpo que alimenta essa dança.

Nas etapas muito iniciais de um novo amor, ficamos literalmente "embriagados" com um coquetel de substâncias neuroquímicas e hormônios destinados a nos ajudar a formar um vínculo com essa pessoa.[21] Para começar, a dopamina (que também é liberada com o consumo de álcool ou de drogas como heroína e cocaína) cria uma sensação de busca e novidade quando estamos a seu lado, ao mesmo tempo que faz com que ela pareça empolgante e especial. Dito em termos simples, não há como nos cansarmos de sua companhia. Em seguida, a noradrenalina inunda de energia o nosso sistema, com um efeito semelhante ao do uso de anfetaminas. Não conseguimos comer nem dormir e confundimos nosso coração disparado com um sinal de amor verdadeiro. Por último, nosso corpo experimenta uma queda significativa de serotonina, o hormônio regulador do humor, o que nos deixa mais propensos a ficar obcecados com o novo par. Essa pessoa torna-se tudo em que conseguimos pensar, e começamos a inventar maneiras de nos modificar para combinar com aquilo que percebemos como as necessidades dela.

O efeito conjunto dessas três substâncias químicas torna a criação de uma conexão nova e significativa com outra pessoa uma de nossas experiências mais prazerosas e satisfatórias, tanto quanto um sexo fantástico (que provavelmente também estamos tendo) ou ganhar na loteria. É compreensível que seja fácil nos viciarmos nessa sensação. Quem não gostaria de se sentir a pessoa mais sortuda do mundo todos os dias?

Mas o que sobe tem que descer, e essa onda inicial de substâncias químicas do bem-estar não é duradoura. Uma transição natural tenta se impor à medida que o casal passa da busca constante à sensação de um vínculo confiável e contínuo. Quando o sentimento inicial se desgasta (o que pode levar semanas, meses ou até anos, no caso de alguns casais), nosso organismo precisa assumir um padrão mais sustentável. À medida que o relacionamento se desloca para o campo do apego duradouro, a oxitocina, ou "hormônio do carinho", que também é liberada no orgasmo, no parto e na amamentação, ajuda-nos a estabelecer a confiança necessária aos vínculos monogâmicos.[22] Esse é o passo seguinte natural e necessário na criação de um vínculo de longo prazo, mas pode trazer a sensação de uma queda arrasadora para quem precisa da intensidade sentida pelo bebê com a mãe, pelo fato de essa necessidade nunca ter sido atendida.

Para aqueles cujas mágoas os deixaram extremamente vulneráveis ao vício no amor, essa embriaguez inicial tem uma sensação tão boa e tão necessária que pode facilmente ser confundida com a resposta a todas as suas preces, mesmo renunciando ao seu poder em troca dessas sensações potentes e excitantes. As substâncias químicas combinam-se para nos dar a sensação de havermos conhecido alguém que está loucamente apaixonado por nós e que parece saber, por instinto, como suprir nossas necessidades afetivas. Isso soa exatamente como o que acontece entre os pais e o bebê ao estabelecerem um vínculo de segurança. Enquanto isso, a energia irrequieta da noradrenalina nos põe em alerta máximo para os primeiros sinais de que o outro pode estar se afastando. Combinando isso com uma gota de serotonina, temos mais dificuldade de nos acomodar e ficamos obcecados com cada gesto do outro, até não conseguirmos pensar em mais nada. As reações do parceiro narcisista só fazem intensificar esse processo; o comportamento dessa pessoa nos faz continuar cuidando de suas feridas. Quando menos esperamos, um processo biológico destinado a nos ajudar a formar um apego duradouro mexe com nossos medos mais profundos de abandono, semeados em nossas primeiras relações. No fundo, nosso eu mirim ferido é despertado, enquanto no relacionamento começamos a alterar nosso comportamento para receber nem que seja a mais momentânea infusão desse coquetel de amor.

O narcisista e o viciado no amor ficam sob o controle de mágoas infantis tão agudas que não controlam suas reações ao outro. É uma bênção quando esse relacionamento se rompe, pois nele quase não há esperança de curar essas feridas. É comum os viciados no amor precisarem de apoio ao partir, mas depois as portas se abrem para que sejam tomadas medidas em direção à cura.

A diferença principal entre as pessoas com estilo de apego evitativo e os narcisistas patológicos é que muitas vezes as primeiras têm a capacidade de olhar para seus comportamentos e se responsabilizar. Suas feridas não são tão profundas a ponto de impossibilitarem essa conduta. Muitas pessoas esquivas também são capazes de sentir empatia e vulnerabilidade; elas apenas têm uma forma muito diferente de expressá-las, protegendo-se, de modo que suas reações parecem frias e insensíveis, porque as emoções mais suaves nunca foram aceitáveis nem lhes serviram de modelo em suas famílias. Foi essa a situação de Lauren e Peter, que não conseguiram superar as dificuldades para achar o caminho de uma parceria duradoura. Contudo, também é verdade que muitas pessoas esquivas são capazes de buscar a ajuda de que necessitam para tratar dessas velhas feridas. Muitas vezes isso pode acontecer na terapia de casais, quando ambos, o ansioso e o evitativo, obtêm o apoio de que precisam para tratar juntos de suas feridas primordiais. Vi pessoas comprometidas com esse trabalho saírem dele com mais carinho, compreensão e empatia do que muitos casais que haviam partido de uma postura mais sadia. Isso é muito promissor.

OS PRIMEIROS PASSOS PARA A CURA

Estamos prestes a iniciar a jornada de retorno a nós mesmos. Talvez possamos imaginar nosso corpo como um lar dotado do potencial para ser um refúgio para nós, um lugar em que podemos ficar em silêncio, à vontade, em profundo contato com nossas mágoas e necessidades. Mas para quem experimentou um trauma, inclusive a negligência afetiva, estar plenamente no próprio corpo costuma trazer insegurança. Podemos até ter dado a nós mesmos uma ordem de despejo do corpo como forma de autoproteção, porque temos dificuldade de fazer uma pausa e simplesmente ser. A reconexão com a consciência do corpo é uma parte importante do processo de nos tornarmos egófilos.

Como já aprendemos, nossas primeiras experiências criam sensações e sentimentos diferentes em nosso corpo, e eles enviam mensagens ao nosso cérebro. A partir dessas sensações, criamos narrativas sobre a segurança do mundo que nos cerca e sobre como as outras pessoas se relacionarão conosco. Esses padrões do sistema nervoso também guiam nossas reações a certas experiências cotidianas. Nos casos em que foi mais seguro não estarmos em nosso próprio corpo quando crianças, nossa reação atual pode consistir em nos "desmaterializarmos". Se não suportamos sentir tensão, dor ou medo, ficamos mais seguros ao nos desligar dos nossos sentimentos. Essa é muitas vezes a maneira que o corpo da pessoa evitativa encontrou de se proteger de sentimentos de aniquilação. Por outro lado, a pessoa ansiosamente apegada costuma ser muito sensível, sobretudo aos sentimentos e pensamentos do outro, perdendo de vista os seus, porque sua segurança está em controlar os sentimentos e comportamentos da pessoa amada. Para nos sentirmos realmente à vontade em nós mesmos, a fim de não mais ansiarmos por fugir para dentro de outro alguém, precisamos reunir coragem para entrar de novo em nosso corpo. Para sentir *tudo*. Tudo começa nele e, portanto, devemos cultivar a prática da *sintonia interior*. Ao lado da formação de uma consciência cognitiva e afetiva de nossas feridas primordiais e de como elas são ativadas, a consciência do corpo é uma parte vital na alteração das reações profundamente arraigadas que nos levam à armadilha do vício no amor e da codependência.

Ao passarmos para a segunda parte deste livro, eu o acompanharei em seu retorno ao seu corpo, onde você encontrará um rico leque de sensações experimentadas por diferentes estados do ego disputando a atenção dentro de você. Essa consciência do corpo e dos estados internos que causam suas reações externas é fundamental para integrar o que você sente com o que você pensa. Vai ajudá-lo a compreender o que acontece no seu corpo e no seu SNA quando seu sistema de apego ansioso é ativado. Se isso soa intimidante, quero que saiba que você já é espetacular por ter escolhido fazer este trabalho. Dedicar um tempo a voltar para si mesmo equivale a lançar as bases de um modo inteiramente novo de se relacionar consigo e com os outros. É assim que você desenvolverá uma segurança inabalável no âmago do seu ser.

PARTE DOIS

Tornando-se egófilo

CAPÍTULO QUATRO

Escute seu coração

Chegou a hora de iniciarmos o verdadeiro trabalho de nos tornarmos egófilos, o que significa aprendermos a ter acesso às partes mais profundas de nós mesmos. Esta jornada pelo vasto território desconhecido do seu mundo interior pode suscitar muitos sentimentos complexos, mas também pode ser uma aventura fascinante e empolgante. É vital, portanto, que antes de começar você se sinta em segurança, recebendo amor e apoio. É por isso que o faremos juntos. É que o mundo da pessoa ansiosa não lhe ofereceu recursos para a segurança e a vinculação afetivas, mesmo que tenha havido amor, e é importante contar com elas. Pois bem, pode ser que você também tenha outras pessoas em sua vida – um terapeuta e amigos de confiança – que possam fazer parte dessa rede de apoio para sua jornada.

Se você tem um modo de apego ansioso, tornar-se egófilo significa estabelecer um relacionamento mais amoroso com seu eu. Vou guiar e acompanhar você no cultivo de um interior seguro e compassivo em que lhe seja possível realizar esse trabalho. Isso permitirá que não haja problema em despertar e expressar sentimentos dolorosos – um processo que exige coragem e absoluta franqueza, outra parte essencial de nos tornarmos egófilos.

Na Parte 1, falamos de como em nós, pessoas de apego ansioso, o eu mirim machucado assume o controle dos relacionamentos. Para acalmar essa nossa parte infantil, primeiro precisamos entrar realmente em contato com ela e suas necessidades não atendidas. Mas essas necessidades não vão simplesmente aparecer e nos dizer o que são, pelo menos não enquanto não houver uma sensação de segurança. Tal como acontece com as crianças do mundo externo, se a sua primeira reação é criticá-las, repreendê-las ou até rejeitá-las, sua criança interior se esconderá. Mas ao ver que somos receptivos e o aceitamos, nosso eu mirim se abre. Por isso, é hora de introduzirmos outros dois atores nessa história interior: seus protetores internos (é comum haver mais de um) e seus cuidadores internos (também há, não raro, mais de um). Essas duas partes têm enorme influência em nosso eu mirim. Nossos protetores internos são sempre rápidos no uso de palavras de advertência, muitas vezes proferidas com indelicadeza, e nossos cuidadores internos são figuras amorosas de adultos ou mentores que cuidam de cada parte de nós.

Talvez já estejamos familiarizados com as várias vozes protetoras que vêm de dentro. Algumas são críticas, a fim de que não repitamos os mesmos comportamentos que nos criaram problemas quando éramos pequenos: "Não reclame", "Não peça atenção". Ou então são vozes de dúvida: "Está vendo? Ele não gosta realmente de você", "Se os seus pais não amaram você, por que ela haveria de amar?". Ou são vozes que mantêm todo o nosso foco no relacionamento. É frequente aparecerem mais como uma sensação de hipervigilância do que como palavras. Quando o relacionamento se torna insuportavelmente penoso, elas acionam os comportamentos de protesto que adotamos como último recurso. Cada um de nós tem uma equipe protetora singular, que passaremos a conhecer bem ao fazermos nosso trabalho. Neste capítulo, conheceremos essas três partes distintas de nosso eu. Juntos, poderemos cultivar a curiosidade a respeito de nossos protetores ao compreendermos por que cada um deles tem sua sabedoria, e que todos só existem porque a dor e o medo que carregamos necessitam deles.

Também começaremos a conhecer a comunidade de cuidadores internos, composta pela presença internalizada de todos aqueles que cuidaram de nós com atenção, calor humano e presença constante. Como essas pessoas nos tocaram o coração (que é o terceiro cérebro do nosso corpo), é comum sentirmos sua presença bem ali, no peito. Por um instante, ponha a mão em seu peito e observe os sentimentos que surgem. Como estamos falando de cuidadores, talvez vejamos surgir em nossa mente alguém que cuidou de nós. Ou então, como o cérebro cardíaco é parte do lugar onde armazenamos as lembranças da conexão, alguém que nos feriu em um vínculo doloroso, ou que nos abandonou, poderá nos vir à lembrança. Por ora, convém notarmos com que profundidade absorvemos as pessoas de nossa vida que foram importantes para nós.

A maioria de nós não pensa no coração como um cérebro, mas como uma metáfora do amor romântico, em todas as suas formas. Novas pesquisas têm mostrado que há muito mais nesse órgão do que supúnhamos – e que ele tem sua própria inteligência. O HeartMath Institute é uma organização que pesquisa como as pessoas podem equilibrar seus sistemas físico, mental e afetivo com a orientação intuitiva do coração. As pesquisas desse instituto mostram que o cérebro cardíaco (o sistema nervoso cardíaco intrínseco) é *tão inteligente quanto* o cérebro em nosso crânio e aquele em nosso ventre.

Esse cérebro cardíaco é feito de neurotransmissores, células de apoio, proteínas e gânglios – todos complexos e intrincados –, tal como as redes de informação do cérebro craniano. Acredita-se também que o cérebro cardíaco tenha uma forte ligação com o cérebro craniano, enviando-lhe constantemente mensagens que afetam nossa maneira de pensar, sentir, agir, bem como de nos relacionarmos. Na verdade, cerca de 80% das comunicações fluem de baixo para cima e apenas 20% fluem do cérebro localizado em nosso crânio para baixo. Trata-se de um fluxo muito substancial de informações que molda nossos sentimentos e o que fazemos a partir deles. Como ele se comunica através de neurotransmissores e sensações, a maioria de nós não escuta conscientemente suas mensagens.

Isso significa que grande parte de nos compreendermos e de curarmos nossa vida afetiva, inclusive nossos relacionamentos românticos, tem a ver com sermos capazes de escutar as mensagens do coração. E isso nos ajudará a equilibrar o que *sabemos* na cabeça com o que *sentimos* no coração. Nossa cabeça é repleta das crenças provenientes de nossas feridas primordiais. É muito frequente vermos nossos protetores remoendo as coisas, encenando situações, planejando os passos seguintes para garantir o relacionamento. A inteligência do coração, enraizada nas relações de cuidado que tivemos e vivenciamos na comunidade dos cuidadores, é uma fonte de orientação e conhecimento intuitivos que vão além do cérebro racional. Parte dessa sabedoria consiste no fato de, cultivando a consciência das mensagens do coração, também podermos entrar em contato com a dor proveniente dos vínculos rompidos. Ao fazê-lo, abre-se a porta para a cura.

O caminho para aliviar a dor de nossas feridas primordiais é reconhecermos que elas ainda doem e nos permitirmos senti-las plenamente, para podermos receber o cuidado caloroso de outra pessoa bem na raiz da ferida. Ao atravessarmos a dor com apoio, chegamos a um lugar do outro lado que nos traz uma sensação de calma, plenitude e segurança. Isso só acontece se começarmos a respeitar os sentimentos armazenados no coração – talvez precisemos chorar ou ficar furiosos – para que eles possam receber a experiência reparadora capaz de curar até as feridas mais antigas e dolorosas.

Quando escutamos com o coração, a divisão lógica do cérebro tende a se abrandar e a se dissolver, o que nos faculta o acesso à interconexão por trás das divisões e categorias que nos impedem de ter acesso à nossa própria sabedoria. Começamos a perceber que, assim como o coração é subjacente ao cérebro, essa interconexão é subjacente a tudo. Quando o coração começa a encontrar o caminho de volta para sentimentos calorosos e conectados e entra num estado de franqueza ou de coerência com o cérebro, o sistema nervoso responde aumentando a energia, a criatividade e a intuição cerebrais, permitindo uma conexão mais forte entre o coração e o cérebro e aumentando os sentimentos de plenitude.

Antes de começarmos, é realmente importante que você faça este trabalho no seu próprio tempo. Você aprofundará sua conexão com seu eu intuitivo, desenvolvendo a consciência do corpo todo.[23] A palavra sofisticada para isso é *interocepção*. Quando cultivarmos essa capacidade, teremos a *sensopercepção* – um saber corporal em nosso interior que permite acessar todas as partes de nós que vivenciaram calor humano e bondade (nossos cuidadores internos), as partes que trabalham todos os dias para nos manter seguros (nossos protetores internos) e também as partes que carregam a dor e o medo que necessitam de cura (o eu mirim, em seus muitos aspectos). O primeiro passo é ter certeza de que você conta com outras pessoas para lhe darem apoio. Eu posso ser uma delas. Gravei as práticas que faremos para que minha voz (e meu coração) possa acompanhar você ao longo do processo. É importante que você continue a investigar se necessita de apoio adicional. Nossa cultura tende a nos incentivar a fazer isso sozinhos, de modo que verificar regularmente o que seu organismo está pedindo é muito importante. Quando vivenciamos sentimentos antigos, muitas vezes é como se os experimentássemos *no momento atual*. Esse pode ser um processo opressivo, especialmente quando há algum trauma armazenado em seu corpo. Por essa razão, é de suma importância que você avance no seu próprio ritmo e estabeleça um ambiente seguro em que possa realizar este trabalho.

Por favor, vá devagar e seja gentil consigo mesmo ao penetrar em seu íntimo. Se começar a sentir angústia ou aceleração de ideias, ou a se sentir frio ou "desligado", é sinal de que está na hora de mudar de marcha e voltar ao presente. No momento em que se sentir sobrecarregado, quero que você pare um pouco, largue o livro e sente-se com os pés no chão, de preferência descalço. Abra os olhos e observe os detalhes de seu entorno. Concentre-se na sua respiração e diga em voz alta o nome de algumas das coisas que vê. Ponha as mãos na cadeira e preste atenção a qualquer ruído ou aroma no ar. Gosto de ter flores no consultório quando faço esse trabalho com clientes, porque olhar para uma coisa bonita pode ajudar a trazer rapidamente a pessoa de volta ao presente. Visualizar os olhos de uma pessoa querida também pode ajudar a trazer uma sensação de calor humano e segurança.

Logo no início desse processo, você também pode informar a uma amiga que vai fazer um trabalho interno e talvez precise telefonar para ela se as sensações se tornarem muito intensas. Escolha alguém com quem se sinta em completa segurança e que você saiba que lhe dará apoio. Se estiver trabalhando com um terapeuta, você também poderá compartilhar esse trabalho com ele e até introduzi-lo nas suas sessões, caso queira fazer isso. E, se tudo isso soar ameaçador, por favor, reconheça o medo e busque a mão de alguém para segurar. Tornar-se egófilo é um processo que passa a ser mais fácil com o tempo e a prática. A sua sensação de segurança e apoio internos se ampliará ao passarmos por isso, camada por camada. Por fim, antes de começarmos, por favor, estabeleça um propósito para si mesmo – uma afirmação que possa repetir para si e que o ajude a conectar-se com a energia que você quer mobilizar. Pode ser algo como: "Estou aprendendo novas maneiras seguras de vivenciar meu mundo interno, o que me permitirá experimentar o verdadeiro amor." E, acima de tudo, lembre-se, por favor, de que estou bem aqui com você.

EXERCÍCIO: COMEÇANDO A ESCUTAR O CORAÇÃO

Antes de mergulharmos numa meditação guiada para introduzir a fundo sua consciência em sua inteligência do coração, mostrarei maneiras de se tornar mais "ciente do coração" todos os dias. Não estamos habituados a nos comunicar com essa parte de nosso eu, por isso não espere acertar de primeira. A meta é apenas aprender a escutar mais atentamente o coração, e você pode começar por este processo de cinco etapas:

1. Em breves momentos ao longo do dia, observe como você se sente. Apenas pergunte a si mesmo: "Como estou me sentindo agora?" Volte a consciência para a região do tórax e tente permitir que seu coração – não sua cabeça – responda. Conscientize-se de quaisquer sensações e emoções que surjam em resposta a isso, mas não tente analisá-las. Por enquanto, simplesmente cultive o hábito de fazer uma checagem em seu coração.

2. Quando verificar o que está sentindo dentro do peito, observe também a qualidade de sua respiração. O modo de respirarmos – calmo, apressado, profundo ou superficial – pode nos dizer muito sobre o que se passa sob a superfície de nossa mente pensante.

3. Se, com o tempo, você notar que sua respiração é quase sempre superficial e acelerada, explore a sensação de prolongá-la. Inspire contando até cinco e expire contando até sete. Imagine que sua respiração desce até o abdômen e se espalha em 360 graus, de modo que seu abdômen, não seu peito, se expande e se contrai delicadamente a cada respiração. Então observe de novo suas sensações e seus sentimentos. Consegue acessar com mais facilidade o seu estado emocional agora?

4. Verifique sua postura. Seus ombros estão curvados para a frente, ou você está de braços cruzados? Se for esse o caso, experimente mover os ombros para trás numa postura um pouco mais ereta. Isso criará mais espaço em torno do coração. Depois de fazê-lo, torne a verificar como está se sentindo, observando qualquer mudança.

5. Como última etapa, imagine que sua respiração vai se acumulando em seus pulmões e se espalhando em todas as direções. Ao passar por seu coração, ela o limpa e abre espaço para que ele se expanda. Mais uma vez, observe se está mais conectado com aquilo que sente.

Quanto mais você praticar esse exercício de conscientização, mais seu coração começará a falar com você. À medida que você ganhar acesso, lentamente, aos cuidadores internos que encarnam a inteligência de seu coração, notará que eles se comunicam de modo diferente do que faz seu cérebro, sobretudo por meio das sensações, que são a linguagem do corpo. Seja qual for a mensagem que vier à tona, sua tarefa, por enquanto, é apenas aceitá-la. Não se trata de "corrigir" nenhum sentimento ou emoção, mas apenas de deixar que apareçam. Com o tempo e a prática, talvez você comece a se descobrir verificando seu coração, sua respiração e sua postura de modo tão rotineiro quanto escova os dentes.

Quando se sentir inspirado e pronto para se ligar mais profundamente ao coração, leia o próximo exercício. Antes de começar, sinta que podemos fazer isso juntos, invoque sua curiosidade, tome coragem e se prepare para explorar a próxima fronteira de sua inteligência cardíaca.

EXERCÍCIO: MEDITAÇÃO DA VARREDURA CARDÍACA

Por favor, vá devagar ao fazer este exercício pela primeira vez. Mais tarde, quando houver aprendido a fazer a Varredura Cardíaca, você poderá iniciá-la a qualquer hora e completá-la em poucos minutos. A Varredura Cardíaca é uma forma poderosa de entrar em sintonia consigo mesmo num nível físico, energético e emocional. Praticá-la o ajudará a cultivar um mundo interior seguro, amoroso e de apoio em que você fará o trabalho de se tornar egófilo.

Ela foi criada por uma querida amiga e colega, Lynn Carroll.[24] Lynn é uma terapeuta maravilhosa, que guia seus clientes para uma conexão mais profunda consigo mesmos por meio do cultivo da consciência do corpo. Com sua meditação da Varredura Cardíaca, você pode entrar em sintonia com o que seu coração diz a qualquer momento.

1. Comece por encontrar um lugar tranquilo em que se sinta à vontade e protegido. A Varredura Cardíaca pode ser feita em qualquer ambiente, mas, no início, convém praticá-la num espaço em que você sinta segurança física.

2. Diga a si mesmo que é hora de desacelerar. Esta dica interna o ajudará a mudar de marcha, para abandonar o que estiver fazendo e entrar no lugar tranquilo em que precisa estar. Reduza conscientemente o ritmo até conseguir conectar-se de verdade com o que está acontecendo no seu corpo. Desacelere a respiração e os movimentos.

3. Feche os olhos e respire devagar e com suavidade enquanto leva a consciência ao seu centro cardíaco, no meio do peito. Sintonize-se com ele e observe. Seu coração parece receptivo, fechado ou neutro? É provável que você não tenha o costume de descrever suas experiências ou seus sentimentos a partir de uma perspectiva sensorial, ou de usar a linguagem dos sentidos. Alguns exemplos de experiências sensoriais que você pode ter ao sentir seu centro cardíaco incluem tensão, sensações de formigamento, amplitude, dureza, densidade, vazio, luz, expansividade ou peso. O que você está sentindo? Apenas observe. Repare se você sente ansiedade, serenidade ou neutralidade. Há ocasiões em que todas podem estar presentes ao mesmo tempo. Apenas aceite o que houver.

4. Ao levar a consciência ao coração, você pode ver imagens ou cores e sentir emoções fortes. Pensamentos, temores ou lembranças antigas podem surgir. Simplesmente observe o que acontece em seu corpo. À medida que for se tornando mais consciente, veja se seu corpo se acomoda mais, ou se fica mais tenso.

5. Haja o que houver, deixe fluir. Estamos sempre mudando, de um momento para outro. Se você sentir que seus pensamentos se aceleram, que a tensão aumenta, ou que há até uma sensação opressiva, volte a prestar atenção à sua respiração. Concentrar-se por algum tempo na própria respiração pode ajudar a acalmar seu organismo e relaxar você.

6. Continue a dar nome àquilo que observa, sem se prender a nenhum pensamento ou sensação específicos. Apenas dê nome às sensações, como "tensão nos ombros", "tristeza", "impaciência", "sonolência". Vivencie o momento. Como é olhar de modo mais objetivo para sua experiência, perceber as sensações do corpo e notar como está seu centro cardíaco? Talvez você esteja começando a ter uma ideia de como essa forma de inteligência difere do *pensamento*.

7. Agora, deixe emergir uma imagem que lhe dê uma sensação de paz. Pode ser caminhar pelas montanhas ou numa praia, brincar com seu animal de estimação, fazer um bolo, ler. Qualquer que seja a imagem, permita-se ter essa sensação agradável. O que acontece no seu corpo? Como você sabe que ele está se sentindo à vontade? Que emoções surgem no seu coração? Repare em todas as imagens que aparecem e apenas observe o que acontece em seu centro cardíaco quando você evoca uma sensação de paz.

8. Agora, pense numa ocasião em que você se sentiu amado. Pode ser uma lembrança da primeira infância ou uma experiência mais recente. Se você acha que não se sentiu amado, imagine como seria ter essa sensação. Ao se ver sendo amado, observe o que acontece no seu coração. Ele parece mais quente, mais leve, mais receptivo? Ele começa a se fechar? Que ideias lhe vêm à mente? Deixe que elas surjam e, depois, desapareçam.

9. Amplie sua consciência para além de seu centro cardíaco. Que sensações você experimenta em todo o corpo? Quais são as emoções presentes? Se sua mente pensante começar a acelerar, foque em

vivenciar as sensações do corpo. Comece por inspirar e expirar, observando qual é a sensação de cada movimento.

10. Se seu corpo lhe parecer vazio, inexpressivo, ou se houver alguma barreira, investigue essas sensações. Você está vendo as cores dessa barreira? Qual a espessura? Ao enfocá-la, ela se modifica? Ela lembra o quê? Surge alguma lembrança? Apenas observe o que acontece por dentro.

11. Caso você se sinta emperrado, observe onde sente isso. Deixe que a sensação continue presente. Como é ela, com que se parece? Prestar atenção nela, em vez de resistir, faz com que ela se modifique? Pergunte à inteligência do seu coração o que você pode oferecer a si mesmo para se sentir destravado. Em seguida, imagine-se recebendo isso.

12. Retorne a atenção para o centro cardíaco. Consegue manter o foco nele? Ou será que você se vê constantemente puxado para fora de seu eu, imaginando o que os outros estão dizendo ou fazendo, pensando no trabalho, remoendo o passado, ou planejando o seu dia seguinte? Talvez você observe que não quer estar presente com as emoções de seu coração. Talvez não esteja pronto.

13. Conforme escuta seu coração, é possível que ele lhe mostre o que necessita receber de você para se sentir mais seguro, mais receptivo, mais amoroso, mais tolerante. Isso pode aparecer na forma de imagens ou como simples "saberes" intuitivos. Note que sintonizar o coração com um nível mais profundo lhe permite receber mensagens do seu mundo interior.

Quando você aprende a se tornar presente dessa maneira em seu coração, não importa o que esteja acontecendo dentro ou fora, aprenderá, com a prática e o tempo, a sentir uma conexão maior com uma fonte verdadeira de segurança, amor e apoio. Ora estes virão como sentimentos e sensações, ora como a intuição da presença interna de alguém que cuidou de você, de um cuidador interno. Revisitaremos a meditação da Varredura

Cardíaca no Capítulo 8, quando você começar a explorar maneiras de se manter centrado no coração em seus relacionamentos. Por enquanto, trate de conhecer seu coração, fazendo esse exercício em diversas situações para aprender a ter acesso a essa inteligência toda vez que precisar dela. Este é um tema a que retornaremos ao longo de toda a nossa jornada curativa, uma vez que o coração é a base do mundo interno de segurança, amor e apoio que permitirá tocar suas feridas dolorosas e curá-las, encontrar equilíbrio emocional e reaprender a amar.

FAÇA AMIZADE COM SEUS PROTETORES INTERNOS

Um dos objetivos deste capítulo é ajudar você a se relacionar com seu eu mirim a partir de uma postura de carinho e apoio, o que significa aprender a compreender o papel dos seus protetores internos. Durante suas meditações da Varredura Cardíaca, talvez você se torne muito consciente de como essas vozes ríspidas e críticas podem ser altas e insistentes em determinados momentos, estando presentes com frequência no pano de fundo e se apressando a sugerir que você deve ou não fazer isto ou aquilo. Tal como acontece com seu eu mirim, elas precisam ser plenamente reconhecidas para se tornarem parte do processo curativo.

A transição do desejo de rechaçar esses protetores para sentir gratidão por eles é uma das mudanças internas mais importantes que há. É compreensível que queiramos calar as vozes críticas, mas seu grau de assertividade também é uma indicação direta de quanto elas protegem você da dor e do medo. Se minha cabeça me diz para nunca, jamais pedir que alguém repare em mim, posso ter certeza de que foi tão raro eu ser notada que há em mim um oceano de dor. É provável que cada um de nós seja capaz de pensar em exemplos disso em sua vida. Portanto, é realmente apropriado sentir gratidão por cada protetor que serve de sentinela: eles defendem um eu mirim machucado. Eles tentam garantir que esse eu mirim não seja humilhado nem criticado por não estar à altura de expectativas culturais ou familiares.

Mas há outro aspecto em nossos protetores internos. Embora não pretendam nos reter, eles reforçam o que mais tememos: sermos insuficientes, indignos de amor, sensíveis demais – tudo aquilo que foi visto em nós como inaceitável em nossos relacionamentos passados. Por terem nascido do medo, eles veem as coisas estritamente como preto ou branco, bom ou mau, certo ou errado. Atiçam a angústia e a vergonha em nome de nos proteger, enquanto reforçam sem querer todas as nossas principais crenças negativas. Ao fazermos amizade com essas partes de nós e lhes oferecermos compaixão, é comum elas nos permitirem acessar o eu mirim que estão protegendo. E, uma vez curado o eu mirim, esses protetores já não serão necessários da mesma maneira. Esse trabalho interno profundo com a dor e o medo é, realmente, o atalho para silenciarmos as vozes internas que nos assombram todos os dias.

Enquanto falávamos de protetores, é provável que um dos seus tenha aparecido. Observe a aparência e o som dele em sua mente. Talvez seja a voz de um de seus pais. Uma cliente me disse: "Escuto minha mãe me aconselhando a não vencer no pingue-pongue, senão os meninos não vão gostar de mim, e por isso, hoje em dia, toda vez que quero me afirmar num grupo de homens, meu corpo inteiro recua e minha garganta trava, de modo que não consigo falar. Quando tento superar isso, a voz crítica grita dentro de mim dizendo que eu não seja idiota." Em termos mais abstratos, pode tratar-se da voz da sociedade: "Não é coisa de mulher/homem fazer _____ (preencha a lacuna)." Um de meus clientes me disse que, por mais que sua esposa e suas filhas o amassem, prefeririam vê-lo morto a vê-lo demonstrar fraqueza. O que lhe dizem as suas vozes? Será possível escutá-las tão profundamente a ponto de você poder rastreá-las até a raiz da dor e do medo, que elas trabalham com afinco para não deixar que voltem a se manifestar?

O paradoxo é que, muitas vezes, escutar essas vozes dá a *impressão* de segurança. É como se o que elas dissessem fosse sensato. Afinal, se você é rica e magra, como ilustram as revistas e os filmes, acaso sua vida não será perfeita? Infelizmente, não. Ter barriga de tanquinho e um grande saldo bancário não têm *nada* a ver com sua capacidade de amar e receber amor. Enquanto não houver um intenso processo curativo, nossos protetores internos continuarão a atuar, pois são impelidos a tentar proteger-nos de novos episódios da mesma dor que aprendemos a esperar. A voz interna desses protetores pode ser crítica e gerar vergonha em nós, na esperança de nos proteger exatamente desses sentimentos no mundo externo. Sem o tratamento curativo, ela é uma espécie de vício, compelido a continuar a existir, até que haja menos dor e medo a manter afastados.

Quando fazemos amizade com essa parte de nós, compreendendo que seu papel sempre foi apenas o de proteger o eu mirim de mais sofrimento, e quando agradecemos ao eu mirim por esse serviço, os protetores começam a se sentir ouvidos e compreendidos. Desenvolve-se a confiança e eles passam a se dispor a abrir as portas para o lugar em que ficam guardados a dor e o medo do eu mirim; os protetores passam então a nos ver como aliados na manutenção da segurança do eu mirim, não como alguém determinado a ferir mais ou a criticar a criança preciosa que eles protegem. À medida que essas velhas feridas são curadas, diminui a necessidade de que nossos protetores internos tentem se colocar entre o eu mirim e ainda mais dor. Suas vozes se acalmam, pois o eu mirim torna-se cada vez mais capaz de vivenciar as alegrias da curiosidade, do assombro, da brincadeira e da intuição disponíveis à medida que ele se cura. Vemos que nossos protetores internos são *tão merecedores* de amor incondicional quanto qualquer outra parte de nós. Aos poucos, esses protetores deslocam o foco para a oferta de cuidados e conselhos centrados no que está acontecendo aqui e agora, em vez de nos protegerem da repetição de sofrimentos passados. Em vez de "Você não deve deixar ninguém ver suas lágrimas", eles podem dizer: "Suas lágrimas são valiosas. É essa a pessoa com quem você pode derramá-las em segurança?" Sua sábia orientação começa a nos ajudar a discernir quais podem ser os nossos companheiros de confiança.

EXERCÍCIO: COMO OS PROTETORES INTERNOS SE TORNAM ALIADOS

Está pronto para fazer amizade com seus protetores internos? Ótimo. O primeiro passo é tomar consciência de quando eles falam em seus ouvidos. Se você tem um estilo de apego ansioso, é provável que essas vozes tenham se tornado tão constantes, num canto da sua mente, que você chega até a crer que sejam sua parte mais forte. Quem sabe até o seu eu verdadeiro. Mas lembre-se: elas não o são. Um protetor interno é, simplesmente, uma parte de um rico mundo interior. Ao identificar conscientemente essas vozes como tais, você ganhará cada vez mais prática para notar de que modo elas tentam protegê-lo. Elas podem ajudá-lo a ver quais partes suas você teve que abandonar para se sentir aceito. Quando elas disserem "Não se atreva a levantar a voz para seu chefe", talvez você comece a se lembrar da sensação de insegurança que experimentava ao verbalizar qualquer discordância na sua família. Siga estes passos para conhecer melhor seus protetores internos:

1. Comece a escutar seus protetores internos de forma consciente. As palavras *deve* e *não deve* costumam anunciar sua presença.

2. Conscientize-se das mensagens que eles repetem. Ao começar a ouvir com atenção, você identifica alguns temas recorrentes? Que assuntos são mais importantes para eles? Conforme você desenvolve sua capacidade de observar os padrões, talvez também comece a se lembrar de ocasiões em que esses mesmos sentimentos, ideias e comportamentos não eram aceitáveis em casa.

3. Agradeça a seus protetores internos por ajudarem você a não repetir as coisas que lhe criaram problemas no passado. Agradeça-lhes por ajudarem você a abrir a porta para curar essas feridas primordiais. Conte-lhes que você agora está se dedicando a fazer isso para ter mais liberdade de reagir de outra maneira. Diga que eles poderão ser menos vigilantes à medida que você se curar, e que anseia pela orientação proveitosa deles para se conscientizar de seu impacto sobre os outros – e vice-versa. Talvez você note que seus protetores internos já se abrandam simplesmente por serem aceitos como uma parte valiosa de quem você é.

Ao levar isso adiante, você sentirá quanto seus protetores internos podem ser ríspidos e autoritários. Você prestava atenção neles por acreditar que dar ouvidos a essas vozes críticas e negativas o conduziria na direção certa. Sem eles, talvez você receie ficar sem nenhuma proteção, sem consciência de si e sem saber para onde está rumando na vida. É como um cavalo que se esquece de que é capaz de andar sem ser chicoteado para seguir adiante. A verdade é que seus protetores internos se abrandarão aos poucos quando você curar a dor do seu íntimo, e continuarão a guiá-lo de maneira delicada.

Agora, vamos dar uma olhada em como seus protetores internos interagem com seu eu mirim. Lembra-se da história de Susan, no Capítulo 2? Ela se irritou com o parceiro porque ele não a ajudava com a louça. Seu eu mirim ficou com raiva ao não se sentir apreciado. Mas os protetores internos de Susan a advertiram: "Não fale nada! Você só vai aborrecê-lo. Dizer o que pensa só vai levar a uma briga. Provavelmente, ele vai abandoná-la. É tarefa sua satisfazer as necessidades dele, não é tarefa dele atender às suas. Os seus sentimentos não têm importância." Esses temores enraizavam-se na ferida primordial de Susan pelo abandono e constituem um exemplo de como os protetores internos de uma pessoa tentam proteger o eu mirim de ser abandonado de novo.

Quando Susan dava ouvidos a seus protetores internos, o eu mirim dela se acovardava e se escondia. Ela reprimia a raiva, e seus ressentimentos cresciam. Quando seu eu mirim prevalecia, ela podia ficar emocionalmente instável e gritar com Dan, em vez de conversar com ele sobre seus sentimentos e a louça. Seus atos podiam ser guiados por impulsos afetivos irrefreáveis. As pessoas de apego ansioso costumam estar familiarizadas com esses dois tipos de respostas. Eles continuam a ocorrer até que adultos carinhosos e sensatos, os cuidadores internos, possam intervir e ajudá-las a iniciar o processo curativo. No entanto, quando a pessoa compreende o que seus protetores internos tentam poupá-la de experimentar, ela pode ter uma percepção maior de suas feridas primordiais.

CONHEÇA SUA COMUNIDADE DE CUIDADORES INTERNOS

Por mais despreparados para atender às nossas necessidades que nossos pais tenham sido, todos tivemos outros relacionamentos que nos permitiram construir uma comunidade interna de pessoas cuidadoras. Para ajudá-lo a visualizar essa comunidade, quero que você olhe para trás: qual pessoa de sua vida lhe deu mais amor, legitimação, carinho e apoio? Até os breves momentos desse tipo de conexão são importantes. Se hoje essa comunidade é pequena, o trabalho que faremos será uma oportunidade para aumentar a presença de outras pessoas que possam estar conosco pela vida afora. Nem todo respaldo oferecido por elas vem na forma de palavras. Por terem estado verdadeiramente ao nosso lado e terem espelhado o que temos de bom e valioso, elas fortaleceram nossa identidade como pessoas dignas e semearam a esperança da vinda de outras que nos tratassem da mesma forma. Sua presença reconfortante e sensata também nos ajudou a vivenciar até mesmo as emoções mais dolorosas e difíceis, que é o que possibilita estarmos com nosso eu pleno.

Nas tratativas da vida e com a ansiedade que acompanha nossos relacionamentos, a maioria de nós não está acostumada a se conectar com o apoio desses cuidadores internos. Em vez disso, nossos protetores internos ocupam o lugar central para nos proteger ao máximo da dor. Agora, começaremos a nos conectar conscientemente com essa comunidade de cuidadores e a trazê-los para uma relação com os protetores internos e com as facetas do eu mirim. Na medida do possível, vamos recorrer às pessoas que você internalizou, porque elas são seres vivos que oferecem um apoio constante dentro de nós. Elas são, sem exceção, recursos de segurança que fazem uma correlação contínua conosco. Eis uma lista de sugestões para ajudá-lo a invocar a energia de seus cuidadores internos:

- Certos momentos em que você se sentiu visto, apoiado e amado por um genitor que nem sempre podia estar presente.
- Uma terapeuta ou outro tipo de mentor que enxergue você e o espelhe de maneira calorosa.
- Amigos íntimos e solícitos que tenham sido uma fonte de aceitação em sua vida.
- Um animal de estimação que tenha estado sempre ao seu lado e lhe demonstrado amor e apoio incondicionais.
- Um professor que tenha não apenas incentivado sua aprendizagem mas também cuidado de você como pessoa.
- Um lugar em que você tenha estado especialmente "à vontade". Pode ser um local na natureza ou um ambiente interno em que você tenha se sentido apoiado e seguro.

Também podemos receber um profundo apoio de pessoas com quem não temos uma relação diária:

- Personalidades que demonstram seu calor humano e sua compaixão através de suas ações no mundo e são um exemplo a ser seguido.
- Uma figura de sua tradição espiritual – muitos de nós têm uma relação com um poder superior, quer o chamemos de Deus, Shakti, Universo ou Mãe Natureza.

Pare um instante e releia essas listas com calma, sondando quem surge espontaneamente dentro de você. Ao entrar em contato com esses recursos internos, observe se também aparece um protetor. Talvez ele receie que você não esteja prestando atenção a possíveis ameaças. Ou talvez até negue a existência dessas pessoas no seu íntimo. "Como você sabe que elas são reais? Talvez sejam imaginárias." É conveniente reconhecer o protetor interno: "Eu o entendo. Sei que você está preocupado. Quero que também venha conhecer esses cuidadores. A ajuda deles pode nos ser útil." Toda vez que ouvir as palavras de seus protetores, agradeça a eles e volte para seus cuidadores. Desse modo, você estará realmente começando a construir novas vias neurais entre esses dois grupos, que em geral se mantinham muito separados em sua mente e seu coração. A verdade é que precisamos de proteção e de cuidados, e que as partes de nós que detêm as experiências de cuidado e apoio são necessárias às partes de nós que tendem a ficar exaustas na tentativa de nos manter seguros.

EXERCÍCIO: OUVINDO NOSSOS CUIDADORES

Uma vez em contato com alguém que você tenha internalizado e que seja a voz e a energia de seus cuidadores internos, passe algum tempo procurando conhecê-lo. O exercício a seguir serve para explorar essa nova relação e para introduzir em sua vida essa energia segura e protetora. Uma vez que esse sentimento de conexão surja em seu peito, você também poderá pensar nele como a voz de sua inteligência do coração. Essa pode ser uma forma encantadora de iniciar cada dia com o cuidador que aparecer no momento.

1. Feche os olhos e visualize a pessoa que você escolheu como cuidador interno neste exercício. Visualize-a da melhor maneira possível em seu coração, de forma que *sinta* seu amor, seu calor humano, sua compaixão, sua bondade e sua aceitação. Deixe todos esses sentimentos fluírem em você e repare em como isso o afeta num nível sensorial, físico. A sensação pode ser tão boa que talvez você se pegue sorrindo. É possível que experimente uma descarga emocional e comece a chorar. Tudo bem. Simplesmente descanse na presença desse recurso interno e deixe surgir seja lá o que for.

2. Agora, pergunte ao seu cuidador interno se ele tem alguma mensagem para você. Ouça profundamente essa resposta em todos os níveis do seu ser, sejam eles verbais, afetivos ou sensoriais. É possível que você escute algo semelhante à sua própria voz dizendo-lhe, mentalmente, "Você está em segurança", ou apenas tenha uma sensação de calor humano e amor. Ou talvez sinta algum incômodo, pois seu cuidador interno reconheceu que este exercício é desafiador e novo para você. Não há problema nenhum nisso.

3. Permita a si mesmo sentir-se como alguém tranquilizado e visto, aceito e incentivado. Seguro. Como você se enxerga pelos olhos dessa presença amorosa? Que ideia positiva a respeito de si mesmo está sendo validada?

4. Saiba que você tem permissão para vivenciar qualquer coisa que esteja sentindo: "vazio", "serenidade", "felicidade", ou "tristeza". Seu cuidador interno está lhe oferecendo um espaço seguro. Ele quer que você saiba que sua realidade afetiva é a sua realidade. Quer que você saiba que é seguro ser você.

5. Se aparecer um protetor interno que leve você a se envergonhar do que está sentindo, deixe seu cuidador intervir delicadamente. Acolha a sugestão do protetor e tranquilize-o dizendo que está tudo bem. Ouça seu cuidador interno dizer ao protetor que você está em segurança e é amado, e que não há problema em sentir qualquer emoção.

6. Agora, peça ao seu cuidador interno que o ajude a curar seu eu mirim ferido oferecendo-lhe segurança, apoio e amor incondicional. Convide-o a ficar ao seu lado à medida que você prossegue em sua vida.

7. Agradeça a essa presença amorosa por ajudá-lo a se curar. E agradeça aos seus protetores internos por trabalharem com tanto afinco para manter sua segurança. Quando estiver pronto, abra os olhos.

Agora que estamos engajando ativamente esses cuidadores internos, você pode se pegar envolvido por eles com frequência ao longo do dia. De início, alguns clientes meus têm dificuldade de captar a ideia de que podemos introduzir em nosso mundo interno o amor, o apoio, a energia e as boas intenções de alguém. Entretanto, noto que muitos de meus clientes começam aos poucos a dizer algo como: "Quando estou com dificuldade para resistir à bebida, escuto sua voz na minha cabeça." Ou então: "Tudo que preciso fazer é pôr a mão no peito para sentir você bem ali junto de mim." É maravilhoso que nosso cérebro seja construído de tal forma que nele possamos introduzir outras pessoas, que são presenças reconfortantes, toda vez que precisamos de cuidado e apoio.

Também é possível que você escute seus cuidadores internos conversando com seus protetores. Tudo isso é a reconstrução de seu mundo interior, a preparação para que o eu mirim chegue a um ambiente em que possa sentir segurança. No próximo capítulo, utilizaremos mais os cuidadores internos de maneira a aumentar a influência deles à medida que você aprende a se apoiar nessa presença para curar o seu eu mirim ferido. Também estarei bem junto de você ao nos deslocarmos para o cerne do trabalho. Você não está só.

CAPÍTULO CINCO

Curando o eu mirim de dentro para fora

Como você já sabe, sua relação com seu eu mirim influencia o desenrolar de seus relacionamentos com outras pessoas, especialmente as que são íntimas. As feridas primordiais sofridas por seu eu mirim na infância orientam os tipos de relacionamentos que você busca, instintivamente, na idade adulta, porque a parte de você que aprendeu determinada maneira dolorosa de amar e ser amado nunca recebeu os cuidados necessários para crescer. No capítulo anterior, você conheceu as partes cuidadoras de si mesmo que podem ser convocadas a ajudar a acalmar seu eu mirim ferido toda vez que ele se sentir perturbado. Melhor ainda, com o tempo, esses cuidadores internos podem ajudar a criar um ambiente de segurança e apoio capaz de abrir espaço para seus sentimentos mais profundos – e de contê-los.[25] Tais como um genitor atencioso, responsável e carinhoso, essas partes sensatas de você fornecem liberdade de expressão afetiva, ao mesmo tempo que criam fronteiras que o mantêm em segurança. Oferecendo o tipo de apoio incondicional que tantos de nós não recebemos na infância, elas sempre nos defendem.

Convidar essas partes a assumir a dianteira, enquanto você aprende a obter acesso à energia regular, generosa e cuidadora que sempre pode ajudar o eu mirim, é essencial ao trabalho de passar a gostar de si, de tornar-se egófilo. Para iniciar esse processo, passaremos mais algum tempo aprendendo a trabalhar com seus cuidadores internos, a fim de ajudá-lo a tratar de seu eu mirim ferido. Esse também é o tipo de trabalho que você pode fazer com um curandeiro, um terapeuta ou um orientador – e eu lhe recomendo vivamente procurar mais um profissional que o ajude em sua trajetória para se tornar egófilo. Também posso ser esse tipo de presença para você, através deste livro. A beleza de buscar apoio nessas pessoas carinhosas é que você constrói sua comunidade curativa interna. Quando dispuser de uma sólida comunidade de cuidadores internos a quem recorrer numa emergência, você não mais terá que depender exclusivamente de outras pessoas externas para encontrar o amor e o apoio de que necessita.

Eles proporcionam a segurança necessária para você conhecer aspectos do eu mirim como se fossem seus próprios filhos. Isso significa aprender a notar os sinais de que esses aspectos estão sendo despertados ou de que parecem estar atuando. Seus cuidadores internos podem ficar junto deles e saber do que necessitam. Isso significa sintonizar-se a tal ponto com o estado emocional deles que você passa a ajudá-los a nomear o que estão sentindo num momento qualquer e a compreender que seu tumulto emocional é temporário. Em resumo, significa tornar-se a base sólida deles, para que, quando o medo do abandono parecer esmagador, eles não mais se agarrem a qualquer coisa ou pessoa à sua frente na tentativa desesperada de se sentirem seguros, por saberem que têm uma rica comunidade de apoio bem dentro do coração.

Algumas pessoas referem-se a esse processo como *reparentalidade*, visto como o trabalho de receber aquilo que seus cuidadores primários não puderam lhe dar em dose suficiente quando você era criança. À medida que se fortalece essa comunidade cuidadora, floresce uma espécie de corregulação interna. Ao longo da vida, precisamos e desejamos encontrar uma conexão profunda com outras pessoas. Isso faz parte de quem somos enquanto seres humanos. Curar o eu mirim ferido transforma isso num alegre processo de crescimento, em vez de uma busca desesperada de outra pessoa que nos complete. À medida que se curar, você verá que começa, ao mesmo tempo, a recorrer a muitas pessoas que trazem um apoio sadio, sejam elas seus cuidadores internos ou aquelas em cuja ajuda você confia, enquanto busca pessoas que tenham essa qualidade de apoio caloroso em seu mundo atual.

É importante você avançar com calma e no seu próprio ritmo ao iniciarmos juntos este trabalho. Não há meta a ser atingida nem medalha de ouro para quem acertar. As partes do seu eu mirim estarão sempre com você e sempre precisarão ser reconfortadas e cuidadas. Aprender a depositar confiança em seus cuidadores internos, bem como nas outras pessoas que acompanharem você nesta jornada, é um processo contínuo, algo que a princípio talvez não pareça familiar, mas que lhe dará uma sensação cada vez maior de segurança interna.

APRENDENDO A CONVIVER COM O EU MIRIM

O primeiro passo para você conhecer as partes do seu eu mirim é cultivar a consciência de como você se relaciona com elas hoje em dia. Tocamos neste ponto no último capítulo, ao assinalarmos como a voz de seus protetores internos as machuca com frequência ao procurar protegê-las. Agora, vamos nos aprofundar um pouco mais e realmente conversar com o aspecto do seu eu mirim que estiver mais próximo, para descobrir o que ele tem a dizer.

Isso pode não se dar com naturalidade, a princípio, o que é absolutamente normal. A verdade é que vivemos numa sociedade em que os sentimentos são frequentemente percebidos como confusos ou incômodos, para não falar do tempo que consomem. A maioria de nós cresceu em lares em que *ignorar a emoção* era a norma, e nos quais os pais – por mais amorosos que fossem – viviam ocupados ou distraídos demais para sentar-se com os filhos e investir tempo em ouvir o que sentiam. Em vez disso, quando os filhos ficavam nervosos, é possível que ganhassem um abraço ou um "vai ficar tudo bem", ou que lhes dessem uma guloseima ou os deixassem assistir à televisão mais um pouquinho. Não há um culpado nesse cenário. Só recentemente é que as conversas sobre saúde mental e *inteligência emocional* tornaram-se mais comuns. O provável é que nossos pais também não soubessem lidar com os próprios sentimentos. No confronto com emoções difíceis, a reação mais comum é tentar agir sobre elas o mais rápido possível – quer isso signifique aplacá-las por meio de drogas (como álcool ou remédios controlados) ou, simplesmente, adotar uma expressão corajosa e fingir que está tudo bem.

Quando somos crianças, isso significa aprendermos a agir da mesma forma, porque é isso que é solicitado de nós para fazermos parte da família. O que realmente precisamos é de pais que nos mostrem como dar espaço a todo o espectro de nossa experiência emocional – os sentimentos de orgulho, alegria e empolgação, *bem como* os sentimentos difíceis, dolorosos e perturbadores. Se você considerar como é incômodo, para a maioria de nós, ver outra pessoa aflita, e a rapidez com que nos voltamos para qualquer outra coisa (comida, trabalho, compras, drogas, redes sociais, ginástica, etc.) a fim de nos distrairmos de tudo que traz uma sensação ruim, fica claro que, em matéria de convívio com os próprios sentimentos, a sociedade ainda tem muito que aprender.

Quando temos essa pressa em ignorar as emoções dolorosas, isso não deixa espaço para aprendermos, de maneira sadia e segura, a *atravessar* as emoções que vivenciamos. Significa também que esquecemos a magia e o remédio passíveis de ser encontrados *dentro* da dor e da confusão geral; que o catalisador da cura está em termos coragem suficiente para sentir e acolher as partes magoadas de nós que estão desesperadas para ser vistas e ouvidas. São essas as partes que, provavelmente, nunca tiveram as suas necessidades atendidas, que contêm informações vitais para nosso bem-estar geral e que, não raro, simplesmente anseiam pela atenção de alguém que se importe. Todos os nossos sentimentos precisam saber que são importantes, todos os nossos sentimentos precisam ser ouvidos e todos os nossos sentimentos têm o direito de ser reconhecidos. Quando a questão é tratar do seu eu mirim ferido, é nesse ponto que seus cuidadores internos entram em cena e começam a validar você por inteiro.

A única maneira de você ter a possibilidade de ser o sábio defensor de todos os aspectos de seu eu mirim é aprender a escutar tudo que ele tem a dizer, o que significa, em primeiro lugar, aprender a estar com ele com toda a calma que você possa reunir num dia qualquer, o que não é fácil para ninguém que tenha um estilo de apego ansioso. Como já discutimos, é comum termos aprendido a ser hipervigilantes com o mundo externo, porque é uma maneira de nos mantermos em segurança, monitorando cuidadosamente os atos e as reações dos outros, em busca de pistas de que seríamos abandonados e (no caso da criança muito pequena, que depende de seus cuidadores para sobreviver) literalmente largados à própria sorte.

Isso ajuda a desenvolver nossa sensibilidade às necessidades dos outros e a manter nossa estabilidade. Mas também cobra um preço: o de ficarmos mais sintonizados com o que se passa à nossa volta do que com o que acontece dentro de nós.

Quanto mais atarefados e distraídos ficamos, e quanto mais buscamos o amor fora de nós, mais difícil é ouvir o eu mirim, e ainda mais convocar o amor e o apoio de nossos cuidadores internos. Ao nos abrirmos para essa comunidade de apoio, desenvolvemos uma *empatia interna* por nosso eu mirim ferido. Reduzir o ritmo também significa conviver com nossa dor – e, como já discutimos, não aprendemos a conviver com a mágoa enquanto sociedade. Portanto, avancemos devagar, juntos.

É ONDE DÓI QUE ESTÁ A CURA

Por mais ajustada que seja a sua vida, ou por maior que seja a sua sorte, todos os seres humanos vivenciam a dor. No caso do eu mirim, é comum as feridas primordiais que carregamos terem a mesma idade que nós, a ponto de até parecer que fazem parte de nosso ser. Quando não somos capazes de processar essa dor antiga, ela fica aprisionada em nosso corpo, deturpando toda a nossa experiência do mundo e nos impedindo de levar uma vida plena e satisfatória.

Embora prefiramos, naturalmente, não vivenciar a dor, podemos, com um apoio carinhoso, aprender a estar plenamente presentes para o que há dentro do nosso coração, o que inclui a dor de não nos sentirmos amados ou de não termos nossas necessidades atendidas. Quando erguemos as barreiras necessárias para nos proteger dessas partes feridas e raivosas, também criamos bloqueios que freiam a alegria sempre disponível para nós no espaço de nosso coração. Por isso, em vez de explorarmos nossa fonte natural de felicidade e bem-estar, temos que correr atrás de prazeres externos que façam com que nos sintamos melhor. Como descrevi no Capítulo 3, correr atrás de outra pessoa para curar nossas feridas ou nos distrair da experiência de nossa dor é o que leva à codependência e ao vício no amor.

Agora, assumiremos o compromisso de sentir e vivenciar as mensagens que o corpo nos envia. É o que chamo de *nos aproximar* de nossos sentimentos.

É importante lembrar que *todos os sentimentos são corretos*. O que quero dizer com isso é que não há nenhum sentimento que se possa chamar de "bom" ou "mau". É comum ouvirmos sobre sentimentos positivos e negativos, mas, na realidade, todos os sentimentos são sinais importantes do que se passa dentro de nós num dado momento. Os rótulos "bom" e "mau" significam, muitas vezes, que os pais ou cuidadores têm dificuldade de saber como validar nossa experiência afetiva, testemunhar e respeitar o que quer que estejamos sentindo, por mais doloroso, confuso ou inconveniente que seja.

Por exemplo, é possível que, quando criança, você tenha ficado nervoso por não ser buscado na escola. Talvez seus pais tenham precisado lidar com um pneu furado, ou talvez tenha surgido alguma outra coisa que fez com que se atrasassem enquanto você entrava em pânico. Quando eles chegaram, talvez sua aflição visível os tenha levado a perguntar: "Por que você está tão nervoso? Agora já estou aqui. Você não tem razão para se assustar!" Parece uma resposta natural, não é? Eles querem que você saiba que está em segurança. Na verdade, porém, é um exemplo de evitação emocional – e, naquele momento, sugere que os seus sentimentos de aflição não são reais, ou estão errados. Talvez você seja capaz de sentir no corpo, neste exato momento, como é ter seus sentimentos criticados ou negados.

O pai ou a mãe que é capaz de validar seus sentimentos, por outro lado, fazendo com que você saiba que suas necessidades estão sendo reconhecidas e compreendidas, pode lhe pedir, em vez disso, que você conte o que sentiu com aquele atraso. Depois de ouvir atentamente o que você tem a dizer, esse genitor pode assentir com a cabeça e declarar: "Sim, é compreensível que você tenha se preocupado. Deve ter sido assustador não saber onde eu estava!" Pare um instante e sinta o que isso causa em seu corpo.

Os pais sempre se sentem mal quando decepcionam os filhos. Podem se colocar na defensiva quando sabem que causaram indiretamente alguma dor e tentar encobrir suas deficiências, em parte para se sentirem melhor. A culpa é outra emoção negativa, pois, afinal, ninguém quer se sentir um pai ou uma mãe ruim. É mais fácil a pessoa fingir para si mesma e para você que o que aconteceu, bem como os sentimentos que isso gerou, não foi grande coisa (especialmente no exemplo citado, no qual ninguém se machucou fisicamente). Com o tempo, entretanto, a evitação dessas experiências afetivas nos deixa confusos e vulneráveis. Como se sabe, a criança pequena que não tem suas necessidades atendidas nunca chega a crescer; ela continua a viver como um eu mirim ferido.

A ideia, aqui, não é culpar ninguém. Muitas vezes, todos ignoramos nossos sentimentos porque é isso que aprendemos a fazer. No entanto, nossos sentimentos são os mensageiros de nossas necessidades afetivas. Quando deixamos de validar o que sentimos, não nos damos permissão de sentir o que sentimos, o que, por sua vez, significa que também não nos permitimos precisar daquilo de que precisamos. Dar margem a esses sentimentos significa aprender a receber a dádiva da validação dos nossos cuidadores internos e daqueles que nos acompanham nesta jornada. É um passo vital para você aprender a satisfazer continuamente suas necessidades afetivas, seja com a ajuda de sua comunidade interna, seja pedindo que elas sejam atendidas de maneira sadia por quem estiver ao seu lado.

Você pode praticar a validação interna pensando em algo que o deixe nervoso. Observe e nomeie essa emoção, talvez sondando como é senti-la em seu corpo. Em seguida, ouça o que seus cuidadores internos têm a lhe dizer. Ao longo deste livro, eu me transformarei num deles, de modo que você pode até imaginar que eu diria: "É bom sentir o que você está sentindo. Podemos investigar juntos o que isso significa." Você pode parar aí mesmo se notar que seu corpo relaxa quando você se sente ouvido. Se achar que esse sentimento é desproporcional à situação, talvez possa perguntar a si mesmo quando se sentiu assim antes. Nem sempre há uma resposta rápida a essa pergunta, mas o seu mundo interno lhe agradecerá por parar um pouco e indagar. Se você tiver realmente a impressão de que a emoção atual está ligada ao passado, começará a fazer sentido que também se sinta tenso com isso agora. Você está simplesmente notando a *lógica emocional* por trás daquilo que sente, do mesmo modo que o pai ou a mãe que se atrasou.

Também convém dispor de um lugar seguro dentro de si em que a sua comunidade de cuidadores internos possa conviver com todos os aspectos do seu eu mirim, em todos os momentos, e atentar para o que acontece com eles. Eles podem se comunicar através do diálogo interno (escuta interior) e você também pode visualizar mentalmente o encontro deles (visão interior). Sou capaz de ver minha bondosa avó e ouvir a voz dela quando meu eu mirim precisa ser ouvido. Sentir seu interior permitirá que se façam presentes todas as emoções que precisam ser sentidas.

No exercício seguinte, criaremos um lugar para eles se encontrarem usando a sua visão interior, o que exigirá que você visualize essa experiência. Para se lembrar de como é o seu eu mirim, encontre uma foto de quando era criança, uma imagem significativa, e mantenha-a por perto durante o exercício. Se, em algum momento, você começar a sentir incômodo, ou se achar que a experiência está indo muito depressa, pode parar, abrir os olhos, pressionar o chão com os pés e sentir a presença de alguém em quem você confie. Isso também é escutar a voz do eu mirim.

O lugar seguro dentro de si

1. Comece deitando-se numa postura confortável e, se possível, use algo para cobrir os olhos e bloquear a luz. Feche os olhos e respire fundo algumas vezes, levando ar até o espaço do seu coração. Faça as expirações se derramarem pelo peito enquanto prolonga a respiração. Repita de dez a quinze vezes. Sinta seu sistema nervoso ficar mais relaxado. No começo, aprender a respirar lentamente e a sentir o coração pode ser um desafio; portanto, pratique apenas o número de vezes que lhe for confortável. Respirar dessa maneira pode até suscitar lembranças, então seja gentil consigo mesmo, se isso acontecer.

2. Agora, pense em um "lugar seguro". Pode ser um lugar do seu passado em que você sempre teve a sensação de segurança. Ou talvez um lugar na natureza. Lembre-se dos detalhes, da sensação que ele traz e de seus odores. Por exemplo, se for uma praia, talvez você possa sentir a brisa no rosto e a areia sob os pés. Enquanto contempla mentalmente esse lugar seguro, observe a calma que sente ali.

3. Convide seu eu mirim a se aproximar. Visualize-o em seu lugar seguro, notando se ele fica sentado ou de pé. Caso você tenha dificuldade de fazer com que ele apareça, significa apenas que ele precisa de um pouco mais de tempo para se sentir seguro. Apenas mantenha o con-

vite aberto para que ele venha, e tente fazer o restante do exercício em outro dia. (Explicarei mais adiante por que ele pode ser tímido.)

4. Quando conseguir ver seu eu mirim, convide seus cuidadores internos a se juntarem a ele no lugar seguro, observando quem aparece. Convide-os a se apresentarem. Por exemplo: "Olá, eu mirim. Estou aqui para ver você, para escutá-lo e ajudá-lo. Se precisar de qualquer coisa, estou aqui." Faça os cuidadores explicarem ao eu mirim que são capazes de lidar com qualquer coisa que ele tenha a dizer, e que o eu mirim tem total permissão para aparecer e expressar tudo de si.

5. Agora, faça com que seus cuidadores internos perguntem ao eu mirim o que ele está sentindo, e veja se ele é capaz de partilhar esse momento. Depois, ouça profundamente, usando sua escuta interior, e apenas valide tudo que for compartilhado. É bem provável que algumas partes do eu mirim sintam-se solitárias ou vazias, tristes ou zangadas. Lembre-se de que o cuidador interno não precisa tentar consertá-las. Apenas deixe essas partes do eu mirim saberem que o que elas sentem é bem-vindo. Diga-lhes que estão autorizadas a sentir todas essas coisas e que você está ali para ajudá-las.

6. Quando elas tiverem dito tudo que precisavam dizer, garanta a essas facetas do eu mirim que você estará sempre aqui para escutá-las e lhes dar amor. Diga que irá checá-las com regularidade e que, quanto mais elas falarem, mais você será capaz de compreender de que precisam.

7. Antes de terminar, peça ao eu mirim que permaneça em seu centro cardíaco para que você possa guardá-lo na parte mais sagrada de seu corpo. Você pode até visualizar a transformação dessa criança num ser muito pequeno, e seu deslocamento do lugar seguro para seu coração. Se estiver com sua fotografia por perto, pode segurá-la junto ao peito e convidá-la a entrar, para ser guardada em segurança.

8. Abra lentamente os olhos e volte a se situar no ambiente à sua volta.

Inspire e expire longamente algumas vezes, apenas observando onde está e o que há no seu entorno.

Todos os aspectos do eu mirim precisam se sentir vistos e ouvidos, mas talvez demore um pouco para que eles confiem em seus cuidadores internos. Talvez eles tenham sido ignorados por tanto tempo que seja difícil imaginar que alguém vai escutá-los. Não desanime se eles não aparecerem logo de início ou se não conseguirem partilhar o que estão sentindo. Lembre-se de que outras pessoas decepcionaram o eu mirim e de que talvez você tenha que repetir esse exercício algumas vezes para que ele se sinta seguro para dialogar com você. Agora, no entanto, você terá sempre esse lugar seguro a que recorrer em seu interior, e seu retorno frequente a ele mostrará às partes do seu eu mirim que você respeita o compromisso de ficar à disposição delas, compreender suas necessidades e ouvir o que elas têm a dizer. Convidar os seus cuidadores internos a testemunharem e validarem os sentimentos do seu eu mirim ferido significa dar a si mesmo permissão para sentir o que quer que apareça, sem nenhuma conversa fiada sobre por que ele "deve" ou "não deve" sentir o que sente. Isso lembrará ao seu eu mirim que nenhum dos sentimentos dele é errado, que é lícito sentir tudo isso, e que existe um recurso dentro de você ao qual ele sempre pode apelar a fim de obter o apoio de que necessita.

Isso quer dizer que, à medida que você mergulhar mais fundo nesse trabalho, também terá que assumir o compromisso de continuar reduzindo o ruído externo (não dedicar toda a sua atenção ao seu relacionamento e não buscar distrações) para poder dar mais atenção à sua experiência íntima. Ao aprender a navegar pela vida usando essa bússola interna, aos poucos você construirá uma confiança maior em sua capacidade de depender da comunidade interna de cuidadores, e terá menos chances de entregar a outra pessoa toda a responsabilidade por isso.

O VERDADEIRO AMOR-PRÓPRIO

Nossa cultura está ficando muito familiarizada com o conceito de *amor-próprio*, mas é comum desconhecermos que o *verdadeiro* amor-próprio é, na realidade, o árduo trabalho de apoiar a *totalidade* do nosso eu. Reservar algum tempo para ir a um spa ou estar na natureza pode ajudar você a se conectar com seu mundo interior, o que é um primeiro passo essencial para aprender a estar com o seu eu mirim. No entanto, a coisa não pode parar por aí. Por mais confuso e assustador que pareça, é vital assumir o compromisso de estar presente diante de todos os sentimentos que surgem quando você se demora um pouco mais.

Ao começar a tocar nesses sentimentos mais profundos, talvez você se veja sendo puxado para os mecanismos de defesa que aprendeu a usar com o objetivo de aliviar a dor. Esses mecanismos podem consistir em doces, maratonas de séries na Netflix, taças de vinho, redes sociais ou compras na internet. Quando surge a ânsia de fazer essas coisas, talvez seja o seu mundo interno sinalizando que é preciso reduzir o ritmo e fazer uma breve pausa na execução do trabalho interno. Ao se pegar a caminho de devorar sua guloseima favorita, pergunte a si mesmo: "O que eu teria que sentir se não comesse este doce?" Oferecer-se dessa maneira para ouvir seu mundo interno é algo muito honrado e respeitoso. Se, depois dessa escuta, você continuar a sentir atração pelo doce, não estará cometendo nenhum erro ao comê-lo. Uma das melhores maneiras de facilitar sua entrada neste trabalho é ter a companhia de amigos que lhe deem apoio. Buscar a ajuda deles pode reduzir sua necessidade de outros tipos de consolo. Lembre-se sempre de que você pode avançar no ritmo que quiser.

Quanto ao que pode aparecer, alguns dos sentimentos mais difíceis e mais recalcados nas pessoas que têm apego ansioso são a raiva, a tristeza e a vergonha. De fato, até ler essas palavras pode levá-lo a sentir um peso em seu coração. É especialmente importante aprender a se debruçar sobre esses sentimentos. A raiva pode ser o mais assustador. Nossa raiva pretende nos proteger e buscar justiça, na forma de um pedido de desculpa ou outro tipo de reparação, e, embora uma expressão sadia da raiva permita mostrar até que ponto você foi magoado, a simples ideia de uma conversa desse tipo pode despertar uma ferida primordial de abandono quando ameaça o seu apego à pessoa amada. E se a reação desse par for uma postura defensiva, que isole você completamente? Vale a pena correr esse risco para pedir aquilo de que você precisa?

É mais fácil agir como se estivesse tudo bem e apenas pôr outro curativo na parte de você que está doendo, e com isso acrescentar ainda mais peso ao seu coração, já muito carregado. Com o tempo, entretanto, esse peso se manifesta como um luto pela parte de você que está, literalmente, *morrendo* de vontade de ser ouvida nas suas profundezas. Quando essa tristeza é ignorada, podemos mergulhar na depressão.

À medida que seus cuidadores internos começarem a se sintonizar com as necessidades do seu eu mirim, observe em que momentos do dia essa raiva e essa tristeza vêm à tona. Em seguida, convide o seu eu mirim a ir até o seu lugar seguro e permita que ele sinta raiva, fique triste ou caia em prantos. Seus cuidadores internos podem ajudar o seu eu mirim a se sentir validado e visto. Deixe esse processo ser suave e constante. Você não vai se curar de uma vez só. Veja isso como parte do trabalho contínuo de se tornar egófilo e como apenas mais um elemento para levar uma vida alegre, plena e cheia de amor-próprio.

DIGA O QUE SENTE

Ninguém acorda de manhã, espreguiça-se e pensa: "Que dia lindo! É a manhã perfeita para eu me sentar e bater um papo com minha dor emocional!" Costumamos evitar esse processo por todo o tempo possível. Para torná-lo mais fácil, pode ser útil denominar o que você sente à medida que aprende a se debruçar sobre seus sentimentos – à medida que isso o ajuda a tornar-se um observador de suas emoções, em vez de achar que elas são você. Isso lhe permite examinar as emoções e deixar que elas o percorram, sem ser oprimido por elas. Quanto mais você trabalha nesse processo curativo, maior se torna a sua capacidade de ser um observador; quanto mais você é capaz de observar, mais se abre para a cura, de modo que essa prática cria um belo círculo de apoio à sua transformação num ser egófilo.

Toda vez que partes feridas do seu eu mirim pedirem sua atenção, nomeie os sentimentos à medida que forem surgindo: "Estou com medo", "Estou preocupado", "Estou furioso", "Estou decepcionado". Diga isso em voz alta, se quiser. Assim, ao surgir uma emoção intensa, ela poderá ser vista tal como é, e, a partir dessa perspectiva ampliada, também se tornará mais fácil você ver do que é preciso cuidar. Nas fases iniciais da conexão com seus sentimentos, pode haver momentos em que você se sinta inundado por eles. Isso é compreensível e esperado. Você pode simplesmente recomeçar com a onda seguinte de sentimentos.

Em seu livro *O poder da visão mental*, o neurobiólogo interpessoal Dan Siegel explica que rotular os sentimentos ajuda a conectar o lado lógico do cérebro com o lado emocional: "Dar nome a um afeto (um sinal observável de emoção) acalma os disparos límbicos. Às vezes, precisamos apenas 'nomear' para 'amansar'."[26] Com isso ele se refere ao fato de que nossas reações emocionais às nossas experiências ficam guardadas no sistema límbico do cérebro, especificamente na amígdala. No caso das experiências dolorosas ou assustadoras, elas se tornam nossas feridas primordiais e podem ser reativadas toda vez que deparamos com uma lembrança do acontecimento original, contrariando toda a lógica. É como se fôssemos transportados no tempo para o momento em que essa experiência inundou nosso ser (muitas vezes, em nossa infância). Sem ajuda, o eu mirim ferido será impelido a agir a partir dessa postura.

Ao simplesmente dar nome ao que está sentindo num dado momento, você aciona o córtex pré-frontal pensante e lógico para funcionar como mediador. Também mostra ao eu mirim que você está vendo e compreendendo a experiência dele. Essa combinação de razão e bondade é muito poderosa. Depois de dar nome à sua reação afetiva, você fica apto a perguntar: "Esta é uma reação apropriada?" A resposta é complexa, na verdade. Da perspectiva da experiência anterior do eu mirim, ela é apropriada, mesmo que pareça desproporcional. O mais importante é que a chegada desses sentimentos potentes é um convite para lidar com a experiência inicial do eu mirim, para que você possa validá-la e curá-la. É aí que seus cuidadores internos podem chamar seu eu mirim para seu lugar seguro, para ver se ele revela quantos anos você tinha quando experimentou essa dor pela primeira vez. Observe se nomear os sentimentos do seu eu mirim faz com que ele se sinta mais seguro para compartilhar mais pistas sobre a ferida primordial que está por trás de tudo.

PERCEBA AS REAÇÕES DO SNA

Como se sabe, quando ficamos assustados em nossos relacionamentos, os traumas infantis são "redespertados". Esse medo nos desloca, apropriadamente, para o modo de reação primitivo sobre o qual aprendemos no Capítulo 1, em que o sistema nervoso cria reações físicas tão poderosas à percepção de uma ameaça que não temos outra opção senão agir com base nelas. Lembra como o SNA (encarregado de monitorar a segurança de nossas conexões) liga nossos órgãos físicos ao nosso cérebro? Quando somos acionados dessa maneira, nosso raciocínio lógico se fecha para podermos reagir mais depressa. Em nossa escala evolutiva, descemos do estado ventral seguro (no qual estamos preparados para a conexão) para o estado simpático, que nos diz para lutar ou fugir, ou para o estado dorsal, que nos diz que precisamos nos fechar completamente até que seja seguro restabelecer as conexões. E isso pode acontecer muito depressa. Por exemplo, quando seu par demora a responder a uma mensagem sua, de repente você pode sentir a dor e o medo de ser esquecido, sendo então arrastado por seu sistema simpático. Nessas circunstâncias, nem sempre você pode chamar seus cuidadores internos, uma vez que seu corpo deposita toda a sua energia e o seu foco na proteção e na sobrevivência. No entanto, à medida que você se curar, estará apto a perceber que seu SNA foi tocado por algo poderoso, no seu mundo interno ou externo.

Com essa consciência e sentindo compaixão nesse processo, você pode lembrar a si mesmo que qualquer reação simpática que tenha feito sentido *naquela época* é, agora, uma oportunidade de estar com o eu mirim que abriga esse trauma. Com o tempo, ao sentir uma ativação simpática, apenas notar que "isso pode ser uma reação antiga" tem o poder de desacelerar o processo. E vem então a oportunidade de chamar seus cuidadores para lidar com o que tenha ferido ou assustado esse eu mirim. Você descobrirá que quanto maior o trabalho de cura, maior a neurocepção de segurança *internamente*, e mais fácil o retorno ao estado ventral. O exercício a seguir mostra uma das maneiras de alimentar seu SNA.

ABRIGO PARA UM SNA AMEDRONTADO

Em nossos relacionamentos mais íntimos, quando acontece alguma coisa que mexe com nosso medo de abandono, podemos notar que nosso corpo começa a reagir. Relembrados de nossa ferida primordial infantil, já não nos sentimos seguros, de modo que nosso sistema nervoso simpático entra em ação. Quando nosso SNA é ativado, o melhor a fazer é nos concentrarmos em outro sistema do qual tenhamos controle no calor do momento. Trata-se de nosso sistema respiratório. Respirar da maneira indicada a seguir permite um retorno temporário às sensações de segurança. Pense nisso como uma trégua para seu SNA enquanto você faz o difícil trabalho interno de modificar sua paisagem interior e torna o seu estado ventral o seu estado padrão.

1. Observe o que você sente no corpo e dê nome ao que está acontecendo (por exemplo: "Minha respiração está ficando arfante, sinto um aperto no peito, estou com o estômago embrulhado.").

2. Diga a si mesmo, em voz alta: "Isto é o disparo de um circuito antigo." Note que seu radar detectou um perigo e seu sistema nervoso simpático está entrando em ação.

3. Inspire de modo a levar seu abdômen a expandir-se e demore-se mais na expiração. Seu abdômen se encherá de ar, de um jeito diferente do habitual. Por exemplo, inspire contando até quatro e expire contando até cinco ou seis. Solte a respiração jogando o ar para cima. Observe que com isso as coisas vão ficando mais lentas. Respirar dessa maneira ajuda seu corpo a sinalizar ao cérebro que você está bem. Sinta sua respiração e leve-a até o abdômen. Concentre-se em seguir a sensação, não um pensamento.

4. Se você tiver que pensar e não puder apenas sentir, repita as palavras *inspire* e *expire* enquanto volta a se concentrar na sensação do ar enchendo seu abdômen e indo embora.

5. Diga a si mesmo que a reação que você está tendo neste momento é *uma descarga neural antiga*. Diga a si mesmo: "Vou ficar bem, haja o que houver."

6. Se não puder ir para um lugar privado, procure ir para o lugar seguro dentro de si e convoque a ajuda de seu cuidador interno. Você pode ou não conseguir chegar a este passo; porém, quanto mais praticar os passos 1 a 5, mais depressa se acalmará o bastante para estabelecer uma conexão.

7. Sempre que possível, peça o apoio de algum amigo em quem você confie, e pergunte se ele pode reservar algum tempo para ser empático com você. Conectar-se com o sistema nervoso confiável de outra pessoa sempre aumenta a segurança.

Antes de iniciar o exercício, acomode-se bem, colocando os dois pés no chão, e visualize a terra abaixo deles, trazendo à mente a imagem de alguém em quem você confie. Por si só, essa simples etapa adicional ajudará você a se acalmar, caso o exercício de respiração lhe pareça excessivo.

Quando seu SNA tiver se acalmado, é possível que sua percepção tenha se deslocado a ponto de levá-lo a vivenciar mais intensamente o aqui e agora, em vez de ser invadido por experiências passadas. Com o tempo e com a prática, você começará a fortalecer seu sistema ventral, de modo que poderá atentar com mais calma para a experiência vivida pelo seu eu mirim. Enquanto isso, seja gentil consigo mesmo. Os sentimentos que surgem quando nos encontramos nesse estado exacerbado podem assustar, e sei por experiência própria como é difícil não reagir a eles. Pode haver uma explosão de raiva, ou talvez você tenha vontade de fugir, ou simplesmente sinta que está desabando. Talvez até se pegue dando um ultimato desesperado ao seu par romântico: "Se você continuar assim, vou embora e nunca mais volto!" Mas essas reações extremas só causarão mais conflito – tanto em seus relacionamentos externos quanto dentro de si mesmo. Respirar fundo puxando o ar para o diafragma de fato envia uma breve mensagem ao seu cérebro – a mensagem diz que você está bem. Com a prática, você conseguirá voltar a um estado de calma que permita o restabelecimento da conexão consigo mesmo e, às vezes, com a pessoa amada. No Capítulo 8, examinaremos mais de perto as maneiras de você se comunicar com o seu eu mirim perturbado durante situações acaloradas. Antes disso, porém, vejamos o que acontece quando aprendemos a acolher e aceitar nossas partes que tanto se inflamam, para começo de conversa.

ADOTE SEU EU PLENO E LHE DÊ AQUILO DE QUE ELE NECESSITA

O trabalho de curar seu eu mirim ferido significa mostrar que você ama e aceita *todos* os aspectos dele, haja o que houver. Gosto de pensar nisso como adotar literalmente as partes que você aprendeu a esmagar ou esconder para continuar ligado a pessoas que não sabiam abraçar inteiramente a sua totalidade. Quando se trata de curar a ferida primordial de abandono, que tantas vezes leva alguém a se apegar de maneira ansiosa, adotar essas partes pode ser extremamente potente no cultivo de relações saudáveis consigo mesmo e com os outros.

De que modo essas partes foram afastadas lá no início? Talvez tenham zombado de você na escola por causa de sua aparência ou de alguma coisa que você disse, o que fez você fechar algumas partes de si mesmo que "não eram legais". Talvez seus pais tivessem medo de conflitos, de modo que não conseguiam acolher sua tristeza, sua raiva ou seu ciúme. Como resultado, essas sensações ficaram feridas e profundamente enterradas em seu íntimo. A verdade é que todos possuímos as chamadas qualidades "positivas" e "negativas". As positivas são as que eram valorizadas por nossa família, e as negativas são as partes feridas e indesejadas, ou os protetores que nós desenvolvemos para nos afastar da dor das feridas primordiais do eu mirim. Se você tem partes "gananciosas" ou "mandonas", por exemplo, elas tentam lhe granjear algo que o console pela dor de não ter recebido aquilo de que realmente precisava. Uma cliente minha tinha um lado fortemente controlador, por ter tido que tentar organizar o caos de uma família cujos dois genitores eram alcoólatras. Como a ferida do abandono não tivera oportunidade de se curar, toda vez que ela tentava ser menos controladora, sentia acumular o pavor do caos da embriaguez, e por isso convocava imediatamente seu protetor controlador para impedir que o medo tomasse conta dela.

Os protetores internos precisam continuar instalados até que as partes do eu mirim que vivenciaram a dor e o medo sejam vistas e validadas, e também recebam aquilo de que necessitavam na época, mas não receberam. Grande parte disso envolve apenas ser visto e compreendido de maneira calorosa, mas também é importante que haja segurança, caso tenha havido medo; aceitação, caso tenha havido vergonha; consolo, caso tenha havido dor; e companheirismo, caso tenha havido abandono. Essas são as chamadas *experiências reparadoras* ou *refutadoras*, que modificam literalmente a sensopercepção das lembranças implícitas que contêm os traumas do eu mirim.

Uma vez aliviada a dor, os protetores internos não têm uma necessidade tão aflitiva de se agarrarem ao seu modo de ser para manter a dor e o medo à distância. À medida que o eu mirim de minha cliente controladora introduziu seu pavor no tempo que passávamos juntas, ela encontrou um lugar seguro na calma de meu consultório e achou abrigo em meu tranquilo sistema nervoso ventral. Estar nessa situação tranquila, sessão após sessão, encheu-a daquilo de que ela tanto havia precisado na infância: compreensão, calor humano e segurança. E sua necessidade de controlar também foi desaparecendo aos poucos, para o grande alívio de todos.

Exercício: passos para adotar seu eu pleno e lhe dar aquilo de que ele precisa

Como seres humanos, todos nascemos com potencial para amar tudo e todos, de maneira igual e incondicional. Em teoria, também somos capazes de acreditar que todos *nos* amam de maneira igual e incondicional. Mas, é claro, a experiência da vida nos ensina que não é bem assim. Então, estabeleçamos de novo a conexão com seu eu mirim para descobrir pistas do seu passado sobre as partes de você que aprenderam que eram indignas de amor ou que não mereciam ser amadas. Assim, você e os seus cuidadores internos poderão começar a lhe dar o amor incondicional que você merece. Tenha um diário e uma caneta perto de você para este exercício de adoção e cura. Embora eu vá lhe oferecer aqui todos os passos do exercício, você poderá fazê-lo em pequenas etapas. Vamos usar fotografias para ancorar esta prática. Você pode folheá-las no seu próprio ritmo, talvez uma foto de cada vez. Pode até preferir fazer este exercício várias vezes com uma única foto. Procure apenas seguir o melhor ritmo para você.

1. Encontre de cinco a dez fotografias suas de diferentes momentos da infância para trabalhar com elas. Talvez seja bom ir à casa de sua mãe e pegar emprestados os seus álbuns antigos de fotografias, ou pedir a um parente que lhe mande algumas fotos pelo celular. Se necessário, imprima essas imagens.

2. Convide seus cuidadores internos a estarem com você desde o início. Com as fotos na mão, respire dez vezes, confortavelmente, levando o ar para seu centro cardíaco e sentindo seu peito expandir-se. Prolongue a respiração, mas não a ponto de sentir tontura. Enquanto respira, visualize a entrada do ar pelo seu nariz e o trajeto dele até seu coração.

3. Escolha uma fotografia e olhe para ela enquanto continua a respirar fundo, levando ar ao peito. Leve essa criança para o seu centro cardíaco.

4. Escreva todos os sentimentos que venham a surgir no momento. Alguns exemplos são "Esta foto minha com meu irmão, no acampamento de férias, faz com que eu me sinta empolgado e livre", ou "Esta foto minha no parque de diversões me deixa irritada com meu pai".

5. Reconheça e anote todos os pensamentos, desejos ou lembranças que vierem à tona com cada sentimento. Por exemplo, "Queria ter mantido contato com meu irmão. Por que nos afastamos?", ou "Eu detestava andar naqueles brinquedos assustadores, mas papai me forçava a entrar neles".

6. Feche os olhos e se transporte de volta à época em que a foto foi tirada, da melhor maneira que puder. Procure identificar sua idade e convide os sentimentos daquela época a entrar em seu corpo. Veja que outras histórias dessa mesma época também podem surgir. Anote em seu diário aquilo que recordar.

7. Chame à sua mente os sentimentos mais profundos que você teve quando criança. Anote-os. Por exemplo: "Por trás desse sorriso, eu estava realmente infeliz. Não queria estar lá." Haverá alguma ideia associada a esses sentimentos?

8. Com o apoio de seus cuidadores internos, pergunte: "De que eu precisava na época e não estava recebendo?" Por exemplo, talvez você ansiasse por mais atenção dos seus pais, ou talvez quisesse brincar mais do que lhe permitiam.

9. Repita esse processo com cada uma de suas fotos. Depois que houver anotado seus sentimentos, pensamentos e necessidades não atendidas em relação a todas as fotografias, releia o conjunto inteiro. Consegue notar quais partes suas você aprendeu que não eram "legais"?

10. Enquanto reúne esses momentos, sentimentos e cenários, comece a observar se você está julgando ou afastando partes suas. Podem ser um traço de personalidade indesejável, a sensação de se achar feio ou incompetente, ou sentimentos subjacentes de vergonha.

11. O passo final é começar a olhar para as partes do seu eu mirim com um novo olhar amoroso. Um olhar que não as julgue e que aceite tudo que elas são. Seus cuidadores internos sabem do que essas partes tão pequenas precisavam na época, mas não receberam. Essas partes de nosso ser podem cercar cada aspecto do eu mirim com o consolo, a segurança ou a aceitação que faltaram. Quando esse reparo do que foi ferido está terminado, essas partes do eu mirim passam a se sentir acomodadas e mais livres da dor e do medo que

vivenciavam desde a ocorrência do trauma. Faça com que elas saibam quanto você gosta delas, e que tudo que elas experimentaram é uma parte importante de sua história.

Quando fiz esse exercício pela primeira vez, não me lembrei de épocas felizes – apenas de dor e vergonha. Fui gorducha na adolescência e constatei que queria muito mais desviar os olhos de minhas fotos dessa época do que olhar para elas. Ficou claro que eu não conseguia aceitar inteiramente aquela adolescente rechonchuda, comparada a outras meninas da minha idade. Eu também era baixa e fui a última a menstruar. Meus sentimentos e pensamentos daquela época deixaram claro que eu tinha feridas primordiais que me levavam a crer nisto: *Não sou digna de ser amada* e *Há alguma coisa errada comigo*.

Com o tempo, eu tinha jogado fora essa garota e seus sentimentos dolorosos de ser inferior, mas é claro que eles continuaram sempre presentes, abaixo da superfície, formando a base do pacto do eu mirim que eu refazia repetidas vezes em meus dolorosos relacionamentos adultos. Ao me conectar com a garota tardiamente desabrochada daquela fotografia, pude ver, literalmente, em que momento o amor-próprio tinha se tornado condicional e acabado por se transformar em autodepreciação. Pude então pedir aos meus cuidadores internos que lhe informassem que os sentimentos de vergonha e solidão eram inteiramente compreensíveis, e que essa garota seria sempre aceita como parte de mim, acontecesse o que acontecesse. Com o tempo, a vergonha se dissipou à luz da aceitação e da compreensão, e isso abriu espaço para que ela fosse tão bem recebida quanto qualquer outra parte.

Quando você tiver optado por aceitar incondicionalmente as partes de seu eu mirim ferido e começar a escutar tudo que elas têm a dizer, conseguirá se comunicar melhor com elas. Ao se ver perdendo as estribeiras com alguma coisa, ou sufocando seus sentimentos em uma situação, você terá mais probabilidade de parar, pensar por que está reagindo dessa maneira e perguntar a si mesmo: "O que está realmente acontecendo? A que estou reagindo, na verdade: à situação atual ou a uma ferida antiga? Por que me envergonho do que estou sentindo?" Todas essas são perguntas que abrirão o diálogo entre seu eu mirim ferido e seus cuidadores internos.

POR AMOR A GIGI

Validar e aceitar todos os seus sentimentos e curar as feridas antigas, finalmente recebendo o que estava indisponível na época, pode ajudar você a se fortalecer o bastante a ponto de se voltar para seus recursos internos quando as coisas parecerem confusas na sua vida amorosa. Vamos dar uma olhada em como isso acontece. Lembre-se de que, às vezes, compartilhar seu processo com uma pessoa de confiança é outra maneira de contribuir para acessar esses recursos internos, internalizando a experiência necessária de ser aceito por outra pessoa exatamente como você é.

Minha cliente Stacy me procurou pela primeira vez quando estava chorando a perda de sua Gigi, uma cadela de 15 anos que fora resgatada de um abrigo. Ao trabalharmos seus sentimentos de perda, ficou claro que algumas questões mais profundas em seu relacionamento vinham sendo ativadas toda vez que ela tentava manifestar a tristeza por essa perda à sua companheira, Olivia. Stacy contou que não tinha muitas queixas a respeito de Olivia e que, de modo geral, elas tinham um relacionamento sólido, e gostavam da companhia uma da outra; entretanto, com a morte de Gigi, haviam topado com um grande empecilho.

O que começou a acontecer foi que Stacy procurava o apoio de Olivia para elaborar seu luto, mas, toda vez que mencionava seu sofrimento, Olivia reagia prontamente com comentários deslegitimadores, do tipo "Não fique triste", ou "Pelo menos vocês tiveram quinze bons anos juntas". Havia momentos em que Olivia evitava Stacy completamente ao intuir que ela estava ficando triste. Isso despertou em Stacy sentimentos de não ser vista nem apoiada na dor intensa que vinha experimentando, e ela contou que havia começado a achar que Olivia não se importava com o que ela estava vivendo, o que levava a um sentimento de abandono.

Durante nossas sessões, por outro lado, simplesmente mantive aberto um espaço para que ela sentisse sua dor. Muitas vezes, teci comentários legitimadores, do mesmo modo que faria um cuidador interno, tais como: "É claro que isso dói. Perder a Gigi foi como perder uma grande amiga", ou "É perfeitamente normal sentir tristeza em alguns momentos – e isso é de fato triste". Pude perceber que Stacy não tinha um lugar seguro (externo ou interno) para manifestar sua dor e que não havia recebido legitimação externa suficiente quando pequena para fazer isso por si mesma. O tempo que passamos juntas veio a fornecer o fermento que permitiria o crescimento dessa capacidade dentro dela. Olivia não estava tentando feri-la intencionalmente – na verdade, vinha tentando fazer com que ela se sentisse melhor –; porém, quanto mais Stacy se sentia ignorada pelos comentários deslegitimadores de Olivia, mais ficava irritada e com raiva da companheira.

Stacy e Olivia puderam elaborar esses problemas quando Stacy também descobriu por que era difícil para Olivia fazer-se presente. Ela ficava pouco à vontade com o sofrimento de Stacy por motivos próprios, que não tinham a menor relação com o amor que sentia por ela, mas a verdadeira magia para Stacy aconteceu quando ela aprendeu a se ligar ao seu cuidador interno, na figura de sua avó calorosa, para ajudá-la a conter sua dor. Seu corpo inteiro lembrou-se de quando se sentava no colo da avó ao se entristecer com a coisa mais insignificante, e mais ainda com assuntos importantes. Ela pôde então relaxar em suas lágrimas, sabendo que sua dor seria ouvida.

A morte de Gigi também acabou sendo um belo catalisador para que Stacy vivenciasse o luto de algumas outras ocasiões de sua vida em que sentira perdas e abandono, mas não tivera nenhum apoio para processar a dor. É comum os sentimentos de abandono se acumularem ao longo do tempo. Quando não somos capazes de processá-los à medida que acontecem, a dor vai se acumulando até que um único acontecimento vira os pratos da balança e desperta uma enxurrada de sentimentos antigos – levando-nos a atacar com críticas qualquer pessoa que porventura tenhamos responsabilizado por nossos sentimentos. No caso de um relacionamento romântico, isso simplesmente faz parte de nosso pacto do eu mirim.

A história de Stacy mostra como o equilíbrio é restabelecido em nosso corpo e em nossos relacionamentos ao nos permitirmos sentir e conviver com toda a gama de nossas emoções. Isso acontece quando deixamos que elas venham à tona e sejam acolhidas com aquilo de que haviam precisado numa dada época, mas não estivera disponível por parte das pessoas à nossa volta na primeira ocasião em que as vivenciamos. Por exemplo, uma mãe ansiosa pode ter dificuldade de escutar e consolar um filho triste porque ela mesma já está muito perturbada. Isso não é culpa de ninguém, mas a mágoa por ser abandonado no momento de aflição é real para esse menino. Para ser curada, a dor precisa tornar a se expressar e, dessa vez, ser recebida com carinho. Quando possuímos recursos internos suficientes, podemos ser capazes de fazer isso sozinhos. Quando ainda não os temos, expressar a dor para uma pessoa de confiança, de modo que ela nos escute e nos acolha, será um bálsamo para esse ferimento e, no processo, a presença e o consolo dessa pessoa transformam-se num recurso interno para outro momento. A dor armazenada no nosso coração só pode ser liberada ao ser sentida, caso contrário permanece estagnada e presa, intoxicando-nos como um veneno e bloqueando nossa capacidade de dar e receber amor. Uma vez que liberar dessa maneira a dor do abandono e sermos plenamente aceitos na realidade e na veracidade desses sentimentos é essencial para nos tornarmos egófilos, trabalharemos mais nisso no próximo capítulo.

VOCÊ MERECE MUITO

À medida que começa a ter a experiência de encontrar um lar para todos os seus sentimentos e cuidar com ternura de todos os aspectos do seu eu mirim, você deve estar começando a intuir que é isso que o torna um ser humano integral, perfeitamente imperfeito. Ao fortalecer seus recursos internos e adotar as partes que tinham sido rejeitadas, você fica apto a se conhecer com todos os seus pontos fortes e todos os seus desafios. Aos poucos, isso também o ajuda a compreender que você é intrinsecamente digno de amor incondicional. Um lindo benefício de fazer isso é que você também se torna capaz de acolher seu par amoroso, bem como outras pessoas com quem tem intimidade, também como seres humanos inteiros. Essa é a base dos relacionamentos duradouros.

Quase todos nós, os ansiosamente apegados, lutamos com o sentimento de baixa autoestima, que é outro subproduto de termos sido obrigados a rejeitar ou renegar partes de nosso eu para sermos integrados em nossas famílias. Quando não recebemos a validação de que precisamos, tendemos a viver num mundo em que temos a sensação constante de que há algo errado conosco. Ao aprendermos a trazer nossos cuidadores internos para nos ajudar a lidar com o abandono, também fornecemos aos aspectos do eu mirim que não parecem dignos de amor ou atenção a aceitação de que eles sempre precisaram. Esse consolo interno é o que realmente desejamos, embora nossa cultura consumista nos ensine algo diferente. Ela nos oferece incontáveis maneiras de nos sentirmos melhor por fora, mas a verdade é que nenhuma realização ou posse nos traz um sentimento duradouro de valor pessoal: nenhum salário de milhões, nenhum equipamento sofisticado, nenhum corpo manequim 36.

Outra dificuldade, para nós, é o senso comum que diz que ser amado por outra pessoa é o que determina nosso valor – algo que muitos veem repercutir na sua ferida primordial. Nosso eu mirim não consegue deixar de acreditar que *Bem, se essa pessoa me ama, é porque devo ser digno de amor.* Afinal, isso é o que esperamos desde a infância: alguém para nos amar, em cujos olhos possamos ver refletido nosso valor. Em vez de corrermos o risco de descobrir que essa pessoa não consegue nos amar, nós nos empenhamos demais, ignoramos nossas necessidades e sufocamos nossa raiva, porque poderia afastar nosso par. Em outras palavras, nós nos tornamos abnegados para nos proteger de voltar a ter a sensação de não sermos dignos de amor. Entre o que nossa cultura nos ensina e o que experimentamos quando pequenos, nossos protetores internos nos pressionam sem parar: "Você tem que tentar com mais afinco, fazer mais coisas, emagrecer mais, para provar que merece amor." A verdade, no entanto, é que o verdadeiro amor-próprio vem de dentro e de um saber íntimo de que você não tem que provar nada, e é sempre digno de ser amado. É ao fazermos esse trabalho que descobrimos que não somos inferiores ou superiores a nenhuma outra pessoa – que, na verdade, somos o suficiente do jeito que somos. Com a prática, trabalhar com os seus cuidadores internos da maneira que resumimos neste capítulo passará, pouco a pouco, a ser sua norma, e as vozes críticas de seus protetores internos se tornarão menos necessárias.

Pensar nesse objetivo pode ser uma inspiração para o trabalho, às vezes penoso, de nos tornarmos egófilos, trabalho esse em que continuarei a guiá-lo nas próximas páginas. Neste capítulo, você aprendeu a ter coragem e a se debruçar sobre seus sentimentos, bem como a convidar sua comunidade de cuidadores internos a legitimar e adotar todas as partes diferentes de seu eu mirim ferido. Quero que você continue a se ligar a essas partes suas daqui para a frente. Ao longo do dia, peça aos seus cuidadores internos que informem ao seu eu mirim: "Você não está só" e "Você é bom o bastante". Se ele ainda não conseguir absorver isso, apenas escute o que o eu mirim quer compartilhar com você. Em seguida, ampliaremos e aprofundaremos esse processo em nosso trajeto da abnegação à egofilia.

CAPÍTULO SEIS

Da abnegação à egofilia

Como é encontrar-se com sua comunidade de cuidadores internos e levá-los a conversar com você e lhe perguntar, de verdade, como está se sentindo? Como é perceber que essas partes amorosas e apoiadoras estão sempre presentes para você, haja o que houver? Talvez isso pareça difícil de acreditar. Talvez suscite sentimentos de vulnerabilidade e falta de confiança. Ou talvez você já comece a ter uma ideia de como é empoderador saber que dispõe de recursos internos aos quais sempre pode recorrer para se reassegurar de que está bem. Você está a caminho de obter o saber profundo e intrínseco de que grande parte daquilo de que necessita está à sua disposição no seu interior, exatamente aqui e agora.

Precisamos de tempo e compromisso para desvendar as experiências que nos levaram a nos apegar de maneira ansiosa, e para curar nossas feridas primordiais de modo que possamos formar apegos com base na reciprocidade com nosso par. O processo que iniciamos no capítulo anterior é um componente essencial da passagem da abnegação à egofilia, ou seja, de pararmos de nos sentir completamente dependentes dos outros, a fim de obter amor e apoio, e entrarmos num relacionamento com nossos recursos internos, fortes e intactos.

Tocamos no que significa ser "abnegado" em vários pontos deste livro. Façamos uma recapitulação rápida. A partir das experiências da primeira infância, passamos a acreditar que somos excessivamente exigentes quando temos necessidades próprias. Quando expressávamos esses desejos razoáveis, era comum sermos recebidos pelo que parecia constituir desaprovação ou rejeição por parte das pessoas que nos eram mais próximas e, assim, passamos a entender da maneira mais profunda que depararíamos com mais do mesmo se expressássemos nossas necessidades a nosso par. Isso significa que, como adultos, fazemos o melhor possível para colocar as necessidades da pessoa amada em primeiro lugar, enquanto ignoramos as nossas. Pelo fato de nossas necessidades não terem sido permitidas, nosso eu mirim ferido acredita que não somos intrinsecamente dignos de amor, portanto ele deve ser conquistado mediante nosso empenho exagerado nos relacionamentos. Passamos a crer que os atos de abnegação devem ser aquilo que nos torna "uma pessoa boa". Afinal, ninguém quer ser visto como egoísta. Mas lembre-se: há uma grande diferença entre ser egoísta e tornar-se egófilo. Neste capítulo, continuaremos o trabalho de nos enchermos de amor e apoio internos, enquanto ajudamos nosso eu mirim em sua cura. Por meio desse trabalho, você poderá se doar aos outros a partir de um copo que parece cheio.

Primeiro, examinemos mais de perto o que significa ser abnegado, como podemos ser assim e por que isso se entrelaça profundamente com sermos ansiosamente apegados.

O ABANDONO INTERNO E A FANTASIA DE SALVAÇÃO

Em sua essência, a abnegação, ou altruísmo, provém de uma sensação profunda de abandono interno. Sem qualquer intenção de nos causar sofrimento, nossos pais não devem ter tido recursos internos para cuidar de nós de um modo que nos levasse a sentir que nossas necessidades e nossos desejos eram importantes. Nós internalizamos todos aqueles com quem temos uma relação emocionalmente significativa, então introduzimos esses pais ausentes em nosso mundo interno, onde eles continuam reforçando a irrelevância de nossas necessidades mesmo tanto tempo depois de termos saído de casa. E assim logo esquecemos nossos desejos e necessidades, de tão concentrados que estamos em agir de modo a manter nossos pais ligados a nós.

Fazemos tudo que temos de fazer para obter a conexão de que precisamos. Às vezes, o preço de ser membro de uma família é muito alto e penoso. Por exemplo, quando nossos pais não são egófilos, em decorrência de sua própria criação, o melhor que conseguem oferecer são amor e atenção inconstantes. Nós nos adaptamos, aprendendo quais de nossos comportamentos os mantêm próximos com a maior frequência possível, e empurramos para longe as partes de nós que precisam de alguma coisa. Uma criança aprende que a tristeza afasta sua mãe, e assim o seu eu tristonho se esconde, desassistido. Outra criança descobre que sua animação e sua alegria são intoleráveis para os pais, e por isso se torna calada e deprimida. Há duas coisas acontecendo: dividimos nosso eu em partes aceitáveis e inaceitáveis e passamos quase todo o tempo concentrados nas emoções de nossos pais, para saber como devemos ser. Em pouco tempo, perdemos de vista nossas necessidades e nos concentramos inteiramente nas deles. Enquanto isso, um poço de vazio e tristeza vai se formando em nosso íntimo, fora da nossa visão. Nossa luta passa a ser então manter esses sentimentos intoleráveis à distância, repetindo o mesmo padrão de abandono das nossas necessidades pessoais nos novos relacionamentos.

Ao chegarmos à idade adulta, todo o nosso sistema consciente e inconsciente espera que nossas relações sigam esse mesmo padrão. Uma vez que todas essas perdas dolorosas continuam vivas em nós, e nunca desenvolvemos a capacidade de desvendar nossas próprias necessidades, nós nos agarramos à fonte de estabilidade mais próxima (em geral, um par romântico) para nos sentirmos protegidos e seguros. O que aprendemos na infância nos diz que precisaremos fazer praticamente qualquer coisa para manter essa pessoa ao nosso lado. É difícil imaginar um estado que pareça mais inseguro e incerto, de momento a momento, especialmente porque, apesar de todos esses esforços de cuidar das necessidades de outra pessoa, não nos sentimos como se nossos pais nos vissem, nos escolhessem e ficassem do nosso lado. Essa perda reiterada do vínculo cria uma reação de estresse e desperta o sistema nervoso simpático. Embora acreditemos que nossos atos se orientem para a conexão, na verdade somos retirados do estado ventral pelo medo e levados à reação simpática, o que torna extremamente difíceis a corregulação e a conexão profunda com outra pessoa. Nesse estado de agitação, fazemos qualquer coisa para obter algum alívio.

É aí que entra a "fantasia de salvação". O que precisamos agora é de que um salvador chegue num cavalo branco, levante-nos do chão e nos carregue em direção ao pôr do sol. Não é de admirar que esse mito de conto de fadas seja tão predominante. Uma das maneiras mais comuns de a criança fugir da dor do abandono por um cuidador é criar uma fantasia em que ela será resgatada e vista em seu valor verdadeiro. Trabalhei com uma moça que me disse imaginar que seria capaz de atravessar o espelho de corpo inteiro que havia em seu quarto para estar com uma família que se importasse com ela. Da Cinderela à Bela Adormecida e à Branca de Neve, essa fantasia é tão corriqueira que se enraizou profundamente na trama de nossa narrativa cultural.

Mais recentemente, os livros da saga Crepúsculo glorificaram nossa paixão por essa ideia, retratando como a fantasia de salvação se desenrola nos relacionamentos românticos. Bella, a abnegada donzela em apuros, desenvolve um amor intenso por seu misterioso salvador (no caso, um vampiro empolgante, mas perigoso). Ela chega a implorar que ele a mate para que os dois possam ficar eternamente juntos, numa sombria vida após a morte, renunciando por completo à sua existência humana. Nessa história, é como se os dois parceiros houvessem caído no poço do vício no amor, pois o vampiro lhe diz, a certa altura: "Você é como uma droga para mim." Para uma pessoa com apego ansioso, a fantasia de um amor que nunca morre, literalmente, traz uma calma momentânea para a dolorosa crença subconsciente de que a abertura para o amor termina sempre em perda.

Por mais doentia que soe essa fantasia, o desenvolvimento desse protetor interno contador de histórias nos dá ao menos um alívio momentâneo da dor de sermos abandonados. Quando falta atenção em nossa família de origem, na verdade é saudável que, como crianças e adolescentes, ainda possamos imaginar a possibilidade de sermos cuidados e valorizados. A alternativa é cairmos na depressão e no desespero. Dessa perspectiva, também é compreensível que projetemos essa crença no que acreditamos que significa estar num relacionamento amoroso, o que inclui a ideia de que essa pessoa deve ser "o par perfeito".

Pelo fato de a ferida ter começado muito cedo, temos a necessidade e a expectativa internas de que esse salvador seja tão plenamente atencioso quanto é a mãe com o recém-nascido. Ao mesmo tempo, já *esperamos* que ele nos abandone – tal como fizeram nossos cuidadores na época em que éramos mais vulneráveis – e por isso nos aproximamos de *qualquer* relacionamento com intensa ansiedade. Nosso protetor interno primário devia mandar que nos doássemos, de modo que também é isso que fazemos agora. Com poucos meios internos a que recorrer, nós nos dispomos a doar tudo do nosso eu (no caso de Bella, sua própria vida) em troca do amor de alguém. Como começamos a fazer no último capítulo, podemos nos voltar para nosso eu ao descobrirmos nossos cuidadores internos e nos cercarmos do apoio externo de que precisamos para cuidar do eu mirim ferido, até que nosso ser possa intuir do que necessita e instalar o sistema interno de cuidados.

ABNEGAÇÃO, EGOÍSMO E EGOFILIA

Todos podemos encarnar os estados de ser abnegado, egoísta e egófilo em diferentes ocasiões da vida, dependendo da situação. Alguns indivíduos tendem mais para um dos extremos do espectro, com base em como se deu sua adaptação na infância. Ao ler as descrições a seguir, com qual você mais se identifica? Você se pega sentindo todas essas coisas em circunstâncias diferentes? Ao ler com calma estas descrições, observe como o seu corpo e suas emoções reagem, sem julgar nada do que aparece, na medida do possível.

Abnegação: A abnegação provém de não termos tido ajuda para desenvolver nosso valor intrínseco (culpando e envergonhando a nós mesmos com frequência). Nesse estado, adaptamo-nos a um cuidado inconsistente, passando a crer que receber amor depende de nos doarmos. Em outras palavras, passamos a crer que devemos ignorar de propósito nossas necessidades a fim de receber amor e atenção positiva. Muitas vezes, isso é fácil, porque não conhecemos tão bem aquilo de que precisamos. Passamos a maior parte do tempo cuidando dos outros, e todas as tentativas de estabelecer ou impor limites se desarticulam. Não temos consciência de nossas necessidades, ou somos medrosos demais para expressá-las, o que nos leva constantemente a nos sentirmos esgotados. No estado abnegado, tendemos a ser mais cientes de nosso mundo externo que de nosso mundo interno, e muitas vezes operamos num modo de sobrevivência que nos impede de descansar e de ficar junto de nós mesmos. Tirar os olhos da outra pessoa ameaça abrir em nós as feridas intoleravelmente dolorosas do abandono. Por termos muito pouco contato com nosso eu interior, temos dificuldade de confiar em nós mesmos e com frequência criticamos nossas decisões. Por não termos sido capazes de fazer uma corregulação com nossos pais, a abnegação também significa sermos dependentes dos outros para nos regularmos. Quando crianças, aprendemos como tática de sobrevivência a ficar hiperconscientes da outra pessoa, o que nos impede de encarnar nossas necessidades e emoções fundamentais.

Terá acaso surgido alguma lembrança de momentos em que você se sentiu dessa maneira enquanto lia este texto? Caso tenha surgido, você pode escrever sobre ela em seu diário. Se observar sensações corporais ou sentimentos que acompanhem essas lembranças, anote-os também. Essas observações podem catapultar o trabalho de cura junto a seu eu mirim.

Egoísmo: No outro extremo do espectro, podemos nos adaptar à falta de cuidado passando a crer que nós somos os únicos responsáveis por obter aquilo que desejamos e de que precisamos. Por trás desse impulso de atender continuamente às nossas necessidades estão os mesmos vazio e medo encontrados na pessoa abnegada. Todos os nossos protetores internos concentram-se exclusivamente em fazer com que nossas necessidades sejam atendidas e podem ter uma percepção de identidade exagerada (muitas vezes culpando e constrangendo os outros). Isso nos protege de sentimentos profundamente arraigados de desvalia. Temos medo de ser vulneráveis e dificuldade com a empatia autêntica, acreditando ser mais seguro nos fecharmos para os outros. Às vezes, tendemos a ser hiperindependentes para evitar a dependência de terceiros no atendimento de nossas necessidades. Inversamente, podemos fazer exigências absurdas daquilo de que precisamos. Infelizmente, mesmo quando essas exigências são atendidas, elas não preenchem o vazio, de modo que sempre precisamos de algo mais. Isso nos mantém num estado constante de ativação simpática. Por termos tanto medo da vulnerabilidade, nos concentramos em relacionamentos em que sentimos ter mais poder e controle como uma forma de proteção. Temos dificuldade com a corregulação porque nos abrirmos para os outros é uma ameaça à nossa segurança, que se baseia em sermos independentes. Nossos limites podem ser rígidos, pois preferimos nos sentir separados

dos outros (às vezes, também precisamos nos sentir especiais ou melhores que eles). Tendemos a confiar em nós mesmos acima de tudo, e não muito em outras pessoas. Aprendemos a nos concentrar em nós mesmos como recurso de sobrevivência, e rejeitamos as necessidades dos outros para não sermos dominados ou manipulados, nem termos nosso vazio e nossa dor expostos.

Quase todos tivemos momentos em que nos concentramos apenas em nós mesmos, ou ficamos intimamente ligados a outros que se adaptaram dessa maneira. Você pode escrever sobre seus momentos pessoais em seu diário e também sobre como as outras pessoas o afetaram. É fácil criticar todos esses impulsos para o egoísmo; porém, por meio da reflexão, você começa a ver que foram a dor e o medo que promoveram esse tipo de foco em si mesmo. Esses impulsos também podem se tornar lugares de acesso ao trabalho de cura junto a seu eu mirim.

Egofilia: Quando tivemos pais que refletiam nossa plenitude e nosso valor, ou quando nos curamos das feridas infantis, dispomos dos cuidadores internos e dos recursos externos para nos encontrarmos com frequência nesse estado. Na condição de egofilia, somos capazes de atender efetivamente às nossas necessidades, ou de pedir que elas sejam atendidas. Temos uma ideia estável do nosso valor pessoal e nos sentimos intrinsecamente dignos de amor e valiosos. Somos receptivos à aceitação de todas as partes de nós mesmos e nos responsabilizamos por nossos atos. Somos capazes de manter limites internos e externos saudáveis e temos a capacidade de sentir empatia pelos outros, sem nos perdermos. No estado de egofilia, podemos recorrer à nossa comunidade de cuidadores internos para nos encher de amor e compaixão, por termos recebido isso de outras pessoas e havê-lo internalizado. Isso significa que temos muito amor para dar, sem que ao fazer isso nos esgotemos ou nos esvaziemos. Por não carregarmos um grande fardo de dor e medo, nos sentimos seguros em nosso próprio corpo. Isso permite que nos mantenhamos em contato com nossas necessidades, sem temer que elas não sejam atendidas. Somos capazes de fazer uma transição entre intimidade, interdependência e autonomia, em resposta a condições internas e externas, sem perdermos nossa identidade. Vemos os relacionamentos como intrinsecamente interdependentes e doadores de apoio, e somos capazes de confiar nos outros.

Escrever em seu diário sobre os momentos em que você se sentiu egófilo, ainda que fugazmente, ajudará a fortalecer tais momentos. Você pode anotar as sensações que surgem em seu corpo quando se concentra nisso. Eis uma tabela que mostra todos os três estados e como eles se correlacionam com nosso SNA.

Abnegação e egoísmo *Simpático*	Estado ativado de luta ou fuga Pânico, medo, ansiedade, preocupação Ira, raiva, frustração Impulsividade Expansão da energia
Egofilia *Ventral vagal* *Parassimpático*	Capacidade de conexão consigo mesmo e com os outros Alegria e empolgação Repouso profundo Jocosidade, curiosidade Empatia, compaixão Sensação de segurança
Abnegação e egoísmo *Dorsal vagal* *Parassimpático*	Resignação Vergonha Retraimento (conservação de energia) Depressão Desamparo aprendido (quando a pessoa tentou repetidamente se conectar e acabou caindo em desespero)

Como já foi mencionado, todos esses estados existem no espectro e qualquer indivíduo pode se deslocar de um para outro. Entretanto, quase todos tendemos a entrar em um desses estados ao iniciarmos relacionamentos íntimos, como uma forma de lidar com nossa vida. Os estados de abnegação e egoísmo ativam o sistema nervoso simpático (luta ou fuga) e provêm de temores por nossa sobrevivência, ao passo que o estado de egofilia permite que permaneçamos no estado ventral, no qual é mais fácil sermos capazes de

> processar as emoções e nos ligar aos outros. A conscientização de todas as partes de nós mesmos e a compaixão e a aceitação de todas elas, bem como o desenvolvimento do árduo trabalho de curar quaisquer feridas primordiais que estejamos carregando, são o que respalda o desenvolvimento contínuo de um estado de egofilia.

IDEALIZAÇÃO E BOMBARDEIO AMOROSO

Se você se identifica como tendo um estilo de apego ansioso, é muito provável que a fantasia de salvação lhe pareça verdadeira. Talvez ela seja uma dinâmica que funciona repetidamente em sua vida, sem que você sequer se dê conta disso, por idolatrar os novos parceiros, inconscientemente, como salvadores em potencial, apenas para que eles deixem você, na verdade, sentindo ainda mais desamparo e solidão. Isso também é extremamente comum na dança entre ansiedade e evitação, descrita nos capítulos anteriores.

Quando somos crianças que nunca experimentaram a atenção integral e amorosa de seus cuidadores, continuamos a ansiar, internamente, pela sensação de sermos envolvidos com um amor constante e incondicional. Muitas vezes, essa idealização começa com os pais e outros cuidadores que nos abandonaram e nos feriram (em geral, sem saberem disso). Quando somos muito pequenos, nosso cérebro ainda em desenvolvimento experimenta uma sensação abençoada da mãe quando ela está disponível, e uma sensação dolorosa e assustadora quando ela não está. Quando nossos pais estão suficientemente presentes para nós na primeira infância, esses dois estados se fundem em nossa possibilidade de vivenciar as pessoas por inteiro – com falhas e com encantadores pontos fortes. Também nos vivenciamos dessa maneira. Quando nossos pais não conseguem estar presentes para nós, com calor humano, cuidado e aceitação, a ânsia pela pessoa irretocável e totalmente disponível nunca é satisfeita. Persiste em nós uma necessidade sentida de alguém que seja perfeito assim.

Quando um par em potencial se aproxima de nós com esse tipo de atenção – que alguns chamam de *bombardeio amoroso* –, o eu mirim começa a achar que chegou seu salvador, por haver ansiado por ele desde a primeira infância. Seja na forma de elogios, seja na forma de pequenas demonstrações de afeto, bilhetes amorosos ou promessas exageradas, bem-intencionadas ou não, as partes do eu mirim que se protegeram com uma fantasia de salvação passam a se sentir como se finalmente houvessem encontrado o salvador. Nesse momento, passamos a idealizar nosso novo interesse amoroso, acreditando que nosso par não pode fazer nada errado e nos preparando para perdoar ou passar por cima de qualquer defeito dele. Conforme a necessidade desse vínculo continua a crescer, começamos a perder de vista nossas necessidades e nossos interesses. Em pouco tempo, o eu mirim passa a fazer tudo o que for necessário para conservar essa pessoa, e vamos ficando cada vez mais abnegados.

Parte da tragédia disso é que a fase inicial de um relacionamento envolve, normalmente, esse tipo de foco completo de um parceiro no outro, e, à medida que o relacionamento amadurece, esse foco torna-se naturalmente menor. A atenção constante de um ao outro cede lugar às necessidades da vida. Quando as coisas correm bem, desenvolvemos mais confiança e isso começa a reduzir a necessidade de reafirmação constante. Quando nosso eu mirim ainda está muito ferido pelas experiências da primeira infância, muitas vezes é impossível que essa transição seja feita. Com efeito, o eu mirim fica mais amedrontado e doa mais de si para tentar manter a intensidade.

Dado que partes do eu mirim não receberam aquilo de que precisavam para desenvolver uma noção de identidade, esse relacionamento, em casos extremos, pode levar ao desejo de uma fusão completa com nosso par, porque ser circundado pela energia da outra pessoa dá a impressão de que aquele é o único lugar em que o eu mirim fica seguro, como um bebê. Toda vez que esses aspectos feridos do eu mirim sentem uma ameaça a essa segurança, seu sistema interno de alarme dispara. Eles ficam obcecados com a manutenção da proximidade da pessoa amada, dirigindo-lhe todo o seu foco, energia e atenção, o que pode levar a que sejam usadas as últimas reservas de autoestima. Para piorar as coisas, nos casos em que o par se adaptou por meio da tendência à evitação, esse agarramento só faz empurrá-lo mais para longe, e ele começa a reagir com uma necessidade de distanciamento para se sentir seguro. Essa pessoa pode parar de responder às ligações ou desaparecer por completo, por exemplo. Se isso soa dolorosamente familiar, é importante saber que não há nada de vergonhoso nesses comportamentos e sentimentos. O eu mirim apenas tenta estabelecer a intimidade, por sentir uma ameaça à sobrevivência. A simples conscientização é o primeiro passo para você aprender a intervir quando isso estiver acontecendo.

O mito do salvador procura proteger nossas feridas causadas pelo abandono, mas, infelizmente, é justo essa fantasia que mantém muitas pessoas agarradas a relacionamentos cheios de sofrimento e até abusos. A ideia arraigada de que ser abnegado ou altruísta é uma virtude, e de que as necessidades dos outros devem sempre vir antes das nossas, só faz agravar o problema. Com o trabalho que estamos fazendo, nosso eu mirim descobrirá que dispõe de recursos internos, na forma de cuidadores, e de recursos externos, na forma de pessoas de confiança. A partir daí, a fantasia de salvação perde seus atrativos, por já não ser necessária.

FOME DE AMOR

O estado abnegado pode aparecer, numa dimensão ampliada, na forma de *fome de amor*, ou fome emocional. Quando são muito privadas de amor, as pessoas podem desenvolver, literalmente, o desejo de "consumir" o objeto de sua afeição. Uma cliente minha, que lamentava o fim de seu último relacionamento, disse estar vivenciando uma síndrome de abstinência extrema do que tinha sido um caso de vício agudo no amor. "Sinto tanta falta dele que só tenho vontade de *devorá-lo*", disse ela, numa linguagem que você talvez já tenha ouvido ou até usado.

Para qualquer pessoa, especialmente alguém que seja evitativo, você consegue imaginar como deve ser sufocante estar do outro lado de uma necessidade desse tipo? No entanto, trata-se, simplesmente, do eu mirim expressando quanto NECESSITA do amor de outra pessoa para preencher o vazio interno que sente. Tal como a fome física, essa sensação pode até se manifestar como um "anseio" pela atenção de outra pessoa e como uma "gana" muito real de tocá-la. Assim como os sentimentos de vazio podem levar a um empanturramento emocional, a "fome de amor" pode nos levar a nos "empanzinarmos" de relacionamentos que nunca nos preencherão completamente, porque, na verdade, só é possível ficarmos satisfeitos ao nos tornarmos egófilos e ao recebermos o zelo de nossos cuidadores internos.

Foram necessários meses de trabalho interior com essa cliente para conseguirmos banhar seu eu mirim ferido no carinho de que ela precisava, por ter perdido a mãe para uma doença quando tinha 2 meses de idade. Nessa faixa etária, o alimento e o amor se entrelaçam de tal modo que, quando a criança perde sua cuidadora primária, sente que passa fome e frio, mesmo quando suas necessidades básicas são atendidas. Juntas, construímos sua comunidade de cuidadores internos, a começar por nós duas, e depois a ampliamos para um círculo mais amplo de amigos de confiança, exatamente como no processo pelo qual o bebê passa, desde o nascimento até seu primeiro ano de vida. Aos poucos, sua gana do ex começou a diminuir conforme ela foi absorvendo o carinho que a cercava. Sua escolha de se comprometer com a própria cura, antes e acima de tudo, deu ao seu vazio emocional a abundância de que ele sempre havia precisado, e ela acabou conseguindo seguir adiante.

FORA DO PEDESTAL

Stella é uma cliente que me procurou porque sentia-se confusa pelo fato de vir atraindo, repetidamente, o mesmo tipo de homens – muito bem-sucedidos e poderosos, e sempre preocupados com seus negócios. Todos esses homens eram também casados. Stella é arguta e inteligente, e não conseguia entender por que continuava a atrair homens obviamente indisponíveis.

Depois de explorarmos seu passado, ficou claro que todos os homens pelos quais ela sentia atração tinham traços parecidos com os de seu pai, que ela idealizava como se fosse sobre-humano. Esse pai era muito bem-sucedido e via qualquer sinal de tristeza como uma vulnerabilidade e, portanto, uma fraqueza. Stella também contou que seu avô paterno tinha sido um sujeito durão, que intimidava os filhos com suas ordens para ter certeza de que eles se portariam como "homenzinhos" quando tinham apenas 3 anos. Fizemos uma pausa para sentir que as feridas do pai dela o impediam de reconhecer qualquer dor ou brandura em si mesmo ou em qualquer outra pessoa.

Stella começou a endurecer por fora, para continuar nas graças dele. Por dentro, sepultou seus sentimentos mais ternos, lado a lado com a dor de não ser reconhecida, enquanto o padrão familiar se enraizava em sua geração. Stella também contou que o pai se casou de novo quando ela tinha 12 anos, e que ficou muito claro que ele valorizava essa nova mulher acima de qualquer outra pessoa. Stella passou algumas sessões falando de como se sentiu preterida, abandonada pelo pai durante muitos anos. Também lhe era muito difícil expressar qualquer raiva ligada ao comportamento do pai, uma vez que a aura de invencibilidade dele exigia que ela o pusesse num pedestal. Ela precisava de um pai, ainda que isso significasse abrir mão de si mesma, e ele precisava de uma filha que ajudasse a protegê-lo de sua própria ferida vulnerável, abandonando-se. Incapaz de ver esse homem como um vilão, ela inconscientemente se culpava pelo modo como ele a tratava.

Ficou claro para mim que sua ferida causada pelo abandono vinha sendo reencenada em seus relacionamentos adultos ao escolher homens tão preocupados com o sucesso profissional que pouco se interessavam pelas próprias emoções, que dirá pelas dela, e indo atrás de homens casados que nunca deixariam suas esposas. Se ao menos um desses homens a escolhesse, ela poderia sentir que tinha valor. Era inevitável que o tiro saísse pela culatra. Toda vez que um deles não a escolhia, o saber mais profundo que havia nela cimentava-se ainda mais: *Não sou interessante, não sou suficiente e jamais serei uma prioridade.*

Nosso trabalho conjunto concentrou-se em fazer com que Stella voltasse a entrar em contato com muitos aspectos de seu eu mirim. Ela havia desejado que o pai notasse quando ela estava triste ou nervosa. Seu eu mirim de 12 anos tinha sentido a angústia de ver toda a atenção do pai voltar-se para sua nova esposa. No meu consultório, onde eu representava seus cuidadores internos, ela pôde finalmente expressar alguma raiva pelo pai e validar esses sentimentos como naturais e adequados. Derrubado de seu pedestal, Stella viu o pai tal como ele era – um ser humano falho, que amava a filha da única maneira que sabia amar e que, nesse processo, desapontava-a repetidas vezes. Durante um período, Stella reuniu coragem para também abrir espaço para sua tristeza, ao compreender que acolher e aceitar todos os seus sentimentos, por mais dolorosos que fossem, fazia parte do processo de tornar-se egófila. Em última instância, ao se conectar com sua experiência emocional, recebendo de mim e de outras pessoas a atenção carinhosa e a validação que nunca tivera, e ao abraçar seu eu pleno dessa maneira, ela atraiu um parceiro afetivamente disponível.

É absolutamente normal que nosso eu mirim idealize quem nos abandona, tal como Stella idealizava o pai. Muitas vezes, isso significa que nos lembramos apenas dos bons tempos, porque são esses os momentos em que nos sentimos brevemente reconhecidos. A dor e o medo são empurrados para longe de nossa consciência, a fim de que possamos continuar a seguir adiante na vida. Depois, esperamos ansiosamente que aqueles bons momentos preciosos retornem em cada relacionamento. Toda vez que eles voltam, na forma de um interesse amoroso em potencial, podemos sentir-nos temporariamente tranquilos, apenas para enfrentar a decepção quando essa pessoa não consegue curar as nossas feridas mais profundas. Ao encontrarmos respaldo para trabalhar com as partes do nosso eu mirim e construir uma comunidade interna de apoio, ficamos mais resistentes e mais equilibrados quando um novo par se aproxima.

A ARTE DE SE ENTREGAR À CONFIANÇA

Imagine-se de pé, de costas para um grupo de pessoas que você confia que vai segurá-lo quando você se jogar para trás. Você precisa sentir segurança suficiente para realmente se soltar e cair naqueles braços. Você se larga e as pessoas de fato o seguram. Abrir mão da fantasia da salvação é parecido com isso. Para aqueles de nós que se apegaram de forma ansiosa, abrir mão da história que nos manteve seguros contra nossos sentimentos profundos de abandono exige garantias, internas e externas, de que seremos amparados por algo que nos fornecerá uma segurança e uma conexão verdadeiras. Isso não acontece de uma só vez, mas, à medida que nosso eu mirim se cura mais profundamente e continuamos a construir uma comunidade de cuidadores internos, passa a haver uma renúncia à fantasia de salvação. Por enquanto, a intenção de abrir mão dela é suficiente. Esse compromisso pede que você acredite que se jogar no seu medo de ficar só, com um apoio interno e externo forte e afetuoso, equivale a dar o passo seguinte em direção à cura. É preciso coragem para trilhar esse caminho, porque, na primeira vez que você foi tão confiante e vulnerável, quando bebê ou criança, essa entrega lhe trouxe um sofrimento que ainda o acompanha.

Carregar essas feridas antigas é metade da nossa história enquanto seres humanos. A outra metade é que também carregamos recursos de saúde não desenvolvidos em todas as células e vias neurais. Elaborar nossa dor abre espaço para que emerja essa saúde intrínseca. Do ponto de vista espiritual, poderíamos dar a isso o nome de *consciência da conexão com uma fonte superior*. E se pudéssemos experimentar uma verdade mais profunda do que o sentimento convincente de insegurança que aprendemos quando crianças? Talvez fosse possível nos curarmos do medo a ponto de experimentar o amor e o apoio que estão disponíveis para nós bem aqui, exatamente agora. Quando conseguimos fazer isso, nosso coração se abre e começamos a ver que temos e sempre tivemos apoio a cada passo do caminho, de nossos amigos, de nossa criatividade e nossa engenhosidade e até da própria natureza. Durante todo o tempo em que o eu mirim esteve se apegando a outras pessoas na tentativa de se sentir inteiro, seus aprendizados mais precoces o cegaram para uma verdade simples do universo: ele já está intrinsecamente ligado a tudo que existe. Nas garras do pavor do abandono, esse modo mais profundo e mais verdadeiro de ver pode dar a impressão de que é ele a fantasia, mas, ao nos curarmos o bastante para deixar de lado a história da salvação, chegamos mais perto dessa sensação de ser abraçados.

Exploraremos mais esse processo no Capítulo 8. Por enquanto, quero que você considere a renúncia como um passo consciente para se afastar do autoabandono e caminhar em direção a uma conexão profunda, realizadora e inabalável com seu eu interior. Você chegou até aqui e sei, por experiência própria, como deve estar exausto da busca, da preocupação, do sacrifício pessoal e do fazer das tripas coração por relacionamentos que vêm drenando sua alma. Viver em estado de abnegação significa sentir-se frequentemente esvaziado. Não há dias de spa nem banhos de loja que consigam repor a energia que escapa de suas tentativas machucadas de encontrar e controlar o amor.

Por mais que soe assustador começar a abrir mão de tudo que você aprendeu sobre como amar e ser amado, também sou uma prova viva da liberdade e da paz interior que o esperam do outro lado. Ver meus clientes fazerem essa jornada e experimentarem o que é o retorno a si mesmos é a razão pela qual faço o meu trabalho.

Como já aprendemos, isso começa quando retornamos ao nosso mundo interior e cuidarmos dele. Parte desse trabalho consiste em curar as feridas que nosso eu mirim sofreu, o que começamos a fazer no último capítulo. Aqui, continuaremos esse trabalho e também nos concentraremos na construção de sua capacidade de sentir melhor quem você realmente é, por trás e além dessas feridas. Com a meditação egófila a seguir, você e eu faremos uma jornada mais profunda para o mundo do eu mirim. Todas as emoções dele serão bem-vindas, ao mesmo tempo que seus cuidadores internos o lembrarão de sua plenitude e alimentarão cada vez mais calma e solidez internas. Estaremos aptos a vivenciar emoções calorosas, como gratidão, alegria, empatia e amor, no aqui e agora.

Quando vivenciamos emoções animadoras como essas, o padrão de nosso ritmo cardíaco fica altamente sereno, assemelhando-se a uma onda suave e harmoniosa. Chama-se a isso *coerência* e, com a prática, somos capazes de gerar em nós mesmos, com mais frequência, esse estado relaxado, porém desperto. O coração e a mente entram em sincronia, dando-nos mais acesso à voz amorosa e intuitiva e nos ajudando a sentir uma conexão maior com nossa sabedoria inata. Nesse estado, nos sentimos mais seguros, e isso aumenta o tempo que passamos no estado ventral, no qual podemos experimentar uma sensação maior de completude e vincular-nos com mais facilidade aos outros.

Essa meditação também se destina a ajudar você a relaxar o bastante para trocar suas ondas cerebrais beta pelas alfa.[27] Isso lhe permitirá reduzir o ritmo e relaxar a ponto de poder acessar uma parte maior de seu subconsciente. É nesse ponto que você faz o trabalho de cura do eu mirim, que pouco a pouco transformará todos os sentimentos e crenças que você possa ter a respeito de sua falta de valor. Ao fazermos esse trabalho, também estamos fornecendo o que é necessário para mudar seu sistema de apego, passando de ansioso a seguro. Isso porque você receberá aquilo de que seu sistema precisava, porém não estava disponível quando era criança. Trata-se do alimento essencial de que você precisava para desenvolver um sentimento de segurança em si mesmo.

Antes de começar, devemos voltar ao Capítulo 2 e tomar nota das lembranças, dos sentimentos e das crenças que você descobriu nele. Pode ser útil estabelecer um propósito – o que significa, simplesmente, assumir o compromisso consciente de voltar a um modo específico de ser. Uma crença que combina com o que viemos fazendo é *Eu tenho apoio*. Quando trabalhamos e nos tornamos egófilos, estamos basicamente construindo a confiança em nossos recursos internos e externos, bem como no universo em si, para podermos dar a nós mesmos aquilo de que necessitamos.

Serei sua companheira nesta meditação profundamente restauradora. Juntos, guiaremos sua mente para um estado em que você esteja pronto para se entregar à confiança e se jogar na dor e na cura. Trata-se de um trabalho muito profundo, que será tão mais eficaz quanto mais você praticá-lo. Qualquer novo estado de ser requer repetição, pois é por meio dela que novas vias neurais sólidas serão construídas. Se possível, reserve algum tempo para repetir este exercício todos os dias enquanto cultiva um sentimento de plenitude. Aos poucos, o valor intrínseco que é seu direito de nascença ficará claro para você. Confie em mim – mesmo que você ainda duvide um pouco, seu eu futuro já lhe agradece!

PRÁTICA DIÁRIA: MEDITAÇÃO EGÓFILA

Agora nos aprofundaremos no processo de cura do eu mirim. Também fortaleceremos a conexão com nossos cuidadores internos e daremos espaço para que nossos protetores internos baixem a guarda. Como quer que você se sinta neste momento, tenha em mente que todo o sistema neural do seu corpo tem seu próprio tipo de saúde intrínseca. Por exemplo, seus músculos têm a capacidade de relaxar. Ao mesmo tempo, esses sistemas também se adaptaram à dor e ao medo que você experimentou. Eles guardam a lembrança desses acontecimentos na sensopercepção. Em seus músculos, essas são áreas de tensão crônica. Não importa quantas massagens você faça ou quantos exercícios de relaxamento pratique, esses músculos voltam a ficar tensos porque estão lhe pedindo que atente ao significado mais profundo da tensão. Eles contêm aspectos do eu mirim que querem ser vistos, acolhidos e reconhecidos.

Neste ponto, você e eu nos aproximaremos com delicadeza do seu sábio corpo, porque ele tanto carrega as feridas quanto o caminho para a cura. Escutá-lo ilumina esse caminho. Eu o guiarei enquanto você entra em sintonia com seus músculos e com o espaço em volta deles, com seu ventre e seu coração, acolhendo a história deles e convidando sua comunidade de cuidadores internos a manter um espaço estável e caloroso, enquanto eu o ajudo a encontrar o caminho de volta para a saúde abundante e intrínseca que sempre esteve em você. Depois nos concentraremos em nos enchermos de sentimentos de apoio, à medida que você explora seu coração e sente o respaldo amoroso da terra sob seus pés. Uma das belezas desta prática é que o cérebro cardíaco produz oxitocina, o hormônio liberado quando sentimos confiança amorosa em alguém.[28] Ao trabalharmos na energia armazenada e permitirmos que ela seja liberada, começamos a criar emoções animadoras de dentro para fora. Obter acesso a essas emoções calorosas em nosso centro cardíaco permite-nos criar intencionalmente essas substâncias neuroquímicas, transformando-nos em nossa própria farmácia interna.

O ideal é entrar nesta prática lentamente, portanto reserve cerca de 20 minutos para a meditação a seguir. Ela pode ser feita em etapas ou de uma só vez, dependendo do tempo que você tem ou de como esteja se sentindo. No final de cada seção, serão dadas dicas de quando você pode optar por continuar ou encerrar sua prática do dia. Essas dicas estarão no final dos trechos referentes ao relaxamento dos músculos. A liberação do ventre, que é a seção final, é a expansão do coração e reunirá toda a experiência da meditação.

Para começar, encontre um lugar seguro em que você não seja interrompido. Fique também à vontade para compartilhar essa experiência com um amigo de confiança ou com seu terapeuta, para ter um apoio maior.

Junte algumas almofadas e cobertores para se sentir aconchegado. Deitar no chão pode ajudá-lo a se sentir sustentado pela terra. Você pode ter um apoio extra se puser um suporte embaixo dos joelhos para soltar a parte inferior das costas, e talvez uma almofada pequena sob a cabeça. Tal como na meditação na postura sentada, convém se acomodar com a coluna vertebral neutra e se sentir em equilíbrio e à vontade em seu corpo. Aqui, você é convidado a se soltar e relaxar. Certifique-se de estar longe de qualquer distração. Cada um dos passos listados a seguir é uma mera sugestão e, se você não tiver vontade de entrar em nenhuma das áreas que eles mencionam, apenas se escute e siga no seu próprio ritmo.

Ao começarmos, pedirei à sua consciência que preste atenção em determinadas partes do corpo. Quando alguém tenta fazer isso, é normal e natural a mente começar a vagar. Na medida do possível, procure não fazer críticas a respeito disso. Um incentivo delicado para que sua mente volte a se concentrar em sua respiração já resolve tudo. Você pode sentir a voz de seus cuidadores internos ajudando nisso. Vamos lá.

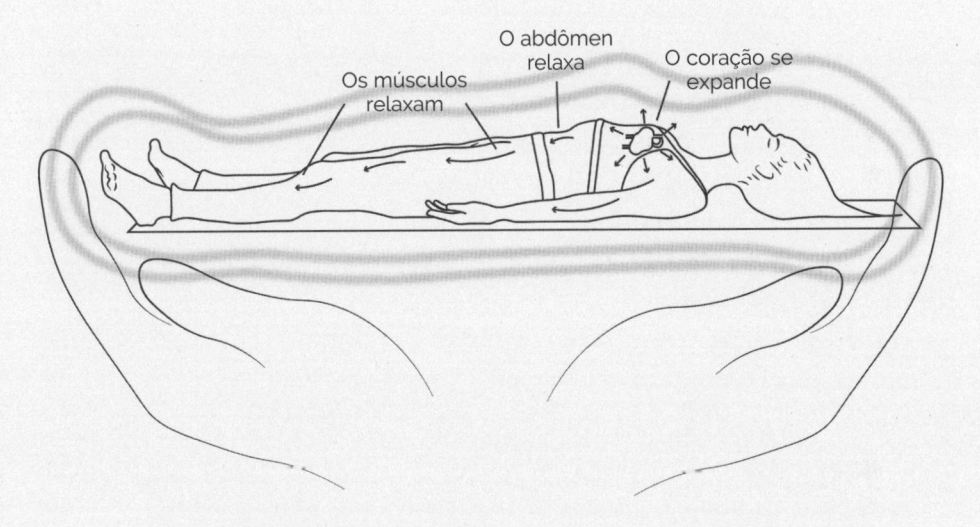

Os músculos relaxam
O abdômen relaxa
O coração se expande

1. Quando estiver seguro, confortável e longe de distrações, deixe-se sentir sustentado pelo solo sob seu corpo. Mesmo que esteja deitado na cama, você pode sentir a matéria da terra segurando o seu corpo. Pode pôr uma máscara para dormir, se quiser.

2. Relaxe a respiração e comece a perceber o ar entrando em seu corpo. Inspire o ar para o interior de todo o seu ventre e sinta-o entrar em cada célula, percorrer cada membro e fluir em ondas sobre seu coração. Observe qualquer área em que a respiração tenha mais dificuldade de entrar. Apenas observe, sem formular juízos. Sua respiração guia você para lugares fáceis e lugares que necessitam de atenção. Na medida do possível, encha seu corpo de ar e sinta-o expandir seu mundo interior, depois solte o ar pela boca. Faça isso

devagar, tomando consciência de qualquer sentimento que surja à medida que você reduz o ritmo e começa a se aprofundar.

3. Continuando a respirar dessa maneira, dê-se plena permissão para estar com seu corpo tal como ele se encontra neste momento. Comece a observar que a respiração é algo que está fora e, simultaneamente, dentro de você, de modo que você nunca está desprovido de apoio. Examine delicadamente seu corpo em busca de partes que possam estar retendo a atenção. Talvez você possa sentir alguma tensão nos ombros, nos quadris ou no queixo. Onde quer que sinta tensão, faça uma pausa para ver se esse músculo guarda alguma coisa que queira compartilhar. Imagine um abrandamento ao redor da parte que contém a tensão. Quando sentir que o músculo está pronto para que você siga adiante, envie suavemente ar para essa área e pergunte se ela está pronta para liberar aquilo a que se vinha agarrando. Respire dez vezes, mandando o ar para os locais que lhe pareçam tensos.

4. Agora você começará a aprofundar a consciência de algumas partes do corpo, uma de cada vez. Quando você se aproxima com um coração que escuta, seu corpo tem a oportunidade de compartilhar a própria sabedoria. Você pode ter a sensação de que uma parte está à vontade ou perturbada. Seja como for, ela contém alguma coisa. Lembrar-se da crença em seu propósito – *Eu tenho apoio* – abre um espaço em que pode emergir algo que está contido. Em geral, isso começa como uma sensação que depois pode tornar-se uma emoção, uma lembrança, um saber intuitivo de algo doce ou doloroso. Tudo isso é a voz de partes do seu eu mirim contando-lhe a história de quando sentiram que tiveram apoio e quando se sentiram abandonadas. A maioria de nós não está acostumada a escutar dessa maneira, portanto seja gentil e receptivo consigo mesmo, não importa como isso se desenrole. Essa bondade é a presença de seus cuidadores internos a lembrá-lo de como você é amado e de como é completamente aceito, quer você faça este exercício corretamente ou não.

5. Concentre-se nos músculos de regiões específicas que frequentemente ficam tensas: suas pernas, seus braços e ombros, suas costas, seu pescoço e seu queixo, e a área em torno dos olhos. Comecemos por convidar sua atenção a descer para as pernas. Você chega lá apenas para ouvir, não para mudar nada. Isso é muito importante, porque possibilita a seu corpo partilhar a própria sabedoria, contar a história do eu mirim tal como está guardada em seus músculos. Você pode identificar áreas de relaxamento e áreas de tensão. Em seguida, pode verificar se existem regiões de suas pernas que exigem sua atenção. Quando sua mente repousar ali, você pode ficar receptivo ao que quer que esse músculo queira revelar. A linguagem do corpo é a *sensação*, portanto o simples ato de atentar para isso faz com que você comece a ouvir a história que seu corpo guarda. Quando você presta atenção em um ponto, é possível que essa sensação se modifique – ela pode diminuir ou se intensificar. A lembrança de alguma experiência passada pode vir à sua mente. Talvez surjam emoções – traição, tristeza, alegria, confusão, calma, raiva –, qualquer coisa dentro de toda a gama de sentimentos humanos. Ao ser receptivo a cada uma dessas ternas comunicações, talvez você sinta surgir um sentimento de gratidão – talvez tanto sua quanto do músculo cuja história você testemunha.

6. Quando você tiver a sensação de que os músculos das pernas se sentem ouvidos, pode começar a se concentrar em sua respiração, enviando inspirações e expirações suaves de gratidão pela conversa. Mesmo com essas respirações, o propósito não é levar seus músculos a fazer nada diferente, mas simplesmente lhes oferecer a dádiva do agradecimento.

7. Agora você pode repetir esse processo com seus braços e seus ombros. Concentração, escuta, acolhimento de qualquer história que for compartilhada, oferta do sopro de gratidão.

8. Em seguida, cuide das suas costas.

9. Depois, do pescoço e do queixo.

10. A seguir, cuide da área em torno dos olhos.

11. Agora é hora de levar sua atenção ao seu abdômen. Pode ser realmente útil pôr uma ou ambas as mãos sobre o ventre, sentindo onde elas gostariam de pousar. Na verdade, seu cérebro ventral se estende para cima até a incisura da clavícula; portanto, se suas mãos se sentirem atraídas por esse ponto, você pode segui-las. Vai chegar lá apenas para ouvir, não para dirigir. Lembrando que a *sensação* é a linguagem do corpo, você pode começar a reparar naquela que seu abdômen lhe oferece. Há tantos ditames culturais sobre quais devem ser o tamanho e o formato do abdômen que essa pode ser a primeira camada da resposta. Talvez você ouça "Você está grande demais". Ou talvez "Não gosto de você". Se isso acontecer, sinta como seu abdômen reage a essas mensagens. Volte a se concentrar em enchê-lo com suas inspirações e soltar o ar, profundamente, com suas expirações. Respire umas dez vezes nesse ponto.

12. Agora, veja se é possível escutar mais profundamente. Você pode perguntar: "O que você tem para me contar hoje?" Receba o que lhe for oferecido – o que pode ser muito ou coisa alguma. Às vezes, "coisa alguma" é uma sensação de descontração que nos informa que existe segurança neste momento. Se em vez disso você sentir tensão ou uma leve náusea, fique com essas sensações e veja o que quer se revelar nelas. Assim como aconteceu com seus músculos, podem surgir lembranças e emoções, ou mais sensações. Tanto quanto possível, mantenha-se receptivo, com o apoio de seus cuidadores internos, que o reconfortam e tranquilizam. Talvez você até sinta que vai se soltando, como se todo esse apoio estivesse bem embaixo de você, segurando-o enquanto você relaxa ainda mais profundamente na terra embaixo do seu corpo.

13. Agora, mande três respirações profundas para seu abdômen enquanto lhe oferece seu agradecimento. Seu ventre é o guardião da sua segurança, aquele que digere seus alimentos e é o sustentáculo do seu sistema imunológico. Ele guarda lembranças das belas ocasiões

que sustentam seus sentimentos de esperança e bondade nos relacionamentos. Guarda também a lembrança dos momentos de dor e luta para que eles possam se curar. Enquanto enche o abdômen de ar, ofereça-lhe estas palavras: "Sempre o escutarei. Você terá sempre o meu apoio." Gaste umas dez respirações nisso.

14. Comece agora a observar sua respiração e a guiá-la para o entorno do espaço de seu coração. A cada inspiração você coleta o ar, e a cada expiração você o envia para o coração. Fique aí e mande cerca de dez a vinte respirações a esse espaço, permitindo que surjam sentimentos de gratidão ao seu coração ao senti-lo bater para você. É possível que você ouça os batimentos. Talvez possa visualizar seu coração enquanto continua a orientar a respiração para essa área. Seu coração é seu centro intuitivo e também guarda a dor das desilusões, bem como a sabedoria e a alegria de cada vínculo. Enquanto respira, veja se seu coração está disposto a se abrandar. Relaxe em seu espaço cardíaco a cada respiração.

15. Agora é hora de ligar-se à sua comunidade de cuidadores internos. Conecte-se mais uma vez com o simbolismo da respiração, que está fora e dentro de você ao mesmo tempo. Tal como o ar, seus cuidadores internos também existem dentro e fora de você. Pensemos numa pessoa que o tenha amado e apoiado e nos concentremos em convidar esse apoio caloroso e carinhoso. Enquanto essa presença se irradia dentro de você, é natural sentir alguma emoção ligada a esse apoio incondicional. Talvez você veja uma imagem ou sinta o calor que essa energia emana ao seu redor.

16. Observe se consegue sentir seus cuidadores internos vendo você. Eles o observam amorosamente, enxergando quantas coisas você tem enfrentado e quanto tem lutado. Eles veem sua alegria e sua dor e guardam tudo isso com você. Sabem quanto você trabalhou para sobreviver. Agora, dizem que você pode confiar e se soltar, porque conta com eles e com a terra logo abaixo para sustentá-lo. Você pode se entregar com um pouco mais de confiança ao sentir o solo

embaixo do seu corpo sustentando-o e lembrar que você sempre terá apoio. Comece a sentir que sempre temos a coexistência do apoio interno e externo; as mãos cuidadosas da terra sempre o seguram com amor. Talvez você possa deixar que a ideia de nunca estar só comece a encontrar luz dentro de você.

17. Inspire as sensações de apoio e o calor da terra enquanto pensa num cuidador interno específico. Pode ser até um animal de estimação, ou um momento em que tenha se sentido livre e apoiado. Inspire enquanto coleta essa energia e a transmita por todo o corpo com essa sensação. Você pode se imaginar enchendo-se dessa sensopercepção de calor e apoio e deixá-la circular por todo o seu corpo a cada inspiração e expiração. Faremos dez respirações nesse ponto, enquanto você faz esse apoio mover-se por todo o corpo. Deixe-se abrir para receber calor, nutrição e cuidado. Passe o tempo que for necessário aí, sentindo o espaço do seu coração.

18. Talvez lhe seja útil, para se concentrar, pôr uma ou as duas mãos no peito, procurando o ponto perfeito. Quando sentir que o encontrou, escute as sensações que estão ali. Você pode indagar: "O que você quer me contar neste momento?" Virão emoções, lembranças e sensações. Da melhor maneira possível, receba tudo que for oferecido, confiando na sabedoria do coração. Se surgirem lembranças ou sentimentos dolorosos, console e tranquilize seu eu mirim. O que ele partilha é uma dádiva preciosa.

19. Quando lhe parecer que seu coração terminou de compartilhar o que sente, respire várias vezes, levando o ar ao peito, e pergunte se ele tem mais alguma coisa que gostaria de dizer ao eu mirim, ou talvez alguma mensagem só para você. Espere umas duas respirações para ver se surge alguma coisa. Talvez você sinta até um sussurro vindo de seu coração e guiando você.

20. Ao nos prepararmos para terminar esta meditação, você pode ampliar sua consciência para incluir o corpo inteiro e mandar três

respirações profundas para seus músculos, seu abdômen e seu coração. Faça um agradecimento a esse precioso e sábio corpo. Passe o tempo que for necessário em qualquer gratidão que sinta, neste momento, pelo simples fato de estar aqui consigo mesmo de maneira tão bondosa.

21. Para encerrar, volte lentamente a assumir uma postura sentada e firme, depois retire a máscara de dormir mantendo os olhos fechados e vá retornando ao ambiente à sua volta.

22. Abra os olhos, alongue-se e sinta-se de novo no mundo físico, tirando um momento para observar os detalhes do seu entorno. Nossa jornada está concluída por hoje.

Talvez você queira passar algum tempo escrevendo em seu diário ou desenhando depois da meditação. Não existe um protocolo para isso. Apenas deixe quaisquer palavras ou imagens que lhe ocorram fluir para o papel. Talvez você também se sinta meio aéreo, como se precisasse de um tempo de calma apenas para estar com o que quer que lhe ocorra. Reserve todo o tempo de que necessitar para isso e seja gentil consigo mesmo. Se seus protetores internos o pressionarem a fazer algo diferente daquilo que você sinta necessitar, simplesmente os observe e lhes diga que pode cuidar disso. O segredo é não analisar muito a fundo a experiência nem tentar compreender o que lhe ocorre. Simplesmente deixe tudo existir e continue a praticar essa meditação com regularidade. Você a achará diferente a cada vez, à medida que tiver mais e mais acesso à experiência do eu mirim, com o apoio crescente de seus cuidadores. Praticar isso regularmente liberará uma quantidade maior da antiga dor e aprofundará seu acesso à presença de seus cuidadores internos.

Imagino que você esteja começando a captar o sentido de que o apoio é tudo na trilha da cura. Cada um de nós dispõe de recursos internos, provenientes daqueles que cuidaram de nós no passado, recursos externos, vindos das outras pessoas de confiança que nos acompanham nessa trilha, e também do que poderíamos chamar de *recursos divinos* – provenientes de nossa conexão com o universo amoroso. Todos esses recursos combinam-se para se tornar a presença e a voz de nossa comunidade de cuidadores internos, que vai se tornando mais forte a cada dia. Um ou dois amigos de confiança, um terapeuta e um professor ou guia espiritual podem oferecer o tipo de escuta sem juízos de valor que ajuda a construir uma base segura para este trabalho.

É através da percepção sensorial de ser apoiado que o eu mirim deixa as lembranças subconscientes virem à tona. Quando lhe damos aquilo de que ele precisou no passado, mas não recebeu as velhas feridas começam a cicatrizar. No cérebro, a amígdala recebe um apoio cada vez maior do córtex pré-frontal médio, criando em você as sensações de estar seguro e de ser cuidado. Poderíamos dizer que seus cuidadores internos vivem em seu coração e nesse sentimento de ser segurado no colo enquanto você se cura. Antes disso, sua amígdala estava em alto estado de alerta, prevendo cada novo abandono. Agora, você constatará que tem mais espaço para pensar e para se acalmar quando for acionado. Melhor ainda, ao continuar a se tratar dessa maneira, você estará reprogramando as expectativas de relacionamento do eu mirim. Isso começa por uma sensopercepção diferente do que pode ser o relacionamento, o que leva a uma mudança nas crenças subconscientes do que significa estar numa parceria. Com o tempo, você verá que seus pensamentos conscientes sobre seu valor e sobre o que significa dar e receber também começam a se modificar.

Estar consigo mesmo no momento atual, por meio da escuta de seu corpo e da manutenção de um espaço compassivo por todo o seu ser, é um remédio para a psique. É assim que você começará a se relacionar com o mundo a partir de uma consciência interna em processo de cura, em vez de ver as experiências externas mexerem com as feridas do eu mirim e guiarem seus sentimentos e sua conduta.

Fazer esse trabalho significa assumir consigo mesmo um compromisso interno que é o supremo antídoto contra o abandono interior que leva à abnegação, à codependência e ao vício no amor. Embora os resultados não sejam nada menos do que milagrosos, se lhe parecer no começo que as coisas estão ficando mais desestabilizadas, saiba que isso é porque você está em transição. Nesses momentos, ter outras pessoas por perto para apoiá-lo – e isso me inclui – é essencial. Seus cuidadores internos se fortalecem com sua profundeza íntima e com a internalização do carinho e da atenção de outras pessoas, intensamente sentidos. Talvez você tenha ouvido alguém se referir a esse processo de transformação como uma "noite tenebrosa da alma" – algo com que estou muito familiarizada.

Antigamente, eu achava que "fazer o trabalho" era agir como uma mulher chique meditando como um Buda tranquilo no cume nevado de uma montanha. Imaginava que as pessoas que haviam encontrado esse caminho eram uma mistura de poderosa e certinha, um cruzamento de Beyoncé com Julia Roberts, com um toque de ousadia de alguém como Ruby Rose. Ao ver uma mulher assim nas redes sociais, irradiando paz interior e empoderamento, provavelmente a gente acha que nunca será tão descolada e segura quanto ela. Mas essa mulher é você, sim. Por trás dos filtros e dos retoques, todo mundo tem momentos em que acha que tudo está desmoronando, e momentos dolorosos e difíceis. A sua noção própria de poder pessoal só pode provir de olhar com franqueza para dentro, o que nunca será inteiramente feito de luz e amor. Essa é a parte que ninguém quer contar, e tudo bem. O processo atabalhoado e incômodo de vasculhar camadas de território inexplorado dentro de si mesmo não foi feito para exibição nem para consumo público. Esse trabalho, profundamente pessoal, só pode ser sentido por dentro e compartilhado com pessoas carinhosas e confiáveis que você possa convidar.

Quando comecei a examinar meus próprios problemas de codependência e vício no amor, atravessei um período de depressão. Eu sabia que já não podia tentar me esconder em meus relacionamentos e por isso tive que encarar de peito aberto meu problema com o abandono. Eu tinha passado a vida inteira evitando estar comigo mesma e, por mais doloroso que fosse, sabia que tinha de passar algum tempo com meu mundo interno e tudo que ele continha. Senti o coração carregado ao me ligar profundamente com o sentimento de solidão que havia experimentado na infância, e também deixei meu terapeuta estar presente comigo enquanto me conectava com as sensações de peso e pressão no coração. À medida que fui elaborando meus medos de não ser digna de amor e minha vergonha de não ser suficientemente boa, fui reassumindo o compromisso comigo. Durante esse período, repeti "eu te amo" inúmeras vezes para mim mesma. No começo, isso trouxe uma sensação terrível, como se aquelas fossem apenas palavras vazias, que eu sabia não serem verdadeiras, mas com o tempo consegui acreditar nelas e sentir o calor de minhas palavras circular pelo meu sistema energético. Comecei a sentir meu coração abrir-se, e entrar nele me trouxe uma sensação incrível. Também parei de me concentrar em encontrar "o par perfeito" para me completar e foquei em construir vínculos com as pessoas de minha vida que eram mais presentes, disponíveis e carinhosas. Lembre-se de que tudo isso leva tempo, exige prática e não pode ser forçado, portanto seja gentil consigo mesmo. Se esbarrar num bloqueio, saiba que isso é completamente normal e apenas sustente seu compromisso. Cuidar das feridas primordiais é como correr uma maratona enquanto você refaz a instalação elétrica da sua casa inteira. É *muito* trabalho, e você merece ter outras pessoas ao seu lado para receber apoio ao longo de todo o processo.

E acredite: chegará o dia em que você finalmente aceitará todo o seu ser. Ainda me lembro de quando me dei conta de que já não queria ser outra pessoa. Naquele momento, parei de achar que todo mundo tinha uma vida completamente organizada e pude perceber que todos fazemos o melhor possível simplesmente para amar e sermos amados. Foi então que comecei a abraçar plenamente minha existência como uma oportunidade singular de crescer e evoluir, e de abrir espaço para mim mesma nesse processo, não importa o que aconteça. Embora o acompanhamento de outras pessoas nessa trilha enriqueça muito meu processo, também faço a minha parte, permanecendo plenamente comprometida com o trabalho de me tornar cada vez mais eu mesma.

Cada pessoa que pegar este livro estará num estágio diferente desse processo singular. E, apesar de ser verdade que quanto mais dor e trauma você houver experimentado durante a vida, mais difícil será o processo, não se deixe desencorajar se, a princípio, parecer que ele não está funcionando. Ou então, caso você desanime, tente me sentir ao seu lado como uma presença reconfortante. Se você estivesse sentado aqui no meu consultório, neste exato momento, eu o olharia nos olhos e diria: "Você tem mais apoio do que imagina e não está sozinho." Por isso continue tentando, continue confiando e continue a ratificar seu compromisso com você.

PARTE TRÊS

Amando com todo o seu ser

CAPÍTULO SETE

A beleza dos limites

Uma das novas capacidades que você vai descobrir ao se curar é que é possível estabelecer limites saudáveis que não são muros sólidos nem portas abertas. Eles nascem do respeito mútuo e o respaldam, num reflexo de que as necessidades de cada pessoa têm importância. Para a maioria de nós, os ansiosamente apegados, essa pode ser uma experiência nova. Por força das condições da infância, desenvolvemos uma bela sensibilidade às necessidades dos outros à custa das nossas. Nossos pais não puderam nos ajudar a definir um sentido claro de nosso eu, porque precisavam que cuidássemos do eu mirim ferido deles. Ninguém é culpado, porque nossos pais também não devem ter recebido aquilo de que necessitavam, mas o resultado é um padrão profundamente arraigado de pôr os outros em primeiro lugar.

Ter limites melhores não significa bloquear sua capacidade de amar e ser amado. Não significa fazer ameaças e dar ultimatos nem tomar decisões bruscas de romper com alguém na primeira ocasião em que se sentir aborrecido. Trata-se, antes, de duplicar o processo de cura para se tornar mais egófilo, para que o medo de perder o relacionamento não impeça você de explorar o que é equilibrar suas necessidades com as dos outros. É verdade que, para ter um "nós" saudável, primeiro você tem que estabelecer esse "eu". Além disso, para desenvolver esse "eu", você precisa relacionar-se com pessoas cujo próprio "eu" sadio lhe permita experimentar como é fazer parte de um "nós" gratificante. É a corregulação no que ela tem de melhor! À medida que você atrai pessoas confiáveis para seu círculo curativo e à medida que seu relacionamento com seus cuidadores internos se fortalece, você tem mais oportunidades de explorar limites flexíveis e ver como eles tornam os relacionamentos mais seguros ao suprir as necessidades das duas pessoas.

DESENVOLVENDO LIMITES INTERNOS

Todos nós temos dois tipos de limites – internos e externos. Não se trata apenas de decidir o que vamos e o que não vamos tolerar, e depois informar nossos parceiros disso. Esses são limites externos e se baseiam em nossa capacidade de sentir o que é e o que não é bom para nós, o que constitui um dos resultados do profundo trabalho de cura que estamos fazendo.

E como se desenvolvem os limites internos? Durante os primeiros anos de vida, olhamos constantemente para nossos pais e nossos outros cuidadores em busca de uma resposta que reflita o que se passa dentro de nós. Se estou sentindo raiva e minha mãe diz "Ah, meu amor, você está mesmo zangada", eu me sinto vista e aceita tal como sou. Vou aprendendo que minhas necessidades são legítimas e que posso confiar em mim para aprender o que for necessário. Essa é a base sólida em que se apoiam os limites internos. No entanto, se meus pais parecem aborrecidos com a minha raiva e se afastam, começo a achar que há algo errado com esse sentimento. Minha necessidade de me ligar às pessoas que me são mais próximas é muito mais forte do que minha necessidade de conhecer a mim mesma e assim, quando isso acontece repetidas vezes, guardo esse sentimento num canto e o considero "ruim", porque ele perturba minha conexão com as pessoas mais importantes para mim. Também começo a observá-las com mais cuidado, à procura de sinais de que as aborreci, e então faço tudo que for necessário para acalmá-las, a fim de mantê-las ligadas a mim. Em vez de acreditar que sei do que preciso, estabeleço um padrão profundo de me doar para manter o relacionamento, e com isso não desenvolvo a noção do que é ter limites saudáveis.

No caso de outras crianças, os pais podem ter sido capazes de atentar para a maioria de suas emoções, mas excluíram outras. Por exemplo, quando a mãe é geralmente amorosa e atenciosa, mas não tolera que seu bebê lhe vire as costas para descansar por causa de *suas próprias* feridas de abandono, ela tenta forçar a criança a se reconectar. O que o bebê aprende é que não deve descansar, caso contrário perderá seu vínculo com a mãe. Talvez você possa perceber como isso levaria essa criança a se tornar um adulto que se sente à vontade com a maioria dos próprios sentimentos, mas tem um padrão arraigado que diz que ele tem que estar sempre disponível em seus relacionamentos, mesmo que esteja exausto, ou mesmo que seu par esteja mais do que disposto a lhe dar algum espaço quando for preciso. Talvez ele saiba dizer "Não, não quero uma cerveja agora", mas seja incapaz de dizer "Realmente prefiro não jogar futebol esta noite", por mais cansado que esteja. Quase todos temos alguns limites difíceis de impor, e outros que defendemos com mais facilidade.

Seria útil você se deter nesses últimos parágrafos e ver se consegue sentir quais de suas emoções foram refletidas com exatidão e carinho por cada um de seus cuidadores primários, e quais foram censuradas ou negadas. Qual é a sensação, em seu corpo, de ser amorosamente legitimado? E qual é a sensação de perceber que uma emoção é inaceitável?

Há também outro processo em ação aqui. Com nossos pais, precisamos desenvolver uma clara noção de quem somos, *separados deles*. Por exemplo, toda vez que choramos e alguém nota e nos conforta, começamos a entender que nossos atos têm impacto nas outras pessoas – neste caso, pelo fato de elas virem nos ajudar. Eureca! Se elas não fossem separadas de nós, também estariam chorando, aflitas. Mas se nossa cuidadora primária *está* visivelmente experimentando sua própria aflição, não apenas ela é incapaz de responder às nossas necessidades como podemos até começar a absorver seus sentimentos e suas lutas como se fossem nossos. Uma vez que a criança não vivencia uma sensopercepção de mãe e filha como dois indivíduos separados, ela terá dificuldade de formar uma noção clara de si mesma como separada dos outros também quando adulta. Isso pode acontecer com amigos, colegas de trabalho, parceiros de vida e os próprios filhos.

Além disso tudo, também internalizamos a presença de nossos cuidadores primários. Quando as coisas correm bem, esses seres amorosos e atenciosos tornam-se as primeiras vozes de nossa comunidade de cuidadores internos. Isso nos permite desenvolver a capacidade de nos desligarmos fisicamente de nossos cuidadores, ao mesmo tempo que permanecemos em contato afetivo com eles, *porque eles continuam a ser parte de nós*. Mas também internalizamos, é claro, nossos pais indutores de ansiedade, de modo que a presença deles continua a provocar medo, mesmo quando não estamos fisicamente em sua companhia.

Em suma, quanto mais seguros nos sentimos ao ser *dependentes* quando pequenos, maior é a nossa capacidade de formar uma *interdependência* saudável quando adultos com limites flexíveis, por termos aprendido a confiar no que necessitamos e sentimos, e por termos sido auxiliados a ter uma vivência de nós mesmos como indivíduos de valor, separados de nossos pais. Do mesmo modo, quanto menos sentimos ser possível depender de nossos cuidadores, maior é a probabilidade de termos dificuldade com a separação *e* com a conexão, porque perdemos nossos limites internos e nos doamos aos outros quando tememos perder nossos relacionamentos. Um modo de tentarmos manter esse vínculo profundo é nos consumindo pelos sentimentos e necessidades da pessoa amada e de seu eu mirim, tal como fizemos com nossos pais na infância.

Sem a sensopercepção de um limite interno, não seremos capazes de ter limites claros e flexíveis do lado de fora. É impossível não nos enredarmos emocionalmente no nosso par amoroso quando não desenvolvemos uma noção firme de identidade. E não basta dizer às pessoas o que são limites sadios, porque o padrão que aprendemos é muito profundo e tem um apelo muito forte. É bastante comum eu ver meus clientes abandonarem tudo para cuidar exclusivamente das necessidades de seus parceiros ao menor sinal de que lhes falta alguma coisa, ou ficarem emocionalmente aflitos sem sequer se darem conta de que isso está acontecendo. Em outras ocasiões, em vez de trabalharem para aliviar a aflição, eles são arrastados pela torrente de emoções dos parceiros. Por exemplo, quando o parceiro de uma cliente perdeu o emprego, ela afundou em depressão junto com ele, tal como fizera antes com a mãe. Sem a cura, esse é um ciclo difícil de romper, porque partes do nosso eu mirim acreditam, em seu íntimo, que essa é a única maneira de manterem um vínculo. Essas pessoas acreditam que se cuidarem da pessoa amada, terão mais probabilidade de ser cuidadas em troca. Num nível ainda mais profundo, também vivenciaram a experiência de ver que suas melhores tentativas nem sempre levaram seus cuidadores a se aproximarem, de modo que estão sempre prontas a redobrar os esforços e a fazer mais que o possível. Isso é desgastante e perpetua níveis elevados de angústia, mas, sem o processo de cura, continua a ser preferível aos lancinantes sentimentos de abandono que se acumulam caso elas parem de tentar.

É claro que podemos e devemos oferecer atenção e empatia a nossos parceiros, mas a partir de uma postura suficientemente egófila, para equilibrar isso com atenção e empatia também voltadas às nossas necessidades. Quando a recíproca é verdadeira, temos a base de um relacionamento que pode ajudar cada uma das partes a se curar e a crescer, a caminho de uma intimidade duradoura e gratificante. Estou aqui para lhe dizer que, ao fazer o trabalho de se tornar egófilo, você será mais capaz de lidar com os limites de um modo que permita sentimentos de apoio e liberdade em seus relacionamentos, sem aquela sensação de ansiedade.

INDEPENDÊNCIA NÃO: INTERDEPENDÊNCIA

Havendo passado tempo demais sem limites, é possível que, ao iniciarmos nosso trabalho de cura, o pêndulo balance para o lado oposto. Ao termos uma noção maior de nós mesmos como uma pessoa individualizada, com necessidades e desejos próprios, podemos tender a crer que precisamos nos transformar em uma pessoa forte e independente, que não necessita de ninguém, para alcançar a segurança suprema. Nossa cultura às vezes pode corroborar essa ideia. Embora seja uma forma poderosa de viver, depois de termos nos doado por tanto tempo, simplesmente erguer um muro é na verdade outra forma de autoproteção, e não um convite a uma forte intimidade. Podemos pensar: "Bem, agora não vou mais me machucar, porque não vou deixar ninguém chegar perto de mim", mas não demora para que comecemos a notar que nos sentimos tão sozinhos quanto antes. Em vez de uma sólida parede de tijolos, o tipo de limite a que me refiro assemelha-se mais a um portão que abre e fecha.

A meta aqui não é nos tornarmos tão peritos em ficar sozinhos que não precisemos de ninguém, mas mantermos uma relação saudável e *fluente* com outras pessoas. Afinal, fomos programados para a conexão, e, embora a vida solitária possa ser muito divertida, o fato é que as pessoas nasceram para estar em relações calorosas de afeto.[29] De acordo com algumas pesquisas importantes, nossa evolução nos levou à *expectativa* de nos ligarmos a alguém, e sofremos internamente quando isso não acontece, mesmo que não tenhamos consciência disso. E como é que nós, os ansiosamente apegados, podemos enfim nos apaixonar sem nos afogarmos? Para a surpresa de ninguém, a resposta é investir na cura. O belo paradoxo é que, quanto mais temos um sentimento seguro de nosso próprio eu, mais podemos nos lançar plenamente numa relação amorosa com alguém sem nos perdermos.

Isso é muito diferente da codependência, em que nossos sentimentos e comportamentos nas relações são movidos pelo medo, não pela confiança. Quando passamos a depender de nossos parceiros como nossa única fonte de consolo, estabilidade e amor, essa dinâmica entra rapidamente em estagnação e se torna pouco gratificante. As relações de *interdependência*, por outro lado, dão margem a que cada um cresça e evolua à sua maneira, sem que a outra pessoa se sinta ameaçada por isso. Essa é a base sólida da longevidade e da intimidade cada vez mais profunda entre pessoas que se amam. Mas isso exige segurança interna, confiança e capacidade de transitar entre união e separação sem que nenhuma das partes se sinta invadida ou abandonada. Significa também acreditar que, depois das inevitáveis discordâncias que acontecem em todos os relacionamentos, poderá haver igualmente uma conciliação, e que fazer as pazes fortalece o vínculo. Limites internos claros nos ajudam a sentir nossas necessidades e a ficar à vontade para compartilhá-las com a pessoa amada, e a não nos sentirmos ameaçados pelo fato de ela ter necessidades diferentes das nossas. Podemos negociar formas de atender a essas necessidades e fazer os acordos necessários sem perdermos a nossa noção de identidade. Por fim, quando cada um se responsabiliza por seus sentimentos, suas ações e suas contribuições para o relacionamento, ambos se sentem mais seguros para aumentar a proximidade.

POR QUE A RAIVA É IMPORTANTE

À medida que nossos limites internos se tornam claros, podemos começar a considerar os limites externos. Antes que chegue a clareza interior, nosso eu mirim ferido costuma ter dificuldade de agir dentro dos limites, mesmo quando acha que essa é uma boa ideia. É simplesmente ameaçador demais.

Começaremos por um limite que a sociedade frequentemente considera proibido, sobretudo para as mulheres – a *raiva*. Convém entender que todas as nossas emoções têm algo importante a dizer a nós mesmos e aos outros. Portanto, qual é a mensagem da raiva? A raiva traz uma mensagem importante sobre nossa dor e muitas vezes nos mostra quando um limite foi ultrapassado ou quando precisamos estabelecer um. Se você realmente examinar sua raiva, poderá descobrir sentimentos de mágoa ou temor. A raiva é então uma pista para muitas emoções que nos ajudam a adquirir consciência de necessidades não atendidas, medos e dores.

Todos temos um circuito cerebral na nuca, logo abaixo da linha do cabelo, que desperta quando tentamos repetidamente nos conectar com alguém, mas não há ninguém disponível para nós. O bebê no berço resmunga, depois chora, depois passa a uma raiva vibrante, com o rosto vermelho, ao ser deixado sozinho em sua aflição. Essa é uma resposta saudável, que diz: "Você está me magoando. Por que você não vem? Por que não vem? Por que não vem?" Quando "berramos" dessa maneira como adultos, é provável que nosso par escute apenas nossa raiva, que indica ao seu sistema nervoso que ali há um perigo e aciona uma reação de luta ou fuga. Mais uma vez: é perfeitamente normal gritar dessa maneira em busca de uma conexão.

Como seres humanos, nossa pergunta mais fundamental, de momento em momento, é: "Você está do meu lado?" Quando a resposta parece ser "não" repetidas vezes, atingimos um limite. Para compreender a legitimidade dessa reação, é preciso perceber que por trás de cada explosão de raiva há uma experiência de sofrimento e medo. O bebê demonstra sua tristeza com um gemido, seu medo de que ninguém se aproxime com um choro, e seu extremo desespero por ninguém aparecer com raiva. Quando adultos, podemos ter uma linguagem mais sofisticada para expressar nossas necessidades, mas continuamos a precisar que os outros nos vejam, reconheçam nossas necessidades e se façam presentes para nós. Em nossos relacionamentos adultos, uma expressão saudável de raiva pode consistir em notarmos o surgimento desse sentimento em nós, consultarmos nosso mundo interior para ver qual dor ou medo está impulsionando a raiva, e falarmos calmamente ao nosso par sobre a raiva e o sofrimento ou medo de que ela provém. Isso dá margem à nossa experiência, sem responsabilizar nosso par pelo que estamos sentindo.

Muitas coisas aconteceram desde que éramos bebês e dormíamos num berço. As experiências que nos levaram a ter um estilo ansioso de apego significam que temos um grande acúmulo de dor e medo, de modo que pequenos atos por parte da pessoa amada podem desencadear uma avalanche de raiva. Mas a coisa também é mais complexa do que isso. Já vimos que é comum as pessoas ansiosas terem um medo profundamente arraigado do conflito, por acreditarem que devem manter os parceiros felizes e não questioná-los, a fim de serem amadas. Nós, os ansiosamente apegados, acreditamos que qualquer sinal de rompimento, particularmente se causado por nós, indicaria o fim do relacionamento. A questão é que as emoções não vão embora simplesmente ao as ignorarmos. Podemos virá-las contra nós mesmos numa onda de autocrítica. E elas se aprofundam mais por dentro, aumentando de intensidade até a próxima vez que serão ativadas, como um dedo áspero cutucando uma ferida aberta. A essa altura, quaisquer sentimentos de raiva que tenham sido sufocados podem se tornar violentos, agressivos e explosivos. Em vez de termos uma discussão adulta serena a respeito do que está nos aborrecendo, os sentimentos explodem. Podemos ter um ataque de nervos e inventar histórias sobre como *nosso par causou* aquele sentimento. Em vez de estabelecer um limite, deflagramos um incêndio. Ninguém tem culpa por isso. Por não termos recebido a atenção de que precisávamos quando éramos pequenos, os circuitos neurais que nos ajudam a identificar por que estamos com raiva nunca se desenvolveram, de modo que, quando os sentimentos se avolumam, não há nada que os impeça de explodir. A trilha de cura que estamos percorrendo agora vai remediar isso para que nossa raiva possa ser uma aliada, inclusive em nossos relacionamentos mais íntimos.

Aprendemos muito sobre a raiva em nossa infância, pela maneira como as pessoas à nossa volta a vivenciavam e expressavam. As perguntas a seguir o ajudarão a entender melhor por que você lida com os conflitos de determinada maneira.

Como você vivenciava os conflitos em casa durante a infância? Eles eram abertamente expressados ou eram escondidos?

Era seguro expressar sua raiva? O que acontecia quando você fazia isso?

Como seus pais e outros adultos lidavam com a frustração?

Quando as pessoas expressavam suas necessidades, isso incluía a raiva?

Como você se sente hoje em relação à raiva? Há um juízo de valor a respeito dessa emoção?

O que você aprendeu sobre dar sua opinião em voz alta?

O que acontece em seu íntimo quando você expressa sua frustração a uma pessoa querida?

Até que ponto você se sente à vontade quando a raiva surge, e o que faz com ela normalmente?

Você percebe como sua relação com a raiva é resultado desses poderosos aprendizados antigos? Reconhecer isso é o primeiro passo para mudar seus padrões no tocante à raiva. Quando não lidamos com essa emoção natural, mas a contemos em nosso íntimo, nós a voltamos contra nós mesmos ou entramos em depressão – ou ambas as coisas. A mensagem que damos à nossa psique é que não adianta defendermos aquilo de que precisamos ou aquilo que queremos, e por isso nos fechamos e simplesmente desistimos. Por essa razão, na reação de luta ou fuga é preciso abordar e integrar a parte da luta que inflama nossa amígdala toda vez que nosso eu mirim ferido sente-se abandonado, ignorado ou incompreendido.

Isso começa por levarmos muito a sério as feridas do eu mirim no tocante ao sentimento e à expressão da raiva.

Para muitos de nós, era assustador sentir raiva quando éramos pequenos, porque a expressão da raiva trazia uma ameaça. É possível que tenham gritado conosco e nos dito que estávamos sendo malvados, e que deveríamos ter bons modos, senão... Talvez nosso responsável até nos trancasse no quarto e fosse embora. Se era isso que acontecia, será que nos parecia seguro expressar nossa raiva? E por acaso é de surpreender que nosso eu mirim tenha medo de que nosso par reaja da mesma forma caso expressemos a ele nossa raiva? Ao começarmos a perguntar à nossa raiva o que ela quer, começaremos a vê-la como uma parte fundamental de nossa força vital e uma aliada valiosa para nos guiar em nossos relacionamentos.

Construir nossa capacidade de falar quando estamos com raiva, bem como desenvolver o equilíbrio interno para poder questionar os outros de forma respeitosa e dizer não, significa que a expressão apropriada da raiva pode se tornar um aspecto de nosso sistema de limites externos. É provável que isso requeira um período de tentativa e erro, o que quer dizer que somos livres para experimentar e errar. Com o tempo, no entanto, passamos a valorizar nossa raiva por ser a poderosa força construtiva que ela é, e a ver os limites que resultam da troca da compulsão de agradar pela possibilidade de dizer verdades duras – uma parte importante de cuidarmos de nós mesmos e nos tornarmos parceiros igualmente plenos em nossos relacionamentos.

ESTABELECENDO LIMITES COM SUA MÃE

Vejamos como minha cliente Sasha aprendeu a usar a raiva saudável para estabelecer limites em seus relacionamentos. Quando ela me procurou, contou que tinha dificuldade de estabelecer limites em praticamente todas as áreas da vida. Toda vez que entrava numa relação com alguém, mesmo que fosse de amizade, a sensação que tinha era a de uma trabalheira. Acima de tudo, era comum ela se pegar dizendo "sim" quando o que realmente queria dizer era "não", mesmo que sentisse, em algumas ocasiões, uma espécie de ressentimento crescendo no peito. Saía com algumas pessoas, mas nenhum de seus relacionamentos durava mais do que poucas semanas. Ela não tinha nenhuma capacidade de perceber o que queria ou de que precisava, e por isso desaparecia em segundo plano, enquanto a outra pessoa perdia rapidamente o interesse nela. Um dos seus namorados chegou até a lhe dizer: "Você sempre concorda comigo. Nunca decide o que devemos fazer." Ela se sentiu muito envergonhada; porém, por mais duro que tivesse sido, esse comentário foi o alerta de que ela precisava procurar ajuda.

Depois de algumas sondagens, ficou claro que Sasha tinha crescido num lar em que era ela a cuidadora. Era a mais velha de quatro irmãos e assumia uma porção de responsabilidades extraordinárias. Era sua tarefa manter a tranquilidade em casa, porque o excesso de barulho ou de atividade deixava a mãe ansiosa e o pai enfurecido. Ela havia aprendido o seguinte: *Sou digna de ser amada se ficar quieta e fizer o que os outros querem.* Quando começamos a trabalhar os limites, partimos de sua relação com a mãe, que ainda lhe telefonava todos os dias. A mãe passava bastante tempo reclamando ao telefone e Sasha a escutava, atenta, sempre tentando ajudar, enquanto sentia duas coisas em termos físicos: o que a mãe sentia e sua própria raiva – que ela expulsava prontamente. Quando lhe perguntei "Você gosta desses telefonemas?", ela me respondeu: "Não!" Na força do seu *não* vi pela primeira vez um lampejo de seus sentimentos intensos.

Ao escutarmos seu eu mirim, Sasha pôde perceber que não tinha espaço para experimentar os próprios sentimentos. Ficou claro que sua mãe ansiosa tinha poucos limites com a filha, sempre necessitando dela para regular suas emoções. Após algum tempo, a raiva de Sasha começou a fazer sentido para ela, embora ficasse ansiosa ao se imaginar impondo limites aos telefonemas diários da mãe. Quando exploramos como seria isso, descobrimos que o pai de Sasha também fazia parte do panorama. Se ela não conseguia acalmar a mãe, ele se desesperava e gritava com todo mundo. Recorremos aos seus cuidadores internos, para que eles ajudassem o eu mirim de Sasha a se sentir seguro conosco e para que ela pudesse começar a explorar alguns novos limites, sem que o medo muito legítimo do eu mirim a inundasse de forma avassaladora. Começamos a fazer uma dramatização sobre a mãe. Sasha explicou: "Meu primeiro medo é o que ela fará se não contar comigo para desabafar. Além disso, e se ela ficar zangada comigo?" Começamos a ver que esses temores eram os que estavam na raiz de suas dificuldades em todos os seus outros relacionamentos. Um dos grandes benefícios de nossa prática foi que fomos construindo um circuito para que Sasha entrasse em contato com suas necessidades e seus desejos, inclusive com toda a gama de emoções que ela experimentava. Ela foi se tornando mais egófila.

À medida que continuamos a ajudar o eu mirim com suas lembranças assustadoras, Sasha se deu conta de que, mesmo quando a mãe *ficava* zangada, seu corpo não se sentia tão ameaçado quanto antes, apesar de seu coração acelerar um pouco. Rastreamos essa sensação até a vivência do eu mirim e tornamos a acolhê-lo em segurança. Depois dessa prática, Sasha começou a estabelecer alguns limites reais com a mãe e pôde restituir o estado de calma ao corpo, convocando sua comunidade de cuidadores internos e se ligando aos novos sentimentos corporais de segurança.

Demorou, e no princípio a mãe de Sasha não ficou *nada* contente. Mas minha cliente perseverou e sentiu a liberdade de falar o que pensava e estabelecer limites para a mãe. Em certa ocasião, sentindo quanto estava zangada por causa das queixas diárias e excessivas da mãe, ela expressou enfaticamente que não gostava daqueles desabafos constantes, e disse à mãe quanto isso a impactava. Pediu que ela parasse de lhe telefonar na hora do almoço e disse que a informaria quando tivesse tempo para conversar. Essa afirmação vigorosa foi um grande passo. Quando Sasha desligou o telefone, sentiu-se tomada de angústia. Mas, em vez de ceder e ligar de volta para a mãe, suportou o incômodo e deixou que ele se acalmasse. Essa "lacuna" na comunicação é outro exemplo de um limite saudável e resultou do trabalho de Sasha em construir sua equipe interna, para que a ajudasse a se regular. Dois dias depois, sua mãe lhe telefonou e disse que percebera que suas reclamações diárias vinham magoando a filha, e pediu desculpas. Sasha mal conseguiu acreditar. Nessa interação, ela percebeu que podia ser seguro não se apressar em aplacar a própria ansiedade desculpando-se, revogando o limite que havia estabelecido e tornando a subjugar suas necessidades.

Com o tempo, Sasha começou a sair com rapazes e me disse que se sentia mais sexy e empoderada quando era capaz de dizer o que pensava.

Pouco a pouco, ela aprendeu que não só era bom expressar sua verdade, mas também que isso levava a relacionamentos mais saudáveis e equilibrados. Também descobriu que pedir que suas necessidades fossem atendidas não prejudicava sua capacidade de apoiar os outros; simplesmente a ajudava a atrair parceiros que espelhavam o respeito recém-descoberto que ela soube mostrar a si mesma.

QUANDO A VULNERABILIDADE LEVA À INTIMIDADE

Como podemos ver pela história de Sasha, por mais que o estabelecimento de limites tenha a ver com a autoproteção, ele também nos torna vulneráveis à rejeição. Dado que nós, pessoas ansiosas, temos um medo profundamente arraigado do abandono, é muito difícil dizermos não ou verbalizarmos qualquer necessidade que, a nosso ver, possa afastar a pessoa amada. Pedir aquilo de que precisamos – especialmente amor – amedronta quando tememos não consegui-lo. Mas a única via para a verdadeira intimidade é sentir o medo da rejeição, gastar algum tempo ajudando o eu mirim com suas feridas primordiais e ter a coragem de pedir aquilo de que necessitamos, de qualquer maneira.

Dar a nós mesmos permissão para falar dessa maneira pode exigir prática. Com o tempo, isso nos ajuda a desenvolver um sistema de limites adequado a quem somos. Por exemplo, é comum os introvertidos terem tipos de limites diferentes em relação aos extrovertidos. Como os introvertidos passam muito tempo em seu mundo interior, conseguem refletir sobre o tipo de limite que lhes pareceria bom e adequado, mas talvez demorem um pouco para dizer isso aos seus parceiros. Os extrovertidos tendem a descobrir o que querem e aquilo de que precisam a partir das interações com os outros, por isso podem criar limites na mesma hora e expressá-los com rapidez e diretamente. Combinar nosso estabelecimento de limites com nossa percepção egófila emergente de identidade é um processo contínuo. À medida que nossa cura progride, nossos limites também continuam a se alterar, tornando-se mais claros e respondendo com mais fluência às condições vigentes. Quando há menos a proteger do lado de dentro, há mais espaço para expressarmos nossos sentimentos autênticos àqueles que nos são caros.

Nesse processo, também abriremos mão da necessidade de controlar as emoções do nosso par. Se nos é permitido sentir o que sentimos, o mesmo se dá com a pessoa amada. Toda vez que começamos a esconder nosso eu verdadeiro por medo da reação dos outros, não apenas estamos em vias de nos abandonarmos como excluímos a oportunidade de aprender uns com os outros e de nos tornarmos potencialmente mais próximos. Em meio ao nosso processo de cura, podemos sentir o cabo de guerra entre nosso medo de perder nosso par e a alegria de começar a sentir a força dos limites claros. Quando nos tornamos mais egófilos, começamos a sentir a importância dos dois tipos de limites – os que nos deixam dizer "sim" às nossas necessidades e os que nos deixam dizer "não" às necessidades alheias.

Quando estamos num relacionamento em que nosso par nos silencia toda vez que o questionamos ou expressamos uma necessidade, essa pessoa nunca terá a oportunidade de conhecer todo o nosso eu. Nos relacionamentos saudáveis, os parceiros permitem a formulação de pedidos e o estabelecimento de limites, e são receptivos a saber como essa reação afeta o outro. Isso pode se tornar um poderoso ciclo de crescimento para ambos. Em todos os casos, isso começa quando sabemos aquilo de que precisamos, o que emerge no decorrer do processo de cura, e quando compreendemos que não há vergonha nem grande perigo em expressar isso. Quando você se descobre com dificuldade para estabelecer um limite por medo do conflito ou da rejeição, isso é um convite a passar algum tempo com seu eu mirim. Você pode fazer o exercício a seguir para praticar o estabelecimento de limites de forma sadia.

SUSTENTE SEU "NÃO" SOBERANO

Passo um: Aperte o botão de pausa

Como queremos manter as pessoas felizes, nossa primeira reação diante de um pedido pode ser dizer "sim", mesmo que isso signifique deixar de lado nossas necessidades e oferecer algo muito além do que podemos proporcionar. O que se faz necessário é ganharmos tempo para pensar nas coisas até o fim, de modo a podermos reagir de um jeito mais sintonizado com nossos desejos e nossa capacidade. Não importa qual seja a resposta automática que surja, se você se sentir inseguro, diga: "Não sei. Só vou conseguir lhe responder mais tarde."

Passo dois: Dialogue com seu mundo interior

Depois de nos afastarmos da situação, podemos verificar junto a nosso eu mirim qual é a melhor resposta para nós e para o bem da relação. Podemos fechar os olhos e visitar o eu mirim em nosso lugar seguro. Podemos lhe perguntar o que ele quer e indagar se alguma coisa o está deixando nervoso. Podemos chamar nossos cuidadores internos para nos ajudarem a escutar nosso eu mirim saber se ele diria "sim" ou "não" com base em suas necessidades e seus desejos, não em como a outra pessoa reagirá. O eu mirim ficaria contente em fazer isso? Você acha que pode dar o que foi pedido sem abandonar a si mesmo? Quando o eu mirim começa a se preocupar com a reação da outra pessoa, podemos dizer a ele que cuidaremos disso depois de decidirmos o que fazer.

Passo três: É "sim" ou "não"?

Ao reservarmos tempo para consultar nosso eu mirim, é comum começarmos a sentir no corpo um "sim" ou "não" naturais. Podemos experimentar as duas respostas para ver como nosso abdômen, nossos músculos e nosso coração reagem a cada uma. Com qual das respostas o abdômen se distende, o coração se expande e os músculos relaxam? Ora a resposta é imediatamente clara, ora não é. Use todo o tempo necessário, uma vez que esse tipo de escuta é uma habilidade recém-desenvolvida. Você está entrando no espaço em que pode escutar a sabedoria do seu corpo. Quanto mais praticar, mais você sentirá a energia de seus "sins" e "nãos" soberanos.

Passo quatro: Sinta o "não" soberano e depois aja com base nele

Quando a resposta é "sim", é fácil seguir adiante. No entanto, quando vem o "não", pode ser difícil agir com base nele. Já não se trata de algo hipotético, mas de algo que vamos efetivamente fazer. Podemos voltar ao eu mirim e aos nossos cuidadores internos ao nos visualizar oferecendo o nosso "não". Podemos lhes dizer que é natural ficarem apreensivos quanto à reação das outras pessoas, ou a se sentirem culpados por dizer "não", e depois investigar a razão por trás desses sentimentos. Talvez o eu mirim sinta medo de ser abandonado, ou talvez seus protetores internos queiram coagi-lo a fazer algo porque isso "cairá bem". Podemos dar ouvidos a tudo que o eu mirim tem a dizer.

Passo cinco: Comunique seu limite com clareza

Quando temos clareza do que realmente queremos expressar e a resposta afetiva ao pedido em nosso corpo é tranquilizante, estamos prontos para voltar à situação e comunicar nosso limite de forma adulta e serena. Talvez seja um "não", ou talvez seja um "sim" com algumas restrições. Graças ao trabalho interno que viemos fazendo, sentiremos menos necessidade de seguir a ânsia medrosa de nos explicarmos ou pedirmos desculpas por nossa resposta. Ao ver que respeitamos nossas necessidades e nossos limites, fica mais fácil para o outro respeitá-los também. Isso aumenta a segurança e a intimidade entre duas pessoas.

QUANDO O MURO SE TRANSFORMA EM PORTÃO

Será que um limite pode fechar a porta de um relacionamento e jogar a chave fora? Sim, pois às vezes as necessidades de duas pessoas são tão incompatíveis que o relacionamento íntimo não é possível. Falaremos mais disso na próxima seção. Muitas vezes, até um limite rígido pode ter uma pequena margem de flexibilidade. Por exemplo, quando seu par não consegue parar de aborrecer você, a opção egófila (e outro tipo de limite) pode ser aceitar essa pessoa tal como ela é e decidir como dar a si mesmo aquilo de que você precisa a fim de seguir em frente. Esse desfecho pode ser muito diferente, dependendo de sua situação individual.

Por exemplo, quando seu par decide trabalhar sábado ou domingo depois de vocês terem combinado que o trabalho estaria permanentemente proibido nos fins de semana, pode ser que você precise conviver com a decepção. Será que ela afeta o eu mirim e o leva a lembrar-se de ocasiões anteriores em que aquilo que lhe foi prometido não foi cumprido? Se você constatar que é esse o caso, será possível passar algum tempo com o eu mirim antes de tomar uma decisão que altere o relacionamento? Você nota que os sentimentos vão se tranquilizando e que outras alternativas ao rompimento vão surgindo à medida que seu eu mirim se sente ouvido e cuidado? Há alguma concessão a ser feita? Quando você começa a pensar dessa maneira, isso costuma ser sinal de que seu eu adulto está voltando a tomar a dianteira. Talvez esse seja o momento de conversar com seu par para saber se ele tem alguma ideia do que fazer diante desse impasse. Se, ainda assim, trabalhar nos fins de semana continuar a ser a norma, você vai poder decidir se quer fazer alguma coisa criativa nesse tempo livre por conta própria. Uma de minhas clientes resolveu fazer mestrado em literatura enquanto o parceiro ficava mergulhado no trabalho. Tudo depende da qualidade geral do relacionamento. Minha cliente achou que havia muito mais satisfação e cuidado nesse relacionamento do que em qualquer outro que ela havia experimentado. Seu eu adulto resolveu que, no cômputo final, era bom continuar. Nenhum relacionamento é perfeito. Com algumas decisões e condutas, aprendemos a nos acomodar, enquanto outras nos levam a traçar um limite mais firme.

Como acontece com tudo, os limites que estabelecemos a partir de uma postura de egofilia ocupam um espectro. Existem as pequenas maneiras cotidianas de nos consultarmos para ver de que precisamos, sem fazer um pedido específico, só para ter certeza de que continuamos cientes de nossas necessidades e preferências. Existem as maneiras de nos apoiarmos, sermos vulneráveis e pedirmos que essas necessidades sejam atendidas. Existe a possibilidade de nos afastarmos de uma situação até termos a distância adequada para dizer "sim" ou "não" a um pedido. Existem momentos em que uma raiva respeitosa é necessária para que nos expressemos com clareza. E existe a hora de mandarmos nosso par embora. Na extremidade do espectro dos limites, é possível que se ergam muros rígidos, capazes de transformar um relacionamento numa prisão. Eles também vêm do medo – não do abandono, mas da invasão e da intromissão. As pessoas de apego ansioso são menos propensas a erguer essas barreiras, mas com certeza podem senti-las por parte de seus parceiros do estilo evitativo. Nossa busca consiste em nos tornarmos egófilos para podermos ser sensíveis e fortes, o que nos possibilita embutir certa flexibilidade em nosso sistema de limites. Deixe-me mostrar como isso funciona.

Imagine que seu corpo, sua mente, seu coração e seu espírito são sua casa. Ao manter a casa bem conservada, você se sente seguro no interior dela e motivado a fazer dela um lugar em que queira passar seu tempo. Agora, imagine que seu sistema de energia mais amplo se assemelha a uma cerca em torno da sua propriedade. Ela tem um portão, para que você decida quem pode entrar. Ao conhecer uma pessoa, talvez você não a convide imediatamente à sua casa. É provável que primeiro passe algum tempo a conhecendo. Num dado momento, ela poderá até passar a noite ali. Mas tudo isso acontece ao longo do tempo, depois que você tem mais experiência e se acostuma a deixar alguém entrar em seu espaço físico, afetivo e espiritual. Ao mesmo tempo, a confiança também lhe permite ficar à vontade com as saídas e os retornos dessa pessoa.

Essa analogia representa o vaivém natural de uma relação interdependente que se desenvolve quando convidamos alguém a compartilhar nosso mundo íntimo. Talvez você sinta a importância de haver uma distância suficiente para que você possa voltar a si mesmo e cuidar de seu espaço interior. Numa situação sem limites, essa pessoa nova teria pernoitado logo na primeira vez que você tivesse estado com ela, e trazido todas as coisas dela logo no dia seguinte, abarrotando os corredores e enchendo sua casa de barulho e confusão.

Esse segundo cenário não é incomum entre pessoas ansiosas cujas experiências de vida, na infância, minaram explicitamente sua capacidade de intuir onde termina sua propriedade pessoal. Quando isso se combina com o medo de não ser digna de amor, essa pessoa pode deixar qualquer um entrar, porque talvez a oferta nunca mais apareça. O simples fato de ela ter um outro corpo caloroso dentro de casa a ajuda a se sentir menos sozinha. Às vezes, as coisas tomam a direção inversa e a pessoa tem muito medo de deixar qualquer um entrar em sua casa no começo. No entanto, depois que deixa uma pessoa entrar e se apega a ela, é muito improvável que algum dia a ponha na rua se for necessário. Esses dois caminhos ignoram a progressão natural para a verdadeira intimidade. Também mostram que o eu mirim está tão apavorado com o abandono que para ele é muito difícil lidar com as transições entre vínculo e separação, que são uma parte natural e importante de qualquer relacionamento.

Quando é esse o caso, pode ser tão bom alguém entrar em sua casa que você nunca desejará que essa pessoa vá embora. No fundo, teme que ela saia porta afora e nunca mais volte. Então você se dispõe a fazer das tripas coração para fazer com que esse indivíduo fique, substituindo toda a comida da geladeira por coisas de que ele gosta, arrumando o que ele desarruma e até redecorando a casa. Quando isso não funciona e a pessoa decide sair de qualquer modo (mesmo que seja só para ir ao mercado), talvez você faça as malas e abandone sua casa para ir com ela. Quando suas feridas primárias são suficientemente profundas, talvez você nem note que se transformou num sem-teto até que a outra pessoa, talvez sentindo o seu desespero, vá embora.

Uma das lições mais valiosas aqui é que, quanto melhores nos tornamos na manutenção de nossos limites, mais somos capazes de respeitar também a necessidade de espaço da outra pessoa. Do mesmo modo que alguém que houvéssemos acabado de conhecer se assustaria se o convidássemos a ficar para dormir e não o deixássemos ir embora, ficaríamos igualmente aflitos se ele aparecesse de mala e cuia e anunciasse estar se mudando para nossa casa. É essa a sensação quando aqueles que têm apego ansioso resolvem que o novo namorado ou namorada é "o par perfeito", e começam a fazer o possível e o impossível para manter essa pessoa ao seu lado. Todo mundo precisa de espaço e, quando você compreende isso a respeito de si, a necessidade da pessoa amada de se separar de vez em quando começa a se assemelhar menos a um abandono e mais a um intervalo saudável para repor as forças e restabelecer sua própria identidade.

Se a analogia da "casa" funciona para você, pode voltar a ela ao aprender a ouvir as sensações corporais que fazem parte do seu sistema de limites. Quando lhe vem a sensação de que sua casa está sendo invadida? Quando lhe parece seguro deixar alguém entrar? E quando é que você precisa de um tempo sozinho para arrumar as coisas, descansar e recomeçar? Talvez você possa até criar um lugar seguro dentro dessa casa para dialogar com seu eu mirim e seus cuidadores internos, vendo essas conversas como parte da manutenção periódica que fará do seu mundo interior um porto seguro, que sempre o acolherá. Com o tempo, proteger esse espaço, praticando o discernimento de quem e o que você deixa entrar nele, começa a se transformar em algo perfeitamente natural.

O QUE É INEGOCIÁVEL PARA VOCÊ?

Embora os limites flexíveis sejam uma parte essencial do estabelecimento de vínculo com alguém, é igualmente importante saber o que é inegociável para você nos relacionamentos. Apesar de considerarmos muitas condutas essenciais (como hábitos de consumo responsáveis) ou completamente proibidas (fumar ou ser infiel), às vezes também precisamos lidar com a orientação religiosa, as preferências políticas, a dedicação a diversas causas, etc. É importante identificarmos isso. Podemos começar esclarecendo o que consideramos violência física e outras violações extremas do eu, mas, a partir daí, a questão torna-se estritamente pessoal.

Fazer algumas listas pode ajudá-lo a começar a identificar áreas em que não há concessão possível sem que isso signifique abandonar a si mesmo, áreas em que as concessões parecem possíveis e áreas que simplesmente não representam nenhum desafio. Numa folha de papel, faça três colunas, com o cabeçalho "De jeito nenhum", "Talvez" e "Sim!". Depois, faça a seguinte reflexão quanto a qualquer área que lhe vier à cabeça:

Se meu par fizesse _____ (preencha esse espaço com uma atividade, uma preferência, um comportamento), eu não poderia continuar com ele / eu poderia tolerar / eu não me importaria nem um pouco.

Uma amiga minha fez esse exercício comigo e descobriu que seus pontos inegociáveis emergiam prontamente pelo simples fato de ela haver feito a reflexão. Não pode fumar, ser infiel nem racista; não pode ter filhos nem ser divorciado; deve ter vida espiritual; nada de beber diariamente; deve querer ser pai. No processo, ela também descobriu algumas áreas que realmente a entusiasmavam! Ter interesses espirituais diferentes, gostar de outros tipos de música, adorar viajar, etc. Isso a ajudou a entrar em contato com o espírito aventureiro que havia nela. Também a levou a descobrir algumas áreas em que seria possível encontrar um meio-termo, tal como onde eles iriam morar e quantos filhos teriam. Embora ela tivesse suas preferências, estas não lhe pareceram gravadas em pedra.

Nosso trabalho com o eu mirim nos ajuda a entrar em contato com o que nos é realmente importante. Sem uma ideia do nosso verdadeiro eu, é difícil identificar as questões inegociáveis e por isso podemos entrar em relacionamentos dolorosos demais. Também é verdade que a maioria das pessoas começa um relacionamento esperando o melhor, e que a intimidade crescente revela aspectos da pessoa amada que elas não sabiam existir. Quando descobrimos isso e temos uma ideia clara do que consideramos inegociável, o melhor limite é simplesmente ir embora. Minha cliente Rebecca é um grande exemplo disso.

Defenda o mais importante com unhas e dentes

Fazia quatro anos que Rebecca estava com Mike. Ao começar a descrever seu relacionamento, ela me contou que, originalmente, ele tinha sido atencioso, mas agora passava a maior parte da semana ocupado e, aos sábados, bebia com os amigos depois de jogar tênis. Como resultado, ela só conseguia estar com ele aos domingos, quando passava a maior parte do dia tentando chamar sua atenção enquanto ele enfrentava a ressaca. Rebecca estivera em diversos relacionamentos abusivos e frisou que Mike não era controlador nem abusivo com ela, mas que, ao mesmo tempo, não dava nenhum sinal de querer fazer o relacionamento avançar. Ela se sentia o último item em sua lista, e os atos dele pareciam comprovar isso.

Já Rebecca tinha muita vontade de constituir uma família e compartilhar a vida com alguém que quisesse essa experiência. Os dois haviam conversado sobre isso no começo do relacionamento, quando Mike havia expressado que também era isso que desejava. Foram morar juntos no apartamento de Rebecca, onde ela assumia todas as responsabilidades domésticas. Com o tempo, o ressentimento começou a crescer, mas não a ponto de ela considerar o rompimento – até o dia em que ele comentou: "Acho que nunca vou querer ter filhos. Se nós dois trabalharmos para valer e ficarmos neste apartamento, poderemos nos aposentar cedo e ter uma vida confortável." Ela não apenas sentiu o sangue ferver como também teve a sensação de que todos os seus sonhos estavam sendo destroçados. Sabia que tinha que fazer alguma coisa.

Ao entrar mais em contato com seu eu mirim e com uma comunidade forte de cuidadores internos, que incluía uma avó compassiva, Rebecca começou a ver que, na verdade, Mike vinha mostrando quem ele realmente era havia muito tempo. Ele podia ter lhe dito que queria as mesmas coisas que ela, mas seus atos nunca se alinharam com isso. Por sua vez, Rebecca havia ignorado todos os sinais e se mantido apegada à possibilidade do que poderia existir, por medo de voltar a ficar sozinha e ter que recomeçar. Ao aprofundarmos nosso trabalho de cura, ela se tornou mais capaz de reconhecer que se sentia profundamente magoada e incompreendida e resolveu que era hora de priorizar suas necessidades.

Apesar de saber que corria o risco de perdê-lo, Rebecca finalmente reuniu coragem para dizer a Mike do que precisava. Só de pensar nisso sentia angústia, mas ela convocou sua equipe interna para acompanhá-la nesse gesto corajoso. Lembrou ao seu eu mirim que era digna de ter um parceiro que quisesse as mesmas coisas que ela. Enfim, reuniu coragem para dizer a Mike que se de fato ele não queria constituir uma família, os dois teriam que romper.

Ele foi inflexível a respeito de não querer ter filhos e, pouco depois, Rebecca terminou o relacionamento. Depois me contou como tinha sido essa experiência para ela. Além de buscar o apoio dos amigos, ela disse que conseguiu superar as ondas de solidão que às vezes sentia à noite com a ajuda de seus cuidadores internos e de seu cachorrinho. Saber que o cachorro estava ali, ao seu lado, ajudou-a a se sentir menos sozinha, e ela contou com sua comunidade de cuidadores para reconfortar seu eu mirim assustado, lembrando-se de que o relacionamento com Mike jamais lhe traria aquilo de que ela precisava. Por ter o apoio necessário, ela pôde atravessar esse período de separação de uma forma que, na verdade, surtiu um efeito curativo.

A história de Rebecca é um exemplo perfeito de um limite bem estabelecido a partir de uma postura egófila. Também mostra que romper um relacionamento não significa ficar só. Rebecca sabia que precisava do apoio de amigos próximos, de sua terapeuta e de seu cachorro para atravessar a fase de transição do rompimento, não para medicar seus sentimentos de solidão, mas para lembrar a si mesma que era digna de ligações sadias e seguras. Os amigos caninos são maravilhosos nessas horas, pois oferecem um amor incondicional, o que eu mesma passei a valorizar quando estava aprendendo a me tornar egófila, depois de meu divórcio. Meu cachorrinho Tito (que ele descanse em paz) sempre esteve junto de mim, não importava o que acontecesse, e isso se tornou um lembrete externo do que era um apego seguro. Ele me preparou para um relacionamento seguro com outro ser humano, um dia.

O LIMITE SUPREMO: APRENDER A DEIXAR PRA LÁ

A outra lição vital que Rebecca aprendeu em seu relacionamento com Mike foi a possibilidade de deixar pra lá. Quando consideramos que o vínculo é um imperativo biológico, abrir mão dele é um desafio para a maioria de nós, embora para quem tem o estilo de apego ansioso isso seja duas vezes mais difícil, uma vez que nossas feridas infantis são ativadas. No caso de Rebecca, ela se agarrou à fantasia de um Mike idealizado durante quatro anos inteiros. No entanto, permanecer num relacionamento por medo da solidão, ou por estarmos convencidos de que nosso par é o melhor que conseguiremos, impede-nos de chegar ao amor e ao relacionamento de que verdadeiramente precisamos e que merecemos.

Às vezes, instigar um rompimento, como fez Rebecca, é apenas o primeiro passo para realmente abrir mão da relação. Quando parte de nós continua presa à fantasia do relacionamento, ou quando "mantemos a chama acesa" permanecendo em contato com a outra pessoa porque fechar completamente a porta nos deixaria vulneráveis demais, essa pessoa permanece em nosso campo energético, sobrecarregando-nos e impedindo que sigamos adiante de forma plena. Isso também nos torna mais vulneráveis à chamada *sucção*, um termo moderno para quando um ex fica tentando entrar novamente em nossa vida, "sugando-nos" para uma reconexão. A única maneira de prevenir isso é largar todos os antigos apegos de uma só vez, o que significa chorar plenamente pelo sonho perdido enquanto erguemos barreiras que impeçam o contato.

Não é só nosso eu mirim que sofre ao deixar pra lá, mas também nosso eu adulto, que investiu o corpo e a alma nesse relacionamento.

Junto com as lágrimas desoladas, a negação, a barganha e a raiva, também vem um processo completo de luto. Contar com alguém – ou vários "alguéns" – que possa nos dar apoio enquanto somos sacudidos por essas emoções nos proporciona segurança para elaborar o luto de forma apropriada. É terapêutico para todas as partes de nós – corpo, mente, coração e espírito – elaborar o luto dessa maneira. Em vez de bloquearmos nossas emoções, agarrando-nos até a pequenos fragmentos da relação, é mais saudável entrar nesse luto e trabalhar com ele para alcançarmos a liberdade de continuar a amar profundamente, com um coração grande e receptivo.

Muitas vezes, o luto pelo fim de um relacionamento demora e acontece em camadas. Nós, pessoas ansiosas, tendemos a abrir mão das coisas um pouco mais devagar ao atravessarmos o processo de luto, por nos apegarmos tão profundamente que a volta a nós mesmos pode ser uma experiência intimidante. É especialmente importante, para nós, buscar um apoio externo positivo ao entrarmos nesse processo. Na verdade, é sadio e normal buscar ajuda. Ao nos apoiarmos em amigos e familiares que apenas nos escutam, podemos ir retirando aos poucos as camadas de luto enquanto preenchemos as lacunas com pessoas capazes de nos oferecer amor e apoio. A escritora e psicoterapeuta Sue Johnson assinala, em seu livro *Abrace-me apertado*: "Sofrer é inevitável; mas sofrer sozinho é intolerável."[30]

É comum eu ouvir pessoas dizerem que "o relacionamento não era grande coisa, mas realmente ainda sinto falta dele". Seja qual for a qualidade do relacionamento, uma perda é sempre uma perda. É provável que essa seja uma experiência conhecida do nosso eu mirim, então é normal a criança dentro de nós querer agarrar-se aos bons tempos. O apoio externo, aliado à presença bondosa de nossos cuidadores internos, pode nos lembrar de que esses sentimentos de perda são reais e que eles também passarão. Sempre que choramos uma perda recente, as ocasiões anteriores de abandono e solidão vêm à tona. Ao compreendermos isso, podemos ser compassivos com nós mesmos enquanto avançamos devagar pelo processo de desapego. Essas podem ser ocasiões de uma cura ainda mais profunda, que irá nos preparar para parcerias mais saudáveis no futuro.

Ao sairmos do outro lado com algum apoio, nos descobrimos mais aptos a permanecer receptivos à conexão e, ao mesmo tempo, contentes por estar separados. Sabemos com mais clareza o que nos é necessário e que é normal pedir isso. Nós nos sentimos menos tentados a controlar os outros e mais capazes de adaptar nossos comportamentos para cuidar melhor de nós mesmos. Isso significa, acima de tudo, respeitar os limites inegociáveis em nossos relacionamentos e ter disposição para abrir mão por completo de qualquer relação quando alguém os ultrapassa.

Em última instância, essa é a única maneira de criarmos espaço para nosso crescimento e aprofundarmos nossas ligações com as pessoas que oferecem apegos saudáveis e gratificantes. Você ainda pergunta a si mesmo se algum dia isso lhe será possível? Como logo descobrirá, todo o trabalho que estamos fazendo juntos irá prepará-lo para criar a segurança e a estabilidade pelas quais você anseia em seus relacionamentos. No próximo capítulo, exploraremos uma nova maneira de amar e ser amado, que tem a ver com o que podemos levar para um relacionamento, em vez de procurar um par que nos complete.

CAPÍTULO OITO

Um novo jeito de amar e ser amado

Não existe relacionamento "perfeito" porque não existe ser humano "perfeito". Todos temos nossos traumas e nossas formas singulares de expressá-los e compensá-los, e nossos relacionamentos são, com frequência, o lugar em que essas feridas são despertadas. O trabalho que estamos fazendo neste livro – o trabalho de sermos egófilos – é, em essência, um processo para curar feridas infantis, desenvolvendo uma relação forte com nossos cuidadores internos, ou seja, as vozes dentro de nós que guardam a presença daqueles que nos amaram e apoiaram ao longo de nossa vida. Quando falamos em autocuidado, é isso que realmente acontece dentro de nós. Estabelecidos esses relacionamentos internos, tentamos reparar nossas feridas primordiais e reformular nossos circuitos neurais de segurança. A relação que você e eu desenvolvemos, em nossa jornada conjunta por este livro, faz parte desse processo. Quero que você saiba que esse companheirismo estará sempre ao seu lado.

Paremos um pouco para considerar como é encantador que nosso cérebro possa ser reprogramado para nos sentirmos muito mais estáveis e seguros em nossos relacionamentos, seja qual for nossa idade e a profundidade de nossas feridas anteriores. Nesse processo, nosso SNA é reconfortado para que possa encontrar calma com mais facilidade ao sentirmos a ansiedade aumentar. Nossas reações também vão ficando mais lentas, por isso podemos ter sentimentos intensos sem que precisemos soltar os cachorros nem nos agarrar a outras pessoas para que os corrijam. Somos mais capazes de nos conectar com nossas necessidades e nossos desejos e entramos nos relacionamentos com a intenção de equilibrar nossas necessidades com as da pessoa amada. Nossa capacidade de empatia vai se expandindo, de modo que nosso par também se sentirá visto e reconhecido por nós. Por tudo isso, nossas ligações íntimas vão se transformando num lugar de cura e crescimento conjunto em vez de serem apenas um meio de acalmar nossa ansiedade constante. Esse é um trabalho contínuo. Nossos relacionamentos atuais e futuros são o lugar em que praticamos uma forma diferente de relação. Embora eu não possa lhe prometer a fantasia do "felizes para sempre" com que o alimentaram desde a infância, você descobrirá que, por meio desse trabalho interno, vem realmente experimentando toda uma nova maneira de amar e ser amado. Isso terá um impacto profundo em seu modo de entrar nos relacionamentos e no tipo de pessoa que atrairá.

À medida que você continuar a se sentir visto e valorizado pelas pessoas que o apoiam, seu amor-próprio crescerá. Você começará naturalmente a se equiparar aos outros – inclusive a amigos e colegas – que também o valorizam dessa maneira. Terá menos probabilidade de buscar, inconscientemente, parceiros indisponíveis cujos comportamentos pareçam confirmar a ideia falsa de que você é intrinsecamente indigno de amor. Caso você já esteja num relacionamento, as mudanças que acontecerem em seu interior também afetarão seu par de maneiras imprevistas. Como vimos, uma pessoa que viceja e desenvolve uma percepção de identidade mais forte não leva necessariamente a outra a desenvolver mudanças similares. Nossa maior disponibilidade para um vínculo profundo pode assustar os parceiros que houverem se adaptado à própria dor tornando-se evitativos. Nossa compaixão crescente pelo que acarreta essa evitação pode ser suficiente para que nosso par também queira buscar sua cura. Ou então é possível que as feridas sejam simplesmente profundas demais e que o relacionamento chegue ao fim. Mesmo quando ele perdura, isso não significa que, a partir daí, tudo será um mar de rosas. O conflito nos relacionamentos é inevitável, e para nos tornarmos mais egófilos também precisamos nos debruçar sobre essas "rupturas" naturais, o que pode até aprofundar nossa consciência das necessidades do outro quando elas são abordadas como uma oportunidade de crescimento. Na verdade, toda ruptura seguida de um reparo fortalece nossa conexão com outras pessoas.

    A capacidade que você tem de desacelerar suas reações afetivas é uma forte aliada, porque lhe dá tempo para comunicar o que está acontecendo por dentro, de maneiras que efetivamente o ajudem a ter suas necessidades atendidas, em vez de pôr mais lenha na fogueira ao reagir com raiva ou acusações. À medida que nosso processo terapêutico se aprofunda, ficamos mais sensíveis aos pontos frágeis de nosso eu mirim e mais receptivos a aprender sobre esses mesmos pontos em nossos parceiros. Por mais que façamos um trabalho curativo, nossos relacionamentos sempre trarão mais coisas de que precisaremos nos conscientizar ao nos engajarmos na bonita dança da interdependência. Em vez de vermos todas as nossas dificuldades como ligadas à pessoa amada, aprendemos a tomar posse de quaisquer dor e medo que tenham estado escondidos nos cantos esquecidos e poeirentos de nosso sistema de apego ansioso. Todo o trabalho que temos feito juntos vem conduzindo você a esse ponto. Neste capítulo, aplicaremos o que você está aprendendo – e, o que é ainda mais importante, o que está vivenciando – na sua maneira de se relacionar com os outros, seja qual for sua situação atual.

QUANDO ACABA A LUA DE MEL

Como terapeuta de casais, fico muito irritada com a maneira pela qual nossa cultura glorifica o amor romântico, criando expectativas de que ele seja um portal constante de bênçãos, quando não é isso que acontece. Na realidade, o relacionamento só começa *depois* que se encerra a fase da lua de mel, movida pela dopamina, quando são retiradas as lentes que nos fazem ver tudo rosa e podemos enxergar nossos parceiros como realmente são, com defeitos e tudo mais. Essa fase se desenrola de maneiras diferentes para cada casal, mas há alguns marcos garantidos. Trata-se de um tempo de aprofundamento em que os dois indivíduos começam a mostrar mais facetas suas. O eu mirim de ambos pode ser acionado por isso. A pessoa esquiva pode recuar um pouco no relacionamento e passar mais tempo no trabalho. Isso pode agitar um eu mirim ansioso que tenha medo do abandono. E assim se prepara o terreno para a conhecida dança infantil que permaneceu longe dos olhos até esse momento. Outros padrões também podem acontecer. Duas pessoas esquivas podem começar a se voltar para sua vida individual e perguntar a si mesmas para onde foi a paixão à medida que ambas trilham caminhos paralelos, em vez de encontrarem a interdependência. Duas pessoas ansiosas podem continuar a se agarrar uma à outra de maneiras que alimentam o drama. Entretanto, quando um ou ambos os parceiros são capazes de um apego seguro, esse pode ser um momento rico de descobertas, com o possível surgimento de acordos criativos, que se transformam nos componentes fundamentais de uma parceria interdependente e gratificante de verdade.

Seja como for, esse período traz seus desafios. É assustador descobrir que nosso par perfeito também pode ser exigente, ou resmungão, ou teimoso, ou insistir em preparar pratos que não suportamos, e, quando sentimos medo, uma das respostas a que recorremos pode ser a raiva. Nesse momento, talvez comecemos a achar que estamos aprisionados numa luta de poder, ao negociarmos nossas necessidades individuais nesse relacionamento. Talvez a pessoa amada diga que precisa de uma noite com os amigos uma vez por semana. Ou insista em sempre tomar vinho no jantar. Os grandes e pequenos problemas envolvem, inevitavelmente, uma série de pedidos que exigem um acordo. Quando essas necessidades atingem um ponto nevrálgico ou uma demanda inegociável da outra pessoa, essa pode ser a hora da ruptura e de discussões e discordâncias. É também aí que o relacionamento pode começar a parecer um "trabalho", e talvez nos apanhemos questionando se ele vale a pena.

Isso é não apenas muito normal, como também faz parte de um processo sadio de definição de nossos limites no relacionamento. Ao mesmo tempo, aprendemos mais sobre quem é nosso par. E isso tem, com certeza, potencial para aprofundar a conexão. Quando os casais dizem que "nunca brigam", sempre desconfio de que um dos dois está fazendo a maioria das concessões (sendo abnegado). No outro extremo do espectro, pode haver brigas quase constantes, porque as duas pessoas têm demandas inegociáveis incompatíveis e, por conta disso, pisam continuamente nas necessidades básicas da outra. Nesse ponto, a coisa mais egófila a se fazer pode ser terminar o relacionamento. Mas, quando duas pessoas se descobrem compatíveis nas áreas que mais importam, dispõem-se a continuar conversando para encontrar soluções, têm um respeito fundamental pelas necessidades uma da outra e desejam o compromisso, mesmo depois que as "drogas do amor" perderam eficácia, elas estão a caminho de algo especial.

Vi a fase da lua de mel durar desde alguns dias até semanas, meses e mesmo um par de anos. À medida que diminui a excitação química, cada membro do casal decide se há coisas boas em quantidade suficiente para se atrever a dar uma espiada sob o capô. Nesse ponto, podem surgir duas perguntas: é possível que este relacionamento satisfaça minha necessidade de uma conexão profunda? Essa pessoa também está interessada em tornar nosso relacionamento um lugar onde ambos possamos crescer? Obter respostas claras a essas duas perguntas demanda tempo, mas, com paciência e disposição de se mostrar vulnerável e de ter conversas difíceis, a clareza aparece. Também vale notar que nada disso se encaixa em nossa imagem do relacionamento dos sonhos. Dada a facilidade de baixar um aplicativo de encontros e achar alguém novo para a próxima "lua de mel", esse é também o momento em que muitos caem fora. Mas se recuarmos quando o caminho fica difícil, estaremos nos afastando de uma ótima oportunidade de crescimento pessoal, o que causará impacto em todos os nossos relacionamentos, inclusive com amigos, familiares e colegas, e até mesmo na relação com nosso eu mirim ferido.

Dadas as expectativas irrealistas da sociedade a respeito do amor, atravessar o conflito será sempre um desafio. Para aqueles que têm um estilo de apego ansioso, o primeiro sinal de ruptura pode jogá-los, numa queda em espiral, em antigos padrões de abnegação e codependência. Apesar de termos trabalhado com o eu mirim, estar nas trincheiras com outro ser humano é um desafio completamente diferente. Quando o antigo trauma do abandono entra em jogo, podemos nos agarrar ou fazer críticas ferozes numa tentativa desesperada de obter o amor e a atenção pelos quais ansiamos. Ao se dar conta de que já não estamos em total sincronia com a pessoa amada – com quem nos sentíamos tão vistos, porque nossas necessidades pareciam sintonizar-se à perfeição –, o eu mirim pode até se sentir traído. Esse é um ponto importante para fazermos uma pausa e recorrermos às pessoas que nos apoiam enquanto voltamos às práticas dos capítulos 5 e 6, antes que esse novo relacionamento se transforme num debate interminável sobre quem é o "malvado" – se o narcisista egoísta ou a criança grudenta. Tendemos a enxergar em preto e branco quando estamos perdidos em nossos traumas; porém, à medida que nosso eu mirim se reconecta com nossos cuidadores internos, nosso sistema se acalma e vemos que ninguém é culpado pelo que aconteceu. Começamos a intuir que qualquer dor ou medo que estejamos sentindo não foram necessariamente causados por nosso par; pelo contrário, é provável que ele ou ela tenha pisado num terreno minado de nossas profundezas, sem se dar conta da mágoa que se escondia ali.

Adquirida a nossa orientação interna, também podemos lembrar mais facilmente que essas rupturas são, na verdade, uma parte normal da formação de apegos sadios e seguros. Ocorre que todos nós, seres humanos, somos muito falíveis, até nos melhores momentos! As pesquisas sobre mães e bebês que têm uma boa forma de apego mostram que mais da metade dessas interações podem estar fora de sincronia, e que o importante é eles serem capazes de corrigir esses momentos de desregulação para retomar o vínculo.[31] Em geral, nossos cuidadores fazem o melhor possível para entrar em sintonia conosco e quando, por qualquer razão, não conseguem fazê-lo, o fato de nos mostrarem sua *intenção* de remediar nossa aflição é uma parte extremamente importante do processo de desenvolver um apego seguro. Na prática, isso pode se manifestar quando eles reconhecem nossa aflição, perguntando-nos qual é o problema e validando o que sentimos. Essa interação, enganosamente simples, ensina ao nosso sistema nervoso que essas pessoas não nos magoaram nem abandonaram intencionalmente, e que, num dado momento, teremos a oportunidade de ter nossas necessidades atendidas. Uma parte enorme do reparo está, simplesmente, em nos sentirmos vistos e ouvidos, antes mesmo de chegarmos a uma solução do problema real.

A estabilidade e a longevidade dos relacionamentos são construídas com base no respeito mútuo, na transparência, na vulnerabilidade, na humildade e na capacidade de escutar profundamente o outro. Essas qualidades criam a segurança necessária para reparar as rupturas quando as coisas ficam turbulentas. Em vez de atribuir culpa, é preciso desenvolver empatia com o fato de que cada pessoa tem necessidades e perspectivas muito diferentes das nossas em algumas áreas, e não há nada de errado nisso. Cada pessoa tem também uma história, que norteia sua maneira de reagir sob tensão. Ao nos familiarizarmos mais com a forma pela qual nossas feridas moldam nossas respostas, podemos sentir curiosidade sobre esse mesmo processo em nossos parceiros, particularmente quando as reações que recebemos parecem defensivas. Todas as pessoas – inclusive nós – reagem de formas mesquinhas e acusatórias quando se sentem amedrontadas e precisam se proteger. Quando essas respostas são recebidas com curiosidade em vez de juízos morais ou revides, há uma boa possibilidade de que seja suficientemente seguro falar com mais franqueza sobre o que está acontecendo. A resolução começa por respeitar o que quer que esteja presente e por dar a cada pessoa permissão absoluta para se expressar, mantendo a receptividade e a curiosidade quanto ao desfecho. Viemos praticando isso em nossa comunidade interior e, do lado de fora, em relacionamentos que costumam trazer riscos menos altos do que o romance. Por isso agora é hora de nos esforçarmos para oferecer esses benefícios à pessoa amada.

À medida que você continua a se curar, é mais provável que atraia parceiros com capacidade semelhante de trabalhar pela criação de um apego seguro. Mas, em vez de desaparecerem, suas tendências ansiosas antigas continuam a surgir nos relacionamentos seguros, com a diferença de que, agora, você está desenvolvendo a capacidade de ver o que acontece e de abordar as coisas de outra maneira. Entretanto, para que qualquer relacionamento funcione a longo prazo, é importante que *as duas* partes tenham o compromisso de olhar mais a fundo quando surgirem problemas. É isso que permite ao relacionamento *não* ser perfeito. Quando os dois são realistas quanto ao trabalho de realmente conhecer (e amar) um ao outro, ver as "besteiras" de cada um virem à tona torna-se uma oportunidade para uma intimidade cada vez mais profunda. Isso significa ter a capacidade de reconhecer os velhos padrões que estão sendo ativados.[32] Significa reagir com menos frequência e, em vez disso, apertar em conjunto o botão de pausa, para que os dois possam ter tempo de realmente escutar o que está acontecendo com cada um. Harville Hendrix, cofundador da terapia de relacionamento Imago, refere-se a isso como "parceria consciente". A lua de mel pode acabar, mas o amor torna-se mais profundo e mais satisfatório do que qualquer coisa que se tenha experimentado no calor da atração romântica inicial. À medida que mais partes das duas pessoas são acolhidas com carinho, a segurança se aprofunda, levando a uma vulnerabilidade e a uma intimidade maiores. O casal torna-se mais unido a cada dia.

VERDADE DE QUEM, AFINAL?

No começo a impressão pode ser outra. Talvez você não se surpreenda ao saber que, em 99% das ocasiões, os casais chegam ao meu consultório prontos para entrar em guerra. Não raro, sentem como se falassem com uma parede de tijolos, e cada um quer que eu faça o outro enxergar "o que está realmente acontecendo". Mas a cura nos relacionamentos não vem da tentativa de provar o ponto de vista de cada um. Na verdade, o que precisa acontecer é o inverso. Em vez de cada um se concentrar em ganhar a discussão e fazer o outro enxergar as coisas à sua maneira, temos que lembrar que estamos ambos no mesmo time e que nossos pontos de vista fazem sentido da nossa perspectiva. Nunca há sentimentos errados, e até os fatos assumem significados diferentes para cada pessoa. Quando nossas emoções estão exacerbadas, pode ser difícil lembrar até mesmo do que é dito.

No meu consultório, costumo usar meu celular para ilustrar isso. Convido o casal a se sentar, um de frente para o outro, e seguro meu celular no meio. Um deles olha para a tela frontal, que costuma ter um retrato de meu cachorro, enquanto o outro olha para as costas do telefone, onde estão a lente da câmera e a capa. Então lhes peço que me digam como é meu telefone. É claro que cada um diz uma coisa muito diferente, embora, na verdade, estejam descrevendo o mesmo objeto. Então paramos para que eu possa explicar que é aí que todos os casais se complicam: em discussões intermináveis a respeito do que eles veem e sentem como verdade, quando, de fato, há sempre muitas maneiras diferentes de ver as coisas, dependendo da perspectiva de cada um.

Falamos de como surge a empatia quando paramos de tentar provar que nosso ponto de vista está certo e, em vez disso, ficamos curiosos para ver as coisas pela lente de nosso par. Muitas vezes, peço a cada um que deixe de lado o que viu em meu telefone e, em vez disso, imagine vê-lo (literalmente) do lugar onde o outro está sentado. O mesmo telefone, visões diferentes. Ninguém está errado nesse cenário e não há necessidade de discutir para chegar a uma conclusão. Esse exercício simples ajuda os casais a entenderem que tentar determinar o que aconteceu realmente é menos importante do que a disposição de cada um de respeitar o fato de a experiência de cada pessoa ser real *para ela*. O passo seguinte é assumir o compromisso de descobrir quais são as lentes que entram em jogo nas nossas discordâncias. Isso começa como um trabalho com o eu mirim para os dois indivíduos, ou seja, estabelecendo a conexão com as feridas primordiais. Paralelamente, pode significar um exame de quais mensagens culturais poderosas podem tê-los moldado. Quando cada membro do casal é capaz de falar de suas experiências de relacionamento na infância, tanto na família quanto no que a sociedade os levou a esperar, é muito natural que o par sinta empatia pela dor e pelo medo que moldaram as reações hoje tão naturais no outro. Esse trabalho é a base sólida dos relacionamentos interdependentes e maduros. Com a prática, quando surgem discordâncias, os julgamentos e as brigas são substituídos pela franqueza e pela empatia. As vozes se abrandam, as rupturas são reparadas e as duas pessoas se curam e crescem juntas. O relacionamento é enfim desviado do "eu contra você" para o time Nós.

Esse último parágrafo é um esboço que nos dá uma ideia do que é possível. Ao entrarmos nisso, constatamos que o processo é mais confuso. Todos nós desenvolvemos mecanismos de defesa – evitação, raiva, culpabilização, ocultação, cuidado, para citar apenas alguns – que, com o tempo, arraigaram-se profundamente. Eles protegem as feridas do eu mirim e por isso são aliados valiosos. No entanto, por mais indestrutíveis que possam sentir-se, eles cedem por conta própria à medida que há mais cura e mais segurança na relação. Isso leva tempo, entretanto, e haverá muitos avanços e recuos enquanto estivermos em pleno processo. Num dia, os dois parceiros sentem-se suficientemente estáveis para ser curiosos e carinhosos quando um deles traz à baila um assunto delicado. Noutro dia, um ou ambos estão cansados ou fartos, ou então o assunto é sensível demais e eles retornam aos velhos mecanismos. Pode ser que haja uma briga e que ela termine com ambos dormindo em camas separadas. Mas, uma vez que os dois tenham concordado em estar juntos nesse processo de tratamento, eles podem recomeçar, no dia seguinte, do ponto em que haviam parado, com compaixão pelo momento em que as coisas saíram dos trilhos.

Mas, se sabemos disso, por que não podemos simplesmente tomar a decisão de sermos diferentes? Como já aprendemos, começamos a criar expectativas de como serão nossas relações já na infância. Parte disso está gravada em nosso SNA. Quando nossos pais não são capazes de proporcionar uma conexão calorosa e segura durante boa parte do tempo, a resposta de luta ou fuga do nosso sistema simpático entra em ação. Começamos a intuir que as pessoas mais íntimas de nós não virão nos ajudar quando nos sentirmos desconectados, por isso alteramos nossos comportamentos de modo a mantê-las o mais perto possível. Ao ficarmos mais velhos, tentamos "entender" o que acontece em nosso corpo e em nossos afetos, transformando os sentimentos em crenças a respeito da nossa falta de valor, do desinteresse de nossos pais por nós, do que podemos esperar dos outros e do que temos de fazer para manter as pessoas ao nosso lado. Ao mesmo tempo, também desenvolvemos um conjunto de proteções para impedir que as pessoas nos machuquem mais. É aí que entram os juízos de valor, as culpabilizações e a necessidade de ter razão. Ao chegarmos à idade adulta, já seguimos essas receitas tantas vezes que elas se tornaram parte de quem somos. A tarefa delas é vir nos socorrer, automaticamente, toda vez que nosso eu mirim sensível é despertado, especialmente em nossas relações mais íntimas.

Com nossas ligações mais íntimas, o que entra em jogo é o modo como nos adaptamos no passado, aprendendo a detectar mudanças sutis nas atitudes ou nos comportamentos de nossos pais. Uma mensagem de texto não respondida ou um comentário rude podem ser o bastante para disparar um fluxo de pensamentos que se alinha com nossos medos mais profundos e reforça as crenças que existem por trás deles. Nosso sistema nervoso faz uma varredura inconsciente em busca de tipos de perigo conhecidos, para que nossas proteções bem desenvolvidas possam salvar-nos num instante. Isso é tão automático quanto quando dirigimos um carro sem pensar muito no que estamos fazendo. Como as emoções e as sensações das feridas antigas despertadas dão a *impressão* de estar acontecendo neste exato momento, nossa mente olha em volta à procura de uma história para explicar o que está havendo em nosso relacionamento atual. Com base nas pequenas coisas que deram errado, montamos um inquérito sobre por que nos sentimos tão ansiosos e sobre quanto disso é culpa do nosso par. Ficamos então preparados para recolher ainda mais provas de que essa pessoa não nos ama e, com certeza, nos abandonará em breve. Tudo isso não passa de uma forma de autoproteção, baseada em condicionamentos antigos que se desenvolveram para manter o eu mirim em segurança. Infelizmente, ficarmos agarrados à nossa história sobre o que está acontecendo só faz criar uma barreira contra nossa possibilidade real de pedir e receber aquilo de que necessitamos. Ao mesmo tempo, ficamos inseguros demais para procurar saber se nosso par também está sofrendo.

O segredo para manter a mente curiosa e receptiva, em vez de saltar para conclusões precipitadas e imaginar os piores cenários – o que, por sua vez, torna mais provável que eles virem realidade –, é poder reduzir a marcha e continuar ligado no que pode estar acontecendo com as duas pessoas. De modo adaptativo, o medo faz com que nos concentremos naquilo que nos assusta, enquanto a calma nos permite ver o panorama mais amplo. O trabalho que estamos fazendo com o eu mirim neste livro vai construindo aos poucos as conexões neurais para que possamos fazer isso. Talvez notemos, primeiramente, que nossa ansiedade está aumentando e resolvamos telefonar para um amigo de confiança, ou passar algum tempo com nossos cuidadores internos. Ao nos acalmarmos um pouco, teremos mais probabilidade de contextualizar qualquer ato de nosso par que possa ter nos assustado. Por exemplo, talvez nos lembremos de que ele está atravessando um período atarefado e estressante no trabalho e tem menos tempo para responder a mensagens neste momento. Sentindo-nos mais tranquilos, podemos lembrar que a profundidade do vínculo, em todos os relacionamentos, aumenta e diminui conforme o que esteja acontecendo com cada parceiro fora do espaço relacional. Podemos até nos lembrar de uma ocasião recente em que não demos ouvido à pessoa amada quando ela pediu para conversar sobre um dilema. Agora, em vez de reclamarmos da falta de contato durante o dia, talvez sejamos mais capazes de receber a pessoa amada na porta, com empatia, e lhe perguntar como foi o dia dela.

As coisas também podem tomar o rumo oposto. Quando seu par chega em casa e a primeira coisa que diz é "Onde você estava quando eu lhe telefonei hoje?", o tom acusatório, mais do que as palavras, suscita imediatamente em você a ânsia de se defender e se proteger. Se conseguir ter em mente as feridas primordiais da pessoa amada, talvez você consiga escutar o medo por trás do mau humor dela. Vai lembrar que a mãe dela deixou de buscá-la na escola várias vezes por estar bêbada demais para dirigir. Graças à troca de informações que vocês efetuaram, você sente tristeza por aquela criança amedrontada e abandonada e imagina se terá sido por isso que o fato de não atender a ligação representou um problema tão grande. Talvez a primeira coisa que você diga seja "Desculpe se eu te assustei", respondendo ao panorama geral do que você sabe a respeito dessa pessoa, não ao protetor zangado que censurou você. Caso vocês dois tenham praticado por algum tempo essa maneira mais profunda de ver um ao outro, suas palavras gentis podem levar seu par a se sentir suficientemente seguro para dizer: "Desculpe se fui grosseiro com você." Quando vemos o eu mirim um do outro como alguém que sempre faz parte da conversa, às vezes podemos deixar de lado nossa reação protetora automática, para permitir que a cura e o aprofundamento da intimidade aconteçam.

No começo do processo das terapias de casal, o que vejo com frequência quando duas pessoas chegam ao ponto de ruptura num relacionamento é um efeito dominó em que uma entra no modo protetor, disparando uma reação igual e oposta na outra. O que se faz necessário nesse ponto é o apoio de um terceiro – eu, no caso –, para ajudar a reduzir o ritmo das coisas e a moldar uma resposta diferente. Minha curiosidade a respeito do que fere ou assusta cada um dos parceiros transforma-se, aos poucos, numa nova forma de se enxergarem. Nesse cenário, torno-me parte das vozes e da maneira de ver de seus cuidadores internos. Estar com as feridas primordiais dessas pessoas, de maneira terna e segura, ajuda o eu mirim de cada uma a se tornar parte da forma como elas veem e compreendem uma à outra.

Nos capítulos 5 e 6, nos empenhamos exatamente nesse tipo de trabalho. Compartilhar este livro com seu par, caso ele se disponha a isso, pode ajudar vocês a terem exatamente os mesmos tipos de conversa que teriam em meu consultório. Isso os encorajará a se tornarem vulneráveis, falando francamente daquilo de que necessitam – sem culpar um ao outro pelo que sentem. Talvez vocês precisem de mais atenção, ou simplesmente da reafirmação de que são amados. Desenvolver a capacidade de ter conversas francas e compassivas, mesmo nos momentos em que sentem dor, é uma parte vital para vocês se tornarem egófilos e criarem uma intimidade e uma interdependência duradouras.

ESTICANDO-SE PARA ESTABELECER UM VÍNCULO

Em momentos de aflição acentuada, experimentamos uma espécie de "contração" à medida que nossos velhos medos e dores acordam e estreitam nosso foco e nossa atenção, concentrando-os na sensação de não estarmos seguros. Uma vez que estamos criando um relacionamento mais sadio, é preciso acontecer o inverso. As duas pessoas devem estar dispostas a se esticar para fora de sua zona de conforto e experimentar novas maneiras de reagir ao se sentirem aborrecidas.

Quando falamos de limites, vimos que as pessoas de temperamentos e histórias diferentes têm formas individuais de estabelecê-los. O mesmo se aplica aos mecanismos de defesa. Quando o medo do abandono dispara, é comum as pessoas ansiosas tentarem resolver as coisas na mesma hora, de um salto. O aumento da ansiedade na incerteza as atormenta: elas precisam de respostas, precisam de uma resolução e precisam dela já! Suas emoções são opressivas e se expandem por todas as direções, levando-as a se espicharem como os muitos tentáculos de um polvo. Na tentativa de se agarrarem a alguma coisa estável, quando não encontram o volume de tranquilização de que precisam, elas podem entrar numa escalada de raiva, forçando o conflito para dar continuidade ao contato e talvez conseguir o que querem. Exemplos disso são críticas, acusações, xingamentos, gritos, ou até arremesso de objetos. Se era esse o padrão que funcionava na infância, ou se elas viram os pais brigarem dessa maneira, isso já está programado nelas e pronto para entrar em funcionamento.

As pessoas esquivas geralmente abordam o perigo de outra maneira.

Para começar, o que lhes parece perigoso é o *aumento* da intimidade, não sua diminuição. Embora em geral elas não tenham conhecimento disso, seu sistema está repleto da dor de não terem sido emocionalmente cuidadas quando pequenas, de modo que é ameaçador que alguém lhes peça para se abrandarem e chegarem mais perto. A reação delas ao medo pode consistir em se fechar, se "encolher como tartaruga". Elas podem parecer muito racionais, encontrando toda sorte de explicações lógicas para não chegarem mais perto, mas por dentro há uma desconfiança profunda da vulnerabilidade e do que ela pode trazer. Sob grande pressão, essas pessoas podem ficar com raiva, fazer comentários sarcásticos ou depreciativos, no esforço de levarem o par a se retrair momentaneamente de vergonha ou se afastar por completo. É provável que todos os familiares dessa pessoa tenham reagido dessa maneira às suas necessidades afetivas, de modo que, mais uma vez, as respostas estão profundamente programadas.

Os padrões reais de cada casal são diferentes, mas você já pode ter uma ideia da rapidez e da profundidade com que as pessoas se afastam umas das outras quando estão em campos de guerra. A boa notícia é que o maior foco de crescimento, ao aprender um novo jeito de amar e ser amado, pode encontrar-se nesses momentos de descontrole emocional e rompimento mútuo. Do auge desses enredamentos afetivos, tudo de que precisamos para iniciar um novo trajeto está presente – dois eus mirins assustados, duas pessoas buscando conexão, dois cérebros que podem ser reprogramados para responder de outra maneira e dois parceiros com potencial para transformar seu relacionamento num refúgio. É aí que os músculos do amor precisam se alongar.

Para as pessoas que tendem a se fechar quando estão sofrendo e que lidam com isso guardando segredo de suas emoções, aprender a compartilhar pode ser um trabalho muito árduo. Para as pessoas tomadas pela ansiedade, pode parecer igualmente ameaçador o pedido de que elas deem um passo para trás. Ambas também sentem a poderosa atração dos mecanismos de defesa profundamente arraigados. Reconhecer tudo isso pode ajudar os casais a descobrirem a compaixão um pelo outro, o que é um grande passo para a reconexão. Quando eles começam de fato a se abrir ou a diminuir a velocidade, tendem a descobrir que o outro sente algo muito parecido: as sensações físicas do medo. Falar disso juntos pode aprofundar mais a empatia e a conexão. Aos poucos, os dois passam da desconexão simpática à conexão ventral. A partir daí, a imagem se amplia e o eu mirim de cada um tem uma chance muito maior de obter aquilo de que precisa. Quando repetimos esse processo muitas vezes, nosso cérebro desenvolve toda uma nova maneira de ser nas relações com os outros, de amar e ser amado. Convém repetir que esse é um processo meio caótico, confuso e, às vezes, penoso, em que alguns dias correm muito melhor do que outros. Quando paramos de esperar algum tipo de processo linear de melhora e nos contentamos com algo mais parecido com uma espiral, realmente nos instalamos num relacionamento de longo prazo mutuamente curativo e deliciosamente interdependente.

Deixe-me contar uma história pessoal para mostrar o que quero dizer. Depois de meu divórcio, fiz um bom trabalho terapêutico, mas até certo ponto a verdade é a seguinte: uma vez ansiosa, sempre ansiosa. Além de nossas feridas primordiais, também temos tendências, e – na maioria de nós, ansiosos – o sistema sempre responde de maneira similar quando acontece alguma coisa que assusta. Embora isso ocorra com menos intensidade e mais recursos no correr do tempo, nossa maneira de reagir aos desafios das relações varia de um dia para outro.

A troca de mensagens sempre foi um de meus pontos inegociáveis nos relacionamentos e, quando conheci meu parceiro atual, disse a ele como era importante para mim que sempre respondesse o mais depressa possível (dentro de limites razoáveis). Ainda assim, às vezes eu lhe mando uma mensagem e se passam horas antes de eu receber uma resposta. Como ele não costuma demorar, meu corpo começa a me dizer que há algo errado, e é quando ele deixa de me responder que sinto o acesso de raiva se agitando em mim. Meu sistema nervoso simpático reage e, a partir daí, as coisas podem seguir um de dois rumos.

Pode ser que eu pergunte o que está havendo e, nesse caso, é provável que ele se torne *menos* disposto a me contar o que aconteceu. Isso pode fazer com que eu tenha vontade de explodir com ele. Onde quer que ele tente se esconder, sinto minha energia de polvo querendo arrancar à força a resposta dele, para acalmar minha ansiedade. Às vezes, a dor é tão intensa que meu eu mirim quer fazer as malas e ir embora, não porque eu queira fugir, mas porque sinto emoções tão extremas que meu corpo inteiro quer agir com base nelas. Contudo, não baseio minhas ações nesses sentimentos, porque, mesmo em meio à irritação, parte de mim observa o que se tornou um padrão conhecido. Com a ajuda de minha equipe interna, consigo aos poucos achar o caminho de volta para recuar da escalada emocional. Após anos de prática, também aprendi que me julgar por voltar ao padrão conhecido só faz piorar as coisas. A última coisa de que preciso é acrescentar uma colherada de vergonha à mistura. Assim, respiro fundo, desculpo-me com meu parceiro pela avalanche de mensagens e em certa medida perdoo a mim mesma por ser, simplesmente, um ser humano ansioso.

Quando me sinto um pouco mais dotada de recursos, às vezes consigo seguir uma trilha diferente desde o começo. Quando a mensagem não é respondida, consigo manter o foco no panorama geral. Lembro-me de que isso já aconteceu e de que costuma significar que ele está ocupado no trabalho naquele momento e depois se esquece de responder. Consigo dizer a mim mesma (e acreditar) que ele me ama. Também consigo lembrar que ele não reage bem quando alguém o atormenta. Isso evoca o que conheço do eu mirim *dele* e de por que sua tendência é retrair-se sob pressão. Assim, respiro algumas vezes, retomo o equilíbrio e me sinto capaz de lidar com isso sem me desestruturar. Oscilar para lá e para cá entre essas duas formas de reação faz parte de qualquer processo de crescimento.

Além de meu trabalho para continuar a fornecer um porto seguro ao meu eu mirim, também tive que aprender maneiras de tornar seguro para meu parceiro contar o motivo de ele estar nervoso. Primeiro, isso significa lembrar a mim mesma que ele não vai me abandonar. Quando ele se retrai, está apenas vivenciando a própria ferida. Também ajudo meu eu mirim a reconhecer que minha dor é uma resposta a algo antigo em mim, não o resultado do comportamento de meu parceiro. O que descobri foi que meu compromisso com esse trabalho realmente dá ao meu par margem para processar seus sentimentos e trabalhar no sentido de compartilhar o que o aborrece.

Conforme vou aprendendo isso, muitas vezes consigo guardar um espaço para nós dois, até ficarmos aptos a conversar sobre o assunto de modo maduro e não reativo, e regressar a uma postura de conexão e entendimento. A capacidade de notar, de obter apoio interno e externo e de reconhecer meus sentimentos, sem atribuição de culpa, me ajuda a não me perder por completo nos sentimentos antigos, mesmo nos dias mais desafiadores. Por sua vez, meu parceiro também se conscientizou mais de sua tendência a se isolar, e vem trabalhando para se tornar vulnerável e se comunicar quando está nervoso. Isso me ajuda a lembrar que ele não se afasta para me ferir, mas em autodefesa, por causa de suas feridas. Essa compreensão me impede de levar demais as coisas para o lado pessoal e assim fico mais disponível para elaborar tudo. Pois bem, lembre-se de que sou uma especialista em relacionamentos que estuda isso como meio de vida, e mesmo assim *continuo* a ter momentos de ansiedade em que é desafiador preservar a consciência e me recompor. Mas, como nos dispomos a nos esticar além de nossas zonas de conforto no relacionamento, ele e eu vamos conseguindo manter períodos muito mais longos de intimidade e conexão, com rupturas que vêm se tornando menos numerosas e mais espaçadas ao longo do tempo. Como também aprendemos a corrigir as coisas e retomar a conexão mais depressa, nos tornamos aptos a acreditar cada vez mais profundamente que amamos um ao outro, mesmo quando surgem conflitos.

Embora eu tenha um parceiro que tende a se fechar, ele também é capaz de uma empatia e uma conexão tremendas, e demonstrou seu compromisso com o nosso relacionamento ao se dispor continuamente a aprender e a evoluir comigo. Não era assim com meu ex-marido, e não estou exagerando quando digo que ter um parceiro disposto a nos conhecer tal como somos, com ansiedade e tudo, é fundamental para nos movermos em direção a uma intimidade e uma interdependência mais profundas. Toda vez que você e seu par optam por fazer juntos uma pausa e reagir amorosamente, vocês estão, em essência, optando pelo time Nós.

CRIE ESPAÇO PARA A CONVERSA

É claro que o processo curativo não acontece com os casais apenas nos momentos difíceis! Também pode ser útil ter conversas francas com seu par sobre as maneiras de vocês dois reagirem à dor e ao medo (raiva, acusações, retraimento, choro) quando as coisas vão bem. Revelar que essas são pistas de que você está se sentindo assustado ou magoado pode ajudar os dois a reconhecerem os momentos em que um ou outro precisa de ajuda para recompor o equilíbrio. Ao reservar tempo para conhecer os padrões do outro *antes* que as coisas explodam, vocês assumem o compromisso de reparar cada ruptura enquanto ela acontece, trabalhando numa estratégia sólida que acabará por se tornar natural.

Como ponto de partida, é útil o casal concordar que cada um possa fazer pedidos referentes às suas necessidades. "Ei, estou sentindo que estamos distantes. Quando podemos conversar?" Criar um espaço seguro para esses pedidos vulneráveis constrói uma base para se lidar de maneiras diferentes também com as rupturas potenciais. Vocês podem ainda estabelecer que qualquer um pode pedir tempo em meio a uma discussão se notarem que precisam se acalmar. Quando as coisas começam a ficar acaloradas, vocês podem resolver que um dos dois vai simplesmente dizer o que está sentindo, por exemplo: "Estou ficando com raiva e preciso de um tempo. Volto daqui a alguns minutos, depois que as coisas se acalmarem dentro de mim." "Estou começando a sentir vontade de sair correndo porta afora e quero apenas me sentar em silêncio por alguns minutos. Podemos conversar depois?" Alguns casais descobrem que precisam estabelecer determinado tempo para se recompor, a fim de que as coisas se assentem. As pessoas ansiosas podem ser mais facilmente tomadas pela emoção e têm uma tendência maior a escalar rapidamente. Se você age mais ou menos assim, pedir um tempo pode ser vital para que seu par reaja de maneira mais lógica e ouça você. A história de Sandy e Kristy é um exemplo de como isso funciona.

O POLVO APRENDE A SE ACALMAR

Sandy era um perfeito polvo em seu relacionamento, e seu estilo de proteção consistia em ficar com raiva, criticar a parceira, Kristy, e às vezes até atirar objetos. Ela contou que era bom demais deixar as emoções voarem soltas na hora do acontecimento, mas depois isso a levava a se sentir péssima, por ter magoado Kristy, e a passar um bom tempo arrumando a própria bagunça. Sandy conseguia perceber que, mesmo que sua raiva lhe parecesse válida na hora, caso ela quisesse retomar a conexão com a namorada, teria que encontrar outra maneira de lidar com as emoções que a invadiam.

Quando elas procuraram minha orientação, Sandy e eu exploramos o medo que a levava a esses rompantes. Tinha toda a razão para sentir medo da desconexão, uma vez que seus pais brigavam demais para cuidar dos cinco filhos. O papel de Sandy tinha sido o de intervir nas brigas. Ela voava para o meio do conflito e tentava fazer com que os dois parassem. Eles nunca paravam, mas ela nunca deixava de tentar. Seguindo esse padrão, era comum tentar consertar a ruptura com a parceira no calor do momento, mas Kristy se retraía ao se sentir atacada. Precisava de espaço para processar o ocorrido e não falava com Sandy depois da briga. Esse padrão deixava Sandy em suspenso, remoendo a angústia de não saber quando (e se) a companheira se disporia a restabelecer a conexão. Para ajudá-la a ver por que isso era tão difícil, voltamos ao seu eu mirim no meio das brigas. Sua incapacidade de obter a atenção dos pais criava puro pânico. Em nossas sessões, Kristy também pôde ver e até legitimar como devia ser difícil para Sandy distanciar-se afetivamente da parceira depois das brigas.

Juntas, fizemos um plano para quando Sandy se irritasse. Ela diria: "Estou beirando a raiva neste momento porque estou irritada e preciso de um espaço para me acalmar." Depois faria um pedido: "Podemos combinar uma hora para conversarmos a respeito disso? Eu a amo e preciso ter certeza de que você estará aqui comigo." Por sua vez, Kristy disse que, para se sentir suficientemente segura, seria útil elas combinarem uma ocasião para conversar, talvez após algumas horas ou, em alguns casos, até no dia seguinte. Ela se sentia à vontade para dizer a Sandy: "Você é importante para mim. Eu a amo. Preciso de um tempo para processar isso e depois podemos conversar."

A intenção delas ao terem essa conversa, inclusive marcando um horário específico para tornar a se reunir e consertar a ruptura, era reafirmar uma à outra que as duas estavam igualmente comprometidas com o relacionamento. Isso ajudou Sandy a saber que suas necessidades eram importantes para Kristy e que elas sanariam o problema. Seu eu mirim pôde compreender como aquilo era diferente da negligência afetiva que tinha vivenciado na infância. Isso a impediu de entrar numa espiral e ela pôde passar algum tempo com o apoio de seus cuidadores internos e escutar o eu mirim, para continuar a curar essa ferida primordial. Kristy também achou que era mais seguro abrir-se quando Sandy estivesse mais calma. Sandy precisava saber que era importante e que Kristy estava tão comprometida com o relacionamento quanto ela, e Kristy precisava de permissão para processar o ocorrido e se recompor. Criar de antemão uma estrutura clara para esse processo ajudou as duas a se sentirem protegidas e suficientemente seguras para não recorrerem às suas conhecidas defesas. Elas ficaram mais aptas a se manter conectadas, desde o momento da ruptura até a conciliação. Depois de alguns meses de dedicação a essa prática, Sandy sentiu-se suficientemente protegida para poder dizer diretamente a Kristy: "Estou sentindo o mesmo medo que sentia quando eu tinha 5 anos e meus pais ficavam gritando. Será que você pode me abraçar?" Isso era algo que Kristy podia fazer de todo o coração.

A energia do polvo se acalmou, enquanto a energia da tartaruga se tornou mais vulnerável, possibilitando o retorno a um estado ventral de conexão e reconciliação.

Quando o polvo aprende a conter seu sistema nervoso com calma e a tartaruga aprende a esticar o pescoço com vulnerabilidade, os dois parceiros podem voltar a um estado ventral de conexão franca, a fim de repararem o mal-entendido. É claro que chegar a essa situação é muito mais fácil na teoria do que na prática, e pode ser particularmente difícil no calor do momento e no início do desenvolvimento de novas respostas. Depois de duas pessoas criarem uma estratégia e uma delas pedir tempo, o exercício a seguir, retirado da terapia de relacionamento Imago, cria uma estrutura maior para a comunicação quando elas se reúnem. Embora a ênfase seja desenvolver a compreensão e a empatia em relação às necessidades de cada um, é comum este exercício levar a uma solução do que quer que tenha causado a ruptura, como um subproduto do compartilhamento dessa comunicação franca.

EXERCÍCIO: PREPARAÇÃO DO TIME NÓS

Primeiro, marque uma hora para falar com seu par e fazer as pazes. Para isso você precisará ter calma suficiente para entrar em contato e falar com uma postura de não culpabilização. Por isso, antes de fazer essa tentativa, certifique-se de que teve tempo suficiente para sair da ativação simpática e entrar no estado ventral. Lembre-se de que se você está tendo uma reação extrema, seu eu mirim ferido está tornando a experimentar alguns momentos de dor e medo. Para descobrir o porquê, rastreie o que estiver sentindo até chegar à raiz disso da melhor maneira possível, para poder sentir que as grandes emoções estão vindo de uma experiência anterior, não inteiramente das palavras ou dos atos de seu par. De preferência, isso deve acontecer com ambas as partes. Quando uma pessoa assume o compromisso de se responsabilizar pelos próprios sentimentos, a outra tem mais tendência a fazer o mesmo.

1. Quando você houver se acalmado e estiver pronto para conversar cara a cara com seu par, concentre-se em seu coração. Certifique-se de que está ancorado nele, respirando fundo e levando o ar para o peito. Lembre-se: "Estamos no mesmo time."

2. Para começar, pensem nas coisas que vocês apreciam um no outro e digam em voz alta, um de cada vez. Podem falar de quantas coisas quiserem. Sei que isso soa como um pedido e tanto, numa hora em que vocês talvez estejam irritados um com o outro, mas isso

vai ajudar a baixar suas defesas e a mantê-los num estado franco e empático em que possam se conectar.

3. Alternem-se ao falar sobre o motivo de estarem irritados, usando o cronômetro do celular. Quando for sua vez de falar, fale por três minutos ou menos e use frases na primeira pessoa na medida do possível. Por exemplo: "Meu medo é que você não me ame quando não responde às minhas mensagens." Se souber de algum sentimento ligado ao que você vivenciou quando criança, pode revelá-lo. Não culpe seu par por seus sentimentos; simplesmente diga que ele está tocando numa velha ferida.

4. Agora é a vez de seu par repetir o que ouviu e, em seguida, perguntar-lhe se o escutou direito. Não há debates nem ressignificações. Na terapia de relacionamento Imago, damos a isso o nome de *espelhamento* ou *escuta refletora*.

5. Depois de um falar e o outro escutar e espelhar aquilo que ouviu, troquem de lugar. É tarefa de ambos ver, ouvir e se manter em sintonia com o que está acontecendo com o par da melhor maneira possível, ativando o chamado *circuito de ressonância* no cérebro, que permite ter empatia com a experiência da outra pessoa.

6. Como passo adicional, o ouvinte pode acrescentar algumas palavras de legitimação, tais como: "Faz sentido você se sentir assim, considerando o que me contou." Lembre-se de que todos os sentimentos são verdadeiros e você não tem que concordar com uma pessoa para validar o que ela vivencia.

7. Depois de ambos terem tido a oportunidade de realmente ouvir e validar a experiência do outro, é possível até que vocês sejam capazes de chegar a uma solução. Ela pode consistir em algo tangível e passível de ser posto em prática, ou pode apenas significar dizer ao outro que você se dispõe a ser mais atento às necessidades de ambos ao seguirem adiante.

É impressionante ver como é curativo fazer com que seu par espelhe você, e esse exercício simples pode ajudar a curar as feridas antigas de não ser visto, ouvido ou validado. Agora seu par vai se tornando uma das vozes de seus cuidadores internos e estará com você mesmo quando vocês não estiverem fisicamente juntos. Vi esse exercício transformar relacionamentos, à medida que os casais ficam muito menos propensos a culpar um ao outro pelo que sentem e mais dispostos a se abrir, a se tornar vulneráveis e a construir uma intimidade mais profunda entre os dois.

AME A PESSOA POR INTEIRO

Iniciamos este capítulo reconhecendo que não existe ser humano "perfeito". Todos nós temos nossas feridas e, quando duas pessoas se juntam, é inevitável que tropecem nos pontos sensíveis uma da outra em algum momento. O segredo da formação de vínculos duradouros, seguros e íntimos com outra pessoa está em vê-la como o ser humano inteiro que ela é, aprofundar a compreensão das feridas primordiais da infância, aprender a assumir a responsabilidade pela busca da própria cura por meio de apoio e reconhecer que todos estamos apenas fazendo o melhor possível. Em última instância, também é assim que aprendemos a dar – e receber – o amor e a aceitação que todos nós merecemos.

Toda vez que você achar que seu relacionamento está se transformando num campo de batalha, pergunte: "Quais são os superpoderes da nossa relação? Em que melhoramos ao longo do tempo? O que nunca tivemos necessidade de elaborar como casal?" Essa pode ser uma conversa maravilhosa a compartilhar. Fiel à adaptação, nosso SNA nos manda focalizar as experiências que nos parecem ameaçadoras, mesmo quando essa ameaça vem do passado. À medida que nos curamos, ganhamos a capacidade de optar por também celebrar aquilo que amamos em nosso par. Isso significa investir tempo em nos concentrar na pessoa por inteiro. Embora nosso par possa não ser o melhor numa dada área, lembrar a nós mesmos suas qualidades positivas ajuda-nos a começar a aceitar essa pessoa amada por ser quem ela é, em vez de tentar transformá-la num robô amoroso bidimensional que nunca mais nos magoe.

Antes de tudo, isso quer dizer que o casal deve se tornar egófilo e cultivar vínculos de confiança fora do relacionamento. Com esse apoio, vocês poderão desenvolver a capacidade de manter seu eixo central quando as tempestades da ansiedade ou as premências do retraimento se intensificarem. A partir dessa postura, o estabelecimento de uma intenção de reparar qualquer ruptura que surja, por mais dolorosa que seja, tornará mais fácil lidar com os inevitáveis altos e baixos de *todas* as suas relações, inclusive com amigos, familiares e colegas. Com o tempo, esses períodos de discórdia ajudarão, na verdade, a construir mais confiança e intimidade e ao mesmo tempo perceber que os conflitos não levam necessariamente a rompimentos (isto é, ao abandono). Sim, os sentimentos são delicados, confusos e imprevisíveis, mas estão apenas tentando nos mostrar do que necessitamos. Quando assumimos a responsabilidade por nossas feridas primordiais e pelas defesas que desenvolvemos para nos mantermos seguros, criamos opções de como reagir.

Mais uma vez: isso requer tempo, prática e a disposição de ver o que está realmente acontecendo com as duas pessoas. Vamos encerrar aqui com outro exercício para ajudar a expandir seu carinho pela outra pessoa por inteiro em cada uma de suas relações.

Meditação: Traga a pessoa amada para seu coração

No Capítulo 4, fizemos a meditação da Varredura Cardíaca para explorar como é ter acesso à inteligência do coração e usá-la para conectar você com seu mundo interior. Este exercício é parecido. Para começar, baseie-se no momento presente, prosseguindo com as instruções a seguir. Antes de iniciar, encontre um lugar seguro e silencioso em que possa deitar-se e praticar um mergulho em si mesmo.

1. Comece por deitar-se e respirar fundo várias vezes, levando o ar até seu abdômen. Encha-se de ar na inspiração e solte todo o ar ao expirar. Concentre-se na passagem do ar pelo seu corpo. Quando sentir o corpo relaxar e acomodar-se, comece a guiar o ar até seu espaço cardíaco.

2. Ao se sentir pleno da inteligência do coração a respeito de seu estado, concentre-se em algo pelo qual se sinta grato. Pode ser o seu coração batendo, ou simplesmente algo que o faça sorrir. Agradeça por isso inspirando até o centro do coração. Passe alguns minutos sentindo realmente a energia da gratidão antes de seguir para o próximo passo.

3. Agora, comece a visualizar a pessoa amada. Observe o que acontece em seu coração ao pensar nela. Visualize-a diante de você ou relembre sua presença energética. Deixe-se sentir essa pessoa como um ser inteiro. Se você notar alguma tendência a julgar partes individuais, simplesmente retorne seu foco para o espaço do coração.

4. Agora, observe o que sente no corpo ao pensar nessa pessoa amada. Há receptividade e conexão ou você se enrijece e se fecha? Simplesmente observe. Você não tem que formular nenhum juízo sobre o que sente.

5. Quais são as sensações físicas? Na presença interior de seu par, seu corpo sente-se leve, suave, vazio, ou até inexpressivo? Pode haver formigamento, calor, frio, ou até dor. Repare onde em seu corpo você experimenta essas sensações.

6. Quais emoções estão presentes? Amor, raiva, ressentimento, bondade, medo, ou outra coisa? Talvez seja uma combinação de diferentes emoções. Se seu pensamento começar a acelerar, deixe-se voltar a sentir as sensações do corpo. Quando tornar a se sentir acomodado, deixe de lado qualquer emoção que surja e volte a se concentrar em seu espaço cardíaco.

7. Como vocês se relacionam um com o outro? É possível que haja um espaço aberto entre você e seu par, ou algum tipo de obstrução, ou uma sensação de superposição que torna desafiador discernir um do outro. Observe isso. Que cores e texturas fazem parte do espaço entre vocês dois? Enquanto você observa, qualquer aspecto

desse espaço pode mudar ou não. Apenas deixe-o desenrolar-se livremente.

8. Enquanto mantém essa sensação, você pode se lembrar de situações passadas entre o casal, ou de épocas anteriores. Se vierem lembranças à tona, apenas as observe e deixe-as passar. Em seguida, volte ao seu espaço cardíaco, respirando uma ou duas vezes.

9. Quando estiver de novo no espaço em volta do coração, observe o fluxo de energia entre você e seu par. Se essa energia fluir livremente, apenas fique com essa sensação. Se você se sentir emperrado, observe em que parte do corpo sente isso. Se você permitir a obstrução, em vez de resistir a ela, o que acontece? Não é necessário mudar nada, apenas experimentar, sem julgamentos, o que estiver acontecendo.

10. Se em algum momento você se sentir alheio à experiência, perguntando a si mesmo o que seu par pode estar fazendo, simplesmente retorne ao espaço do coração, respirando suavemente umas duas vezes. Depois disso, volte à experiência de seu corpo diante da presença da pessoa amada em seu coração.

11. Peça que seu centro cardíaco envie uma mensagem e veja o que aparece. Em seguida, peça à pessoa amada a mensagem de que você precisa para continuar centrado e para vê-la com clareza. Você pode obter ou não uma resposta clara. Perguntar já é o suficiente.

12. Da melhor maneira possível neste momento, veja seu par como uma pessoa inteira, alguém que também carrega suas feridas, e apenas deixe-o ser. Depois, peça ao seu centro cardíaco que lhe mostre alguma qualidade que você aprecia na pessoa amada e concentre-se nisso, expandindo essa ideia até que ela encha sua percepção. Fique assim por alguns momentos, deixando a presença positiva de seu par entrar no espaço de seu coração.

13. Depois, volte à sensação do par como uma pessoa inteira e fique aí, com um sentimento de gratidão pela oportunidade de estarem juntos e crescerem juntos. Deixe essa imagem do par dissolver-se enquanto você volta à sensação de si mesmo como uma pessoa inteira.

14. Descanse e relaxe, absorvendo tudo que experimentou, até se sentir pronto para fazer a transição de volta ao ambiente em que se encontra. Abra então os olhos, delicadamente.

Por poder vivenciar seu par como alguém presente dentro e fora de você, você pode começar a sentir a profundidade da intimidade do casal, além de aceitar e apreciar essa pessoa como indivíduo. Essa combinação de singularidade e diferença é a essência da interdependência. É difícil formulá-la em palavras, mas é inconfundivelmente gratificante quando você a vivencia. Aprender a ver nossos parceiros e suas necessidades sem nos ativar por elas é parte de voltarmos a nos apaixonar de um modo novo e forte, muito depois que a febre inicial da paixão romântica se foi.

Vejo com muita frequência uma pessoa tentar modificar a outra e consertar algo que nem sequer está quebrado. Numa relação mutuamente amorosa, é importante aceitar que algumas coisas jamais se modificarão. A comunicação sempre pode melhorar e as feridas antigas podem curar-se, levando a mudanças essenciais na forma de uma relação entre duas pessoas, mas às vezes simplesmente temos de aceitar o que vemos como defeitos de nosso par. Mais uma vez, isso começa com você. Quanto mais você é capaz de aceitar tudo que tem em si, mais será capaz de aceitar tudo que há na pessoa amada. Em vez de adversários, vocês começarão a se ver como realmente são: dois seres humanos perfeitamente imperfeitos, ajudando um ao outro a se curar por meio de uma consciência maior, em prol de uma intimidade que se aprofunde mais e mais.

CAPÍTULO NOVE

O poder transformador do amor

Estamos chegando ao fim de nossa jornada. Minha esperança é que você esteja começando a compreender que, embora seus padrões de apego estejam enraizados em seu corpo, você também tem uma enorme capacidade de curar suas feridas, tornar-se egófilo e atrair toda sorte de relacionamentos que realmente lhe deem apoio. Também espero que você tenha desenvolvido uma consciência mais profunda de por que reage como reage, e de que isso se deve a muitos fatores que estão fora do seu controle. É enxergando toda nossa história pessoal dessa nova perspectiva que começamos a ganhar mais compaixão uns pelos outros e pelas feridas que carregamos. Embarcamos juntos numa jornada de cura que mudará a sua narrativa do que é possível num relacionamento. Todos temos nossas maneiras de reagir à dor. Todos carregamos feridas primordiais. E todos temos uma história singular. Ao trabalhar em conjunto com seus padrões de ansiedade, você os cura, pratica estar com seu eu mirim e cuidar dele, aceita seu eu pleno e convida pessoas emocionalmente presentes para seu mundo, a fim de poder desenvolver uma sensopercepção de segurança e confiança. É esse o caminho para nos assentarmos na segurança interior pela qual todos ansiamos e de que todos necessitamos.

Embora ter um par romântico possa oferecer uma cura profunda, outros relacionamentos de apoio também proporcionam um porto seguro que ajuda a criar uma fundação sólida sobre a qual é possível construir.

Isso porque todos os nossos relacionamentos, não importa como os vivenciemos, fornecem-nos um espelho que reflete nosso eu, destacando os pontos em que a cura aconteceu e onde ela ainda é necessária. Essa é uma trilha que percorreremos ao longo da vida inteira, que nos ajuda a evoluir continuamente para o sentimento de nossa plenitude como seres humanos. Ao nos tornarmos mais egófilos, começamos a desenvolver com nós mesmos uma intimidade que continuará fomentando os tipos de parcerias que respaldam a cura e o vicejar de todos os envolvidos. Esse tipo de interdependência é o que todos realmente desejamos, e você está bem avançado no caminho para experimentá-la.

UM PAR CÓSMICO NA CURA

Encontrar alguém e aprender a crescer com essa pessoa, de um modo egófilo e consciente, enquanto se vivencia a intimidade profunda que permite que dois indivíduos sejam eles mesmos, é aquilo a que viemos nos referindo como a arte da interdependência. Pessoalmente, refiro-me a essa companhia terapêutica como *par cósmico*. Creio que encontrar alguém que compartilhe a cura com você, fazendo-lhe um convite para experimentar um novo jeito de amar, é um acordo espiritual, além de profundamente humano. Nesse tipo de relacionamento, os dois aprendem juntos. Nem sempre terão passos perfeitamente alinhados, porque os passos em falso fazem parte do processo e de nossa condição enquanto seres humanos. Como vimos, esses momentos de ruptura transformam-se em oportunidades de reparação, levando a uma intimidade que se aprofunda cada vez mais.

Pela minha experiência, achar nosso par cósmico é mais fácil quando deixamos as coisas correrem, quando focamos nas amizades e no apoio de qualidade e nos empenhamos em confiar no universo, acreditando que essa pessoa aparecerá para nós quando estivermos prontos. Muitas vezes, o provérbio antigo "Quando se para de procurar, lá estão eles" mostra-se verdadeiro. É que deslocamos nosso foco de encontrar a pessoa capaz de nos completar e permitimos que todos os relacionamentos da nossa vida se curem e nos apoiem. Você percebe como isso aumenta a probabilidade de encontrar um par que também faça parte desse processo?

Para a maioria de nós, ansiosamente apegados, a busca constante da pessoa certa mantém elevada a tensão em nosso ser. Essa sensação é um lembrete tão vigoroso de situações da nossa infância que mantém em funcionamento os velhos padrões de relacionamento. Quando estamos com pessoas seguras, nosso corpo aprende aos poucos a relaxar e a se abrir para o apoio que agora nos cerca.

Também é perfeitamente normal e saudável desejar uma parceria romântica. Aprender a focalizar todos os aspectos da construção de uma vida segura com outras pessoas permite que você amplie seu foco para permitir que essa pessoa entre em sua vida. Se você está com alguém neste momento e há conflitos, talvez tenha a oportunidade de compreender essas rupturas através de uma lente mais consciente e compassiva, o que permitirá a vocês dois aprofundarem a compreensão um do outro e, com isso, se aproximarem. Meu lado espiritual tem a forte impressão de que as pessoas de fato nos são enviadas na hora certa, e de que existe um desígnio cósmico de quem entra em nossa vida, inclusive nossos amigos e outros relacionamentos que nos dão apoio. Se você tem menos inclinação para a compreensão espiritual disso, a neurociência relacional diz que temos uma sede intrínseca de vínculos calorosos, não importa quantas sejam as feridas que carregamos. Na presença do apoio certo, também ficamos preparados para curar e encontrar uma segurança mais profunda dentro de nós. Cada um desses vínculos calorosos, tanto espirituais quanto humanos, ajuda a construir segurança e confiança em todos os relacionamentos, somando-se à voz e aos sentimentos de nossa comunidade de cuidadores internos.

À medida que você aprende essa nova maneira de amar, sua parceria romântica pode consistir em crescerem juntos enquanto ambos continuam a curar camadas cada vez mais profundas. Esse é o trabalho mais intenso para o eu mirim de vocês dois. Para muitos casais, o processo de cura é parecido com revisitar, com consciência e habilidade, sentimentos e situações que causam dor, para que, toda vez que surgirem rupturas, vocês possam vivenciá-las de modo diferente. Por exemplo, graças às minhas experiências infantis e ao meu primeiro casamento, eu ainda tinha medo quando havia um conflito (ou até uma mensagem de texto ignorada) com meu parceiro atual. Por meio de experiências repetidas de ruptura e reparação, vim a aprender que o conflito era seguro, que expressar minhas necessidades era permitido e que a desconexão não resultava no abandono. Em suma, aprendi que *essa pessoa não estava indo embora*. Aprendi que não havia problema em expressar minhas emoções e dizer minha verdade, e que podíamos ser dois seres humanos perfeitamente imperfeitos juntos. O trabalho que iniciamos no Capítulo 5 sobre a adoção de seu eu pleno permitirá que você se junte a outra pessoa. Esse *ver dentro de si* pode unir-se a outra pessoa que também esteja desenvolvendo a capacidade de ser vulnerável, o que permite um apoio mais profundo para os dois enquanto vocês compartilham essas partes valiosas e vulneráveis do seu eu inteiro. Quando consigo falar da parte de mim que treme de medo quando ele se esquece de responder a uma mensagem, e quando ele pode igualmente revelar a parte de si que sente necessidade de se desligar de mim quando eu o critico com rispidez, podemos criar um espaço seguro entre nós para cuidar de todas as partes feridas de um e de outro.

Pouco depois de começarmos a sair, o homem que hoje é meu parceiro me perguntou: "Quanto tempo você vai levar para confiar em mim?" Olhei para ele e respondi: "Uns cinco anos." E não estava brincando! Eu já confiava nele em muitos sentidos, mas sabia que, por causa do meu passado, teria que aprender a confiar no *processo* pelo qual se desenrolam os relacionamentos sadios. Eu queria ter certeza de que poderíamos elaborar nossos problemas de forma consciente, porque sabia que eles iriam surgir, como surgem em todas as relações. Como mencionei, eu tinha feito muito trabalho terapêutico desde o fim de meu casamento, mas voltar a entrar numa relação íntima com alguém levou esse trabalho a um nível completamente diferente. Era menos uma questão de confiar nele e mais de acreditar que o universo me apoiaria, e de aprender a dança da interdependência. Eu nunca havia experimentado isso, nem com meus pais nem com meu primeiro marido. Minha narrativa precisava passar de *Os relacionamentos são perigosos e me magoam* para *Agora tenho este parceiro de dança com quem aprender*. Todos os dias eu tinha de encontrar maneiras de abrir mão de meu medo e mergulhar na confiança em nosso compromisso de crescer juntos. Com o tempo, o passado deixou de ditar minhas ações, permitindo-me estar cada vez mais presente com ele a cada momento.

Nosso compromisso mútuo aprofundou-se com o passar dos anos, à medida que fomos ganhando mais confiança um no outro, mesmo em nossos dias mais confusos. Alguns dias ainda são difíceis. Acho que as pessoas que nos veem no Instagram e em outras plataformas imaginam que temos um relacionamento perfeito, e, sob certos aspectos, nós temos, não por não haver problemas, e sim porque estamos continuamente elaborando esses problemas como um *compromisso conjunto*. Agora você sabe que todos os relacionamentos são cheios de percalços e que esses percalços podem despertar os sentimentos mais antigos e mais dolorosos dentro de nós. Idealizar um relacionamento perfeito como algo diferente disso é uma armadilha. Os relacionamentos de sucesso não são aqueles em que tudo é um mar de rosas, mas os que nos desafiam e exigem que cresçamos.

Já que você embarcou nesta jornada, continuará a recorrer à inteligência de seu coração. Com o tempo, notará que está perdendo a sensação de que lhe falta alguma coisa, ou de que você é ruim em algum aspecto, e passará a se sentir intrinsecamente ligado a tudo que existe, porque começará a ver que todos crescem ao longo da vida, topando com obstáculos e tentando resolver as coisas, tal como você. Muitos de nós, tenho certeza, estão tentando curar cicatrizes do passado, ou até de amores atuais. Com o desenrolar de sua jornada, você sentirá a leveza proveniente de acolher e curar essa dor antiga.

A ciência nos diz que 93% de nós têm a mesma composição que poeira estelar.[33] Gosto de visualizar nossas relações de apoio como uma constelação, todos ligados e apoiando uns aos outros, para podermos continuar a brilhar. Quando nos permitimos confiar no universo e em nosso saber interior intrínseco, descobrimos que algo maior do que os pensamentos e sentimentos nascidos de nossas feridas esteve ao nosso lado, guiando-nos e apoiando-nos o tempo todo.

Creio também que a confiança crescente em sua inteligência do coração e no apoio de outras pessoas e do universo fará com que você se alinhe mais com a trilha que lhe está destinada. Isso pode levá-lo a experimentar coincidências significativas na vida, capazes de fazer você achar que está recebendo uma "piscadela" do universo.[34] O psicólogo Carl Jung chamava isso de *sincronicidade*. Sabe aquelas ocasiões em que você se pega sorrindo, numa incredulidade encantada, como se os acontecimentos estivessem conspirando para lhe mostrar que você está no caminho certo? Tudo parece alinhar-se sem que você tenha que fazer nada. Pode ser que você simplesmente tenha uma pergunta, um desejo ou uma necessidade, e a solução apareça magicamente, na hora certa. Ou ouça no rádio aquela música que você sabe ser destinada a você. Também pode ler num livro um trecho que pareça falar diretamente sobre algo que você acabou de experimentar. Com o tempo, à medida que você acerta o passo e constrói mais confiança, procure reparar em todas as maneiras pelas quais o universo age em seu favor; isso o lembrará de que sempre tem apoio. Isso quer dizer que, além de notar todas as maneiras pelas quais você foi ferido, está na hora de começar a notar todas as oportunidades que o universo lhe oferece para crescer.

Há quem diga que quando uma pessoa continua a assumir esse compromisso interior consigo mesma, ouvindo mais a sabedoria do seu coração e deixando a vida se desenrolar, ela se transforma numa espécie de ímã para o amor. Em vez de a busca do amor parecer a travessia de um deserto sem nenhum oásis à vista, a vida torna-se mais parecida com um rio que fornece uma fonte interminável e regeneradora de vitalidade e cuidado. Você pode ter a impressão de que sempre terá amor suficiente fluindo em seu interior, o que se transforma num convite para que outros se juntem a você. Você passa a compreender que o amor tem energia própria e que ela nunca se esgota. Ele está em volta de nós em muitas formas e em muitos tipos de relacionamentos, e também vai se tornando um estado dentro do próprio ser. Se tudo isso lhe parece um pouco exagerado, quero compartilhar com você a história de Noelle, que tem tudo a ver com confiar no universo e nas pessoas à nossa volta.

O UNIVERSO TEM UM PLANO MELHOR

Noelle era uma cliente minha de 36 anos que decidiu abrir mão do roteiro tradicional para uma mulher de sua idade, e, em vez disso, começou a confiar no universo. Mas partimos de uma situação muito diferente. Ela me procurou pela primeira vez em completa aflição, quando estava em um período de depressão e havia começado a beber durante o dia para amortecer a dor. Na nossa primeira sessão, contou que havia acabado de romper o namoro com seu parceiro mais recente, por saber, no fundo do coração, que ele não era grande coisa. Novamente sozinha, sentia-se abatida e achava que nunca encontraria "a pessoa certa". Explicou que, ao se conhecerem, eles haviam passado por um longo e maravilhoso período de lua de mel e feito muitas viagens juntos. Só depois de ela ir morar com ele – com todas as mudanças que a intimidade traz – é que as rachaduras começaram a aparecer. O namorado podia apoiá-la em parte do tempo, mas nunca dizia nada a respeito de si. Noelle começou a sentir que morava com um estranho, que era também bastante controlador com as coisas da casa. Com o tempo, o homem se concentrou cada vez mais no trabalho e ela passava muito tempo à sua espera, muitas vezes achando-se sozinha no relacionamento. Com grande tristeza, teve a sensatez de rompê-lo. Os dois estavam morando na Califórnia e, quando terminaram a relação, Noelle tomou a providência corajosa de se mudar novamente para a Flórida, a fim de ficar perto da família.

Apesar de os dois terem se separado e de Noelle ter criado certo distanciamento físico, seu eu mirim e seu eu adulto continuavam agarrados à *ideia* dele e às possibilidades do futuro de ambos como casal. Aos 36 anos, ela teve a impressão de que seu sonho de constituir uma família estava escorrendo por entre seus dedos. O eu mirim sentia tão plenamente sua ferida do abandono que era como se só o ex-namorado fosse capaz de aplacar essa dor. Com os sonhos adultos de Noelle e seu eu mirim muito enredados nesse homem, o sistema de apego ansioso de minha cliente estava em plena atividade quando ela me procurou. Paralelamente a fazer o doloroso trabalho de tratar de suas feridas antigas, ela e eu exploramos um recurso importante – os sentimentos de conexão que ela tivera com outras pessoas antes de conhecer o ex. Noelle contou que, pouco antes dele, andava muito contente com sua vida e nem sequer se relacionava com alguém. Morava num apartamento na Califórnia com cinco colegas. Lembrou-se de chegar do trabalho e curtir a companhia de outras pessoas em casa. Pela alegria em seu rosto e pelo modo como seu corpo relaxava, percebi que ela se sentira animada com essas ligações. Então conheceu o ex e acabou saindo daquele apartamento para investir na relação. Infelizmente, perdeu o contato com as amigas e com o círculo de pessoas de que gostava à medida que seu eu mirim estreitou o foco nessa única fonte de realização.

Ficou claro que, antes de mais nada, o processo de cura significaria ajudá-la a se tornar mais egófila e a encontrar um novo apoio para seu eu mirim. Além disso, seu eu adulto precisaria chorar a perda da *ideia* da vida que ela queria. Para seguir adiante, depois desse relacionamento, precisava renunciar ao seu objetivo de estar casada e com filhos correndo pela casa ao atingir certa idade. Para abrir mão da fantasia de que seu ex era o segredo de tudo que ela desejava, Noelle teria que aceitar um fato simples, mas normalmente assustador: não podemos controlar todos os resultados nem esperar que as coisas aconteçam dentro de um prazo determinado. Quando somos ansiosos, uma das maneiras de nos mantermos calmos é tentando controlar os sentimentos, pensamentos e comportamentos de outra pessoa. Mas isso só faz nossa ansiedade continuar a percorrer nosso corpo como uma febre, já que estamos tentando fazer o impossível. Por essa razão, nunca é tão simples apenas desistir. Isso só pode acontecer quando se constroem recursos internos seguros, para que seja possível tirar pouco a pouco as mãos do leme, retroceder e deixar o universo fazer o que sabe fazer.

Em nosso trabalho conjunto, Noelle percebeu que sua depressão não era resultado da saudade do ex. Na verdade, ela sentia uma tristeza profunda pela perda de um sonho de futuro a que havia se agarrado. Começou a sentir que as colegas de residência que realmente a haviam entendido faziam parte de sua comunidade de cuidadores internos, e que podia apoiar-se nelas mesmo que não estivessem ali fisicamente. Como essa experiência estava viva em seu corpo, ela pôde sentir quanto fora feliz ao morar com aquelas cinco mulheres e quanto sentia falta de estar com elas todos os dias. Com o tempo, Noelle pôde ver que a verdadeira felicidade era resultado de duas coisas: curar seu mundo interior e dar espaço para que a família e os amigos se ligassem a ela. Cada vez mais livre da ferida primordial do abandono, ela pôde deixar de lado o que seu ex tinha passado a representar. Pôde até ver que ter filhos com esse parceiro teria resultado em sentir-se ainda mais sozinha.

Como ocorre em todo processo verdadeiro de cura, esses momentos de avanço para um futuro com toda sorte de vínculos significativos foram acompanhados por ocasiões em que ela lamentava a perda de seu sonho de constituir uma família. Enquanto as lágrimas vinham em ondas, ela se abriu para um consolo maior e o ciclo de cura continuou, paralelamente a muitas mudanças em seu mundo externo. Graças a todo o apoio que estava recebendo, ela deixou de precisar do álcool para acalmar sua angústia e sua dor.

Quanto mais trabalhamos, mais seu mundo se expandiu. Porém, a mudança maior realmente aconteceu quando ela abandonou a ideia de que, para se sentir realizada, ela precisava de bebês em sua vida. Em vez de se concentrar no futuro desconhecido, ela conseguiu fazer-se presente para o que existia aqui e *agora*, para o que verdadeiramente lhe trazia alegria hoje. Apoiou-se nas pessoas que eram como uma família para ela e adotou um cachorro. Quando levou ao meu consultório o seu belo labrador, então com 3 anos, pude sentir a oxitocina – a substância neuroquímica da confiança – saindo pelos seus poros enquanto ela sorria de orelha a orelha. Noelle revelou não saber se precisava de um homem nem sequer se queria ter filhos, já que se sentia muito feliz do jeito que estava. E, como você já deve ter adivinhado, em cerca de nove meses ela estava com um novo parceiro romântico, que tinha uma tonelada de qualidades positivas, o que lhes permitiu criar uma relação lindamente interdependente. Com facilidade, os dois também integraram esse novo relacionamento na família e na comunidade dela. A ansiedade que a levara a se isolar de todas as outras pessoas, exceto seu ex-namorado, foi suficientemente curada para que ela pudesse acreditar que não precisava fazer isso agora. Um dia, em meu consultório, Noelle refletiu que havia um plano melhor para ela do que ela jamais poderia ter sabido, e se mostrou muito grata por ter recebido apoio suficiente para deixar pra lá a vida antiga, que ela supunha haver mapeado perfeitamente, e permitir que se revelasse seu novo futuro, surpreendentemente inimaginável.

VOCÊ É MAIS DO QUE SEU RELACIONAMENTO

Quando nos tornamos mais egófilos, paramos de perseguir ideias de amor – aquilo que um dia nos pareceu ser amor – e convidamos esse verdadeiro sentimento a entrar, agora por meio de *todos* os nossos relacionamentos gratificantes. Isso começa por nos basearmos solidamente em nosso corpo e permanecermos fiéis à inteligência do coração. Quando nos tornamos mais egófilos, não temos que lutar pelo amor nem provar que somos dignos; sentimos intrinsecamente que o somos e deixamos as pessoas se aproximarem para confirmá-lo. Isso fortalece a presença de nossa comunidade de cuidadores internos, para também sentirmos o amor que vem de dentro. Dispensamos a necessidade de encontrar "o par perfeito", ou qualquer ideia de como deveria ser nossa vida a esta altura. Quando os velhos sentimentos do eu mirim vêm à tona, passamos a dispor de recursos internos e externos para ouvi-los e consolá-los, a fim de que o processo contínuo de cura se torne parte de nosso dia a dia, tão natural quanto respirar ou escovar os dentes.

Não é só o nosso sistema de apego ansioso que nos pressiona a nos acomodarmos em certo tipo de relacionamento num determinado prazo. A sociedade também nos diz como nossa vida deve desenrolar-se. Devemos frequentar a faculdade, ter uma carreira, casar e ter filhos. A lista prossegue, e se não queremos nada disso, é porque deve haver alguma coisa errada conosco. Como resultado, podemos achar que se não atingirmos uma meta ideal, teremos fracassado, ou se nos divorciarmos, não teremos feito as coisas direito. Se ainda estivermos solteiros em determinada idade, é porque somos um produto defeituoso. Essa cronologia do ideal é transmitida de geração em geração. Mas não existe molde pronto para o amor. Não existe uma forma única pela qual nossa vida esteja destinada a transcorrer. Quando abraçamos nossa trilha individual com compaixão e compreensão, e entramos em contato com nossos desejos e necessidades à medida que eles surgem, podemos nos livrar dos estereótipos e padrões que a sociedade tenta nos impor à força. Creio que nossa cultura vem se modificando aos poucos para dar margem a uma variedade maior de estilos de vida, mas é difícil abandonar os modos antigos, e muitas mulheres ainda me procuram no consultório sentindo a pressão das normas familiares e dos ideais da sociedade.

A cerimônia de casamento é uma bela celebração, mas não modifica o que dois indivíduos são nem a natureza de seu relacionamento. Todos estamos em etapas diferentes da vida, mudando, crescendo e fazendo transições, e tudo isso sempre se desenrola com ou sem casamento, e até com ou sem par romântico. Como vimos, ser solteiro também pode ser uma ótima situação para estabelecer toda sorte de relacionamentos amorosos. Quer você esteja solteiro, no segundo ou no terceiro divórcio, num relacionamento infeliz, ou trabalhando com a pessoa amada para construir a interdependência, saiba que você está exatamente onde precisa estar para crescer e se curar.

A MAGIA FLUI ATRAVÉS DE VOCÊ

Num nível ainda mais mágico, também quero que você imagine que o poder de transformação do amor pode assumir muitas formas. Embora sejamos programados para nos corregularmos com nossos parceiros, nossa família e nosso sistema de apoio, temos também a capacidade de corregulação com a própria Mãe Natureza. Todos os dias, respiramos junto com as árvores. Nossa inalação é a exalação delas e nossa exalação é a inalação delas. Ao sentirmos isso, podemos começar a entrar em contato com nossa interdependência natural com tudo que é vivo. Na década de 1980, no Japão, a prática do *xinrin-yoku*, ou banho de floresta, firmou-se como um antídoto contra vidas cada vez mais guiadas pela tecnologia e contra o preço que isso cobra de nosso corpo, nossas emoções e nossos relacionamentos.[35] Talvez você já tenha sentido que estar perto das árvores modifica algo em você, e agora as pesquisas provam que essa prática pode reduzir a pressão sanguínea, diminuir os níveis de substâncias químicas estressantes, melhorar o sono, reduzir a raiva, fortalecer nosso sistema imunológico, promover a saúde cardíaca, aumentar a variabilidade dos batimentos cardíacos e reduzir a depressão. É de suma importância para nós, ansiosamente apegados, que nosso SNA encontre um bálsamo tranquilizador entre as árvores. Dito em termos simples, duas horas passeando pelo bosque podem nos deixar serenos e felizes, dando-nos a sensação de estar passando algum tempo com amigos muito antigos. Deixar o celular e a câmera de lado, para absorver melhor as visões, as fragrâncias e os sons da floresta (a prática do "banho de floresta"), tranquiliza nosso SNA e nos leva a acessar a sensação de união com tudo que existe. Não se trata de fazer trilhas nem exercícios, mas simplesmente andar num ritmo que pareça natural. Ao fazer isso, nosso sistema promove um alinhamento com a magia do momento presente, prática que podemos começar a trazer de volta para o dia a dia.

Por que estou dizendo isso? Para lembrá-lo de que, por mais que você se sinta desconectado num momento qualquer, a natureza em si sempre lhe dá apoio. Por exemplo, minha experiência natural de corregulação com a natureza encontra-se no mar. Seja qual for meu estado de espírito, quando entro na água cálida e fluida, meu corpo inteiro sente-se embalado pelo ritmo constante das ondas. O vaivém entra em meu corpo, me acalma e me coloca exatamente no instante da consciência serena. É assombroso ver como o relaxamento que extraio desse movimento acalma meus pensamentos ansiosos, de modo que fico apta a notar cada reflexo e cada brilho da luz cintilando na água. E você não precisa ter acesso ao mar para experimentar isso. A água cuida de mim desde que eu era pequena, pois eu costumava passar horas nadando na piscina ou tomando banho para relaxar. Os sentimentos associados a essas lembranças são, igualmente, parte de meu sistema interior de apoio.

Paremos por um instante para convidar lembranças de momentos na natureza que nos consolaram e nos revigoraram. Onde você está? O que está vendo? Que cheiros sente? O que está ouvindo? De que modo essa experiência toca em sua pele e seu cabelo? O que acontece com sua respiração e seus batimentos cardíacos? Cada um desses lugares é um recurso interno, porque o nosso corpo realmente tem memória. As lembranças não assumem o lugar das horas frequentes passadas na natureza, mas estão sempre ali para nós, nos momentos de tensão. Recordar a cadência do mar é um refúgio para mim toda vez que reduzo o ritmo e retorno a essa experiência sagrada.

Afinal, quando nos conectamos com a natureza, somos lembrados de que fazemos parte de algo maior do que nós, interligados com tudo o que existe. Sentimo-nos abraçados de um modo que proporciona segurança, somos convidados à materialização por nos ligarmos aos nossos sentidos e encontramos uma espécie de profunda intimidade. Sermos consolados pela Mãe Natureza pode se tornar uma parte poderosa de nosso trabalho curativo, caso lhe demos espaço. Ela está sempre presente para nós, pulsando e respirando em seu ritmo perfeito, oferecendo sua energia para ajudar nosso organismo a encontrar um caminho de volta para a harmonia.

É claro que nem sempre se tem acesso fácil à natureza. Às vezes, quando não posso dar um mergulho no mar, simplesmente tiro os sapatos e piso descalça em algum gramado. Sinto a terra sob meus pés, seu apoio sempre presente. Em meros cinco minutos, percebo que estou mais estabilizada. Todo o meu corpo relaxa e parte disso me acompanha quando volto ao trabalho. Talvez você goste da água como eu e um banho demorado possa acalmá-lo. Descubra o que funciona para você. Quando faz uma corregulação com pessoas que dão apoio, com parceiros e a natureza, você promove uma sensopercepção de segurança em seu ser que ajudará a dissipar sua ansiedade. E experimenta também uma das verdades do que é ser humano: estamos cosmicamente destinados a depender de muitos tipos de relacionamentos para encontrar apoio e bem-estar.

AS MUITAS DÁDIVAS DO APEGO ANSIOSO

Uma pergunta que sempre me fazem é: "Posso mudar meu estilo de apego?" A resposta é sim. Fazendo o trabalho interno de se tornar egófilo e com relacionamentos de apoio seguro, você pode passar a ter uma base interior mais estável. Mas será que sempre teremos mais inclinação à ansiedade do que a maioria? A resposta também é sim. Quando a ansiedade é um mecanismo de defesa tão conhecido que deixa você alerta para não perder os relacionamentos, ela sempre pode ser ativada por certos acontecimentos e interações, mesmo após muitos anos de terapia curativa. Tudo que você está aprendendo agora, todo o esforço que está fazendo para curar seu mundo interior e toda nova conexão que estabelece com pessoas, com a natureza e com animais que lhe deem apoio serão sempre recursos quando, de tempos em tempos, a ansiedade for despertada.

Tudo que você está fazendo para se tornar mais egófilo já vai modificando seus padrões de apego ao formar novas conexões neurais em seu cérebro e seu corpo. Ao escolher pessoas seguras e revigorantes para lhe apoiarem, você recebe o tipo de apoio de que precisava quando criança. Com o tempo, você passa a acreditar que pode receber de fora amor e apoio e entra num relacionamento romântico com uma sensopercepção maior de que a verdadeira interdependência é possível. Uma vez que suas feridas estão em processo de cura, suas reações no novo relacionamento serão mais baseadas no presente do que nos temores e dores do passado.

Se seu par tiver um apego mais seguro do que o seu, a maneira como ele se relaciona com o dia a dia e age sob tensão ajudará você a continuar em seu processo de cura. É provável que essa pessoa tenha tido muita experiência com rupturas e reparações, assim como é improvável que ela tenha dores antigas ativadas nesse relacionamento de um modo que cause grandes estragos. Ela pode lhe garantir segurança e ser seu par na dança da interdependência. Se essa pessoa tiver tendência à evitação, vocês precisarão saber reconhecer como cada um é ativado pelo outro e trabalhar juntos no processo curativo. Com alguém disposto ao seu lado, isso é sempre possível, e é um caminho potencialmente rico de crescimento mútuo.

A verdade é que nosso sistema de apego se modifica ao longo da vida, por causa de um processo chamado *neuroplasticidade*. Como temos uma necessidade intrínseca de vínculos calorosos que nunca desaparece, sempre seremos receptivos a novas ofertas de intimidade. Toda vez que encontramos segurança, vulnerabilidade mútua e apoio carinhoso nesses relacionamentos, nosso cérebro desenvolve novas conexões que apoiam o apego seguro. Nunca somos velhos demais para que isso aconteça. Quando combinamos esse tipo de apoio com todo o trabalho de cura feito com nosso eu mirim, as mudanças cerebrais que respaldam a segurança não podem deixar de se desenvolver. No entanto, em vez de se concentrar em modificar seu estilo de apego, o que por si só pode deixá-lo ansioso, sugiro que você o abrace com certa aceitação, tal como ele é no momento e tal como você acolheu todas as outras partes de si mesmo durante nosso trabalho conjunto. A outra verdade é que ser ansiosamente apegado tem muitos benefícios.

Ter um apego ansioso significa que você desenvolveu muita sensibilidade, um coração generoso e a capacidade de ter uma enorme empatia. Quando usei o polvo para explicar sua energia, talvez você tenha pensado: "Poxa, um polvo!" Mas essas criaturas desenvolveram uma inteligência incrível, por serem muito vulneráveis e em função da perda de sua carapaça protetora. Polvos têm a capacidade de mudar de cor, de forma e até de textura para se camuflar; de ejetar um tentáculo que um predador abocanhou e desenvolver outro; de se espremer por buracos minúsculos para fugir; de aprender muito depressa a executar tarefas; e até de desenvolver relacionamentos com seres humanos. Talvez você perceba como as partes vulneráveis do seu eu mirim se adaptaram brilhantemente durante a infância para manter seus pais o mais perto possível e para proteger a si mesmas, e agora, com o apoio curativo, elas também se adaptam ao amor e ao cuidado que estão recebendo. Quando nosso eu mirim já não precisa ser abnegado para que suas necessidades sejam atendidas, ele pode oferecer a outros sua sensibilidade e fornecer cuidados, com sabedoria e generosidade, a partir de uma postura egófila. Seus limites internos e externos são claros e bondosos, por isso poderão proporcionar esse cuidado e essa atenção ao seu próprio mundo interior, bem como àqueles que o cercam.

Um dom adicional é que as pessoas ansiosas tendem a ser muito receptivas à mudança. Estamos acostumados a buscar o contato em vez de nos encolhermos timidamente, como fazem as pessoas esquivas, por isso somos mais propensos a procurar os outros para nos ajudarem a curar nossas feridas primordiais. Por termos aprendido com frequência na nossa família que a cooperação era mais segura do que a resistência, tendemos a ser mais receptivos ao apoio dos outros, enquanto nossas energias expandidas nos tornam mais disponíveis para a corregulação oferecida pelas pessoas que nos cercam. As próprias capacidades que tivemos que desenvolver na infância para encontrar segurança fazem de nós parceiros ideais do processo curativo e candidatos perfeitos para a dança da interdependência, à medida que o medo e a insegurança se desfazem.

Na cultura ocidental, ensinaram-nos que a independência e a autoconfiança são valores primários. Ensinaram-nos que isso demonstra força e engenhosidade. Mas não é assim que nós, seres humanos, fomos feitos. Mais uma vez: a conexão é um imperativo biológico e todo o nosso sistema evoluiu para ter a esperança de se encontrar em relacionamentos seguros e calorosos. Uma vantagem que temos é que todo o nosso estilo de apego consiste em fazer e manter relacionamentos, ainda que as feridas primordiais provenientes dessas tentativas iniciais tenham dificultado nossa confiança nos outros. Agora, com o processo curativo e um aprendizado maior sobre o que é sadio numa relação, você pode sentir-se bem a respeito de ter necessidades, pode saber que depender de outras pessoas é saudável e comemorar sua capacidade natural de interdependência.

Na introdução deste livro, falei de minha visão do amor como a energia mais benéfica e transformadora que existe. O amor é o fio que sustenta a união de toda a humanidade, a rede que cria o próprio universo. Além disso, é nosso direito, como seres humanos, amar e ser amados, assim como nos sentirmos valorizados, seguros e apoiados em nossas relações com os outros. Tudo que compartilhei nestas páginas concerne ao processo de cura, para que possamos fazer o que é mais natural e partilhar nosso amor incondicional de um modo que inclua nós mesmos e os outros. Foi preciso parar um pouco e nos concentrarmos primeiro em nosso mundo interior, a fim de compensar o desequilíbrio que vivenciamos quando tivemos que nos adaptar doando-nos aos outros. À medida que essas feridas se curam, minha esperança é que isso se transmita aos seus relacionamentos atuais e futuros, ajudando você não só a atrair e preservar o amor seguro e duradouro pelo qual anseia mas também a se ligar a algo maior. Quer chame esse poder por um nome divino, quer veja-o como seu eu superior, quer o cultue como uma parte da natureza, seu trabalho é um só: curar-se por dentro para poder se alinhar com a força universal que é o amor, em todas as suas formas.

Ao encerrar-se o que passamos juntos, convido você a ver o trabalho em que nos engajamos ao longo deste livro como um desenrolar espiritual. Sim, tocamos em questões tão triviais quanto a louça suja deixada na pia. Também confrontamos a dor humana muito real do abandono. Acredito que, ao longo do caminho, você tenha descoberto dentro de si um amor a que possa retornar, sejam quais forem os desafios trazidos pela vida. E, sim, a probabilidade de que você encontre uma pessoa verdadeiramente gratificante e revigorante para estar ao seu lado nessa jornada aumenta. Lembre-se sempre, por favor, de como você é realmente capaz e digno do amor verdadeiro.

À medida que você der continuidade à sua cura, minha esperança é que descubra as profundas fontes de resiliência e sabedoria interiores que provêm da coragem de experimentar a si mesmo de novas maneiras, e do compromisso com uma visão mais compassiva, generosa e compreensiva de si mesmo e de sua vida. A partir dessa postura, você começa a experimentar uma nova noção de segurança, ao sentir que todos os que o amaram e apoiaram também são parte de você para sempre. Saiba que não há problema em não ter planejado tudo. Observe que você tem segurança suficiente para não ficar sempre à espera da próxima tragédia inevitável. Ao sentir seu mundo se expandir, você se dará conta de que é bom voltar a jogar com a vida. Espero que você também esteja restabelecendo a conexão com a sabedoria do seu corpo e que, ao aprender a sentir suas emoções de outra maneira, escutando o coração, você se lembre de estar presente plenamente em si outra vez, como quem volta para casa.

Ao me despedir de você, eu o imagino afastando-se de relacionamentos nos quais tenha se tornado abnegado e nos quais suas necessidades não sejam atendidas. Eu o vejo sentindo segurança suficiente para se manifestar em voz alta, não mais querendo silenciar nenhuma parte de si em troca de migalhas do chamado amor. Espero que, a esta altura, você possa ver que é digno de muito mais do que isso.

A jornada para nos tornarmos egófilos é sempre longa e tortuosa, e a cura vem em camadas. Nem sempre é fácil e às vezes machuca. Mas a alegria que vem de aceitar e amar seu eu pleno vale tudo que você empenha nesse processo. Ao longo do caminho, você descobre que encontrar o amor tem a ver com ser amor e deixar que outro alguém mostre seu amor. Em vez de um objetivo, esse é um processo que prossegue eternamente, à medida que seus relacionamentos simplesmente proporcionem o espaço seguro para você compartilhar mais do que já tem – e do que já é. Você também ganha mais clareza e discernimento a respeito daquilo que o ajuda a se sentir protegido e seguro em casa, dentro de si mesmo, o que lhe permite conectar-se de maneira mais profunda e vivenciar uma verdadeira intimidade em seu mundo interior e exterior. Qual é a minha verdadeira esperança para você? Que continue a se manter receptivo à cura. Que acolha de braços abertos o apoio de outras pessoas nesse caminho. Que esse apoio lhe dê aquilo de que você precisa para continuar dissolvendo as camadas de dor, abrindo-se para uma nova maneira de amar e ser amado. Quero agradecer-lhe por confiar em mim para ser sua guia e companheira neste caminho de volta a si mesmo e a uma vida de relacionamentos gratificantes. Sinto-me realmente honrada por compartilhar essa jornada com você – do meu coração para o seu.

AGRADECIMENTOS

Escrever este livro foi uma jornada desafiadora e recompensadora. Iniciei este projeto sentindo-me bastante só, mas o apoio de que necessitava começou a chegar. Cayla Clark fez um trabalho impressionante de editar o fluxo de pensamentos que me veio na primeira versão. Depois, houve uma grande pausa enquanto eu contemplava a abordagem, com considerável nervosismo, do intimidante mundo editorial. Durante esse período, Shannon Kaiser foi minha chefe de torcida, lembrando-me de que a mensagem deste livro era importante para mim. Foi me encorajando a seguir em frente até eu encontrar minha agente maravilhosa, Kathy Schneider. Sua crença em mim me levou adiante, dia após dia.

As pessoas certas continuaram a aparecer.

Poderíamos dizer que é de Ruby Warrington a voz de garota descolada do livro. Reescrevemos juntas o manuscrito e nos divertimos muito no processo de criação. Obrigada, Ruby, por dar vida a este livro. Depois chegou Bonnie Badenoch, com sua energia revigorante. Seu conhecimento de neurobiologia interpessoal ajudou a fundamentar o livro na ciência, e trouxe também compaixão e ternura para o processo curativo, que é a mensagem central. Obrigada, Bonnie, não apenas por me ajudar a dar clareza ao conteúdo mas também por trazer a tranquilidade e a descontração de que eu precisava.

Obrigada à minha casa editorial, a TarcherPerigee, pelo entusiasmo e pelo cuidado. Sou especialmente grata à minha editora, Sara Carder. Você tem um olhar arguto e suas sugestões deram uma ajuda significativa para que o livro fluísse para sua forma final. Melissa Montalvo, minha gerente de projeto, auxiliou-me firmemente a cada passo do caminho.

O livro também é repleto da energia de inúmeras pessoas que me inspiraram com seu trabalho. Harville Hendrix e Helen Hunt, Bonnie Badenoch, Dan Siegel, Stephen Porges, John Bowlby e Mary Ainsworth, bem como Carl Jung. Ao longo dos anos, inspirei-me num número grande demais de colegas para citá-los nominalmente, colegas que partilharam a sabedoria de seus muitos anos de prática. A coragem de meus clientes, quando eles me convidam a acompanhá-los no caminho da cura, inspira-me a cada dia. Aprendi muito com cada um de vocês, e o que vocês compartilharam comigo ganha vida a cada página.

Quero agradecer à minha família e aos amigos íntimos que me apoiaram – mamãe e papai, Blayre Farkas, Alan Stevens, Christina Arcangelo, Licette Sangiovanni e Gina Moffa, para citar alguns. Ainda mais importante é agradecer a Sven Frigger por ser meu par cósmico, alguém que me ensina diariamente sobre a parceria na cura. Você esteve sempre ao meu lado, de um modo que eu não sabia que outro ser humano era capaz, e me demonstrou um amor que eu nunca havia imaginado possível. Não fosse por seu amor, eu nunca haveria me motivado a escrever este livro. Você continua a crescer comigo e a me amar, mesmo nos dias mais difíceis. Meu profundo agradecimento a você, meu amor.

A vida é um mistério maravilhoso, e aprendi que escrever um manuscrito a ser lido pelo mundo é algo repleto de incerteza, medo e suspense. Requer uma abundância de paciência, mas, acima de tudo, uma equipe. Todos vocês estiveram ao meu lado, e sou muito grata.

NOTAS

Introdução

1 BEATTIE, Melody. *Codependent No More: How to Stop Controlling Others and Start Caring for Yourself*. Center City, Minnesota: Hazelden Publishing, 1992. p. 29-31. [Ed. bras.: *Codependência nunca mais: pare de controlar os outros e cuide de você mesmo*. Rio de Janeiro: BestSeller, 2017.]

2 SIEGEL, Daniel J. *Mindsight*. Nova York: Bantam Books, 2011. p. 55. [Ed. bras.: *O poder da visão mental: o caminho para o bem-estar*. Rio de Janeiro: BestSeller, 2012.]

Capítulo um: O papel dos relacionamentos

3 MCLEOD, Saul. "Bowlby's Attachment Theory". *Simply Psychology*, 5 fev. 2017. Disponível em: www.simplypsychology.org/bowlby.html.

4 SHAVER, Phillip R.; HAZAN, Cindy. "A Biased Overview of the Study of Love". *Journal of Social and Personal Relationships*, v. 5, n. 4, p. 473-501, nov. 1988. Disponível em: https://doi.org/10.1177/0265407588054005; KONRATH, Sara H. et al. "Changes in Adult Attachment Styles in American College Students Over Time: A Meta-Analysis". *Personality and Social Psychology Review*, v. 18, n. 4, p. 333-334, abr. 2014. Disponível em: https://doi.org/10.1177/1088868314530516.

5 PORGES, Stephen W. *The Pocket Guide to the Polyvagal Theory: The Transformative Power of Feeling Safe*. Nova York: W. W. Norton & Company, 2017. p. 5-8.

6 Id. *The Polyvagal Theory: Neurophysiological Foundations of Emotions, Attachment, Communication, Self-regulation*. Nova York: W. W. Norton & Company, 2011. p. 11-13.

7   Id. *The Pocket Guide to the Polyvagal Theory*, op. cit., p. 5-7.

8   DANA, Deb. *Polyvagal Exercises for Safety and Connection: 50 Client-Centered Practices*. Nova York: W. W. Norton & Company, 2020. p. 16.

9   Id. *Polyvagal Exercises for Safety and Connection*, op. cit., p. 8-9.

10 KAIN, Kathy L.; TERRELL, Stephen J. *Nurturing Resilience: Helping Clients Move Forward from Developmental Trauma – An Integrative Somatic Approach*. Berkeley, Califórnia: North Atlantic Books, 2018. p. 20-22.

11 SIEGEL, Daniel J. *Pocket Guide to Interpersonal Biology: An Integrative Handbook of the Mind*. Nova York: W. W. Norton & Company, 2012. p. 8-1 a 8-8; Id. *Mindsight*. Nova York: Bantam Books, 2011. p. 5. [Ed. bras.: *O poder da visão mental: o caminho para o bem-estar*. Rio de Janeiro: BestSeller, 2012.]

12 AMERICAN PSYCHOLOGICAL ASSOCIATION. "Marriage and Divorce". Disponível em: www.apa.org/topics/divorce-child-custody. Acesso em: 2 abr. 2021.

13 SIEGEL, Daniel J. *Mindsight*, op. cit., p. 59-62.

Capítulo dois: O silencioso pacto do eu mirim

14 KAIN, Kathy L.; TERRELL, Stephen J. *Nurturing Resilience: Helping Clients Move Forward from Developmental Trauma – An Integrative Somatic Approach*. Berkeley, Califórnia: North Atlantic Books, 2018. p. 34-35.

15 GREENSITE, Jeff. *An Introduction to Quantum Theory*. Filadélfia: IOP Publishing, 2017. p. 19-1 a 19-15; IDRIS, Zamzuri. "Quantum Physics Perspective on Electromagnetic and Quantum Fields Inside the Brain". *Malaysian Journal of Medical Sciences*, v. 27, n. 1, p. 1-5, fev. 2020. Disponível em: https://doi.org/10.21315/mjms2020.27.1.1.

16 BADENOCH, Bonnie. *Being a Brain-wise Therapist*. Nova York: W. W. Norton & Company, 2008. p. 60.

Capítulo três: A dança da ansiedade e da evitação

17 LEVINE, Amir; HELLER, Rachel. *Attached: The New Science of Adult Attachment and How It Can Help You Find – and Keep – Love*. Nova York: TarcherPerigee, 2011. p. 80-81. [Ed. bras.: *Maneiras de amar: como a ciência do apego adulto pode ajudar você a encontrar – e a manter – o amor*. Rio de Janeiro: Sextante, 2021.]

18 Ibid., p. 116-117.

19 GREENBERG, Elinor. "Why Is It So Hard to Leave the Narcissist in Your Life?". *Psychology Today*, 31 jan. 2018. Disponível em: www.psychologytoday.com/us/blog/understanding-narcissism/201801/why-is-it-so-hard-to-leave-the-narcissist-in-your-life; MALKIN, Craig. *Rethinking Narcissism*. Nova York: HarperCollins Publishers, 2015. p. 134-135. [Ed. bras.: *Repensando o narcisismo*. Rio de Janeiro: Réptil, 2017.]

20 RONNINGSTAM, Elsa. "An Update on Narcissistic Personality Disorder". *Current Opinion in Psychiatry*, v. 26, n. 1, p. 102-106, jan. 2013. Disponível em: https://doi.org/10.1097/YCO.0b013e328359979c; MITRA, Paroma; FLUYAU, Dimy. *Narcissistic Personality Disorder*. Treasure Island, Flórida: StatPearls Publishing, 2020. p. 1. Disponível em: www.ncbi.nlm.nih.gov/books/NBK556001.

21 SCHAEFFER, Brenda. *Is It Love or Is It Addiction?*. 3. ed. Center City, Minnesota: Hazelden, 2009. p. 103; SIEGEL, Daniel J. *Mindsight*. Nova York: Bantam Books, 2011. p. 44. [Ed. bras.: *O poder da visão mental: o caminho para o bem-estar*. Rio de Janeiro: BestSeller, 2012.]

22 BADENOCH, Bonnie. *The Heart of Trauma*. Nova York: W. W. Norton & Company, 2018. p. 115; LEVINE, Amir; HELLER, Rachel. *Attached*, op. cit., p. 251-252; SCHAEFFER, Brenda. *Is It Love or Is It Addiction?*, op. cit., p. 45.

Capítulo quatro: Escute seu coração

23 BADENOCH, Bonnie. *The Heart of Trauma*. Nova York: W. W. Norton & Company, 2018. p. 58; PORGES, Stephen W. *The Pocket Guide to the Polyvagal Theory: The Transformative Power of Feeling Safe*. Nova York: W. W. Norton & Company, 2017. p. 15.

24 CARROLL, Lynn. "Heart Scan Meditation". *Therapy Space*. Permissão de reprodução concedida em 9 mar. 2021.

Capítulo cinco: Curando o eu mirim de dentro para fora

25 BROWN, Daniel P.; ELLIOT, David S. *Attachment Disturbances in Adults: Treatment for Comprehensive Repair*. Nova York: W. W. Norton & Company, 2016. p. 292.

26 SIEGEL, Daniel J. *Mindsight*. Nova York: Bantam Books, 2011. p. 17-19, 227. [Ed. bras.: *O poder da visão mental: o caminho para o bem-estar*. Rio de Janeiro: BestSeller, 2012.]

Capítulo seis: Da abnegação à egofilia

27 DESAI, Kamini. *Yoga Nidra: The Art of Transformational Sleep*. Twin Lakes, Wisconsin: Lotus Press, 2017. p. 45-50.

28 HAIYING Shao; MING-SHENG Zhou. "Cardiovascular Action of Oxytocin". *Journal of Autacoids and Hormones*, v. 3, n. 1, p. 1, nov. 2014. Disponível em: https://doi.org/10.4172/2161-0479.1000e124.

Capítulo sete: A beleza dos limites

29 BRENT, Lauren *et al*. "The Neuroethology of Friendship". *Annals of the New York Academy of Sciences*, v. 1316, n. 1, p. 1-17, maio 2014. Disponível em: https://doi.org/10.1111/nyas.12315; HOLT-LUNSTAD, Julianne; ROBLES, Theodore; SBARRA, David A. "Advancing Social Connection as a Public Health Priority in the United States". *American Psychologist*, v. 72, n. 6, p. 12-13, set. 2017. Disponível em: https://doi.org/10.1037/amp0000103; PORGES, Stephen W. *The Polyvagal Theory: Neurophysiological Foundations of Emotions, Attachment, Communication, Self-regulation*. Nova York: W. W. Norton & Company, 2011. p. 284-289; SIEGEL, Daniel J. *Mindsight*. Nova York: Bantam Books, 2011. p. 17. [Ed. bras.: *O poder da visão mental: o caminho para o bem-estar*. Rio de Janeiro: Best Seller, 2012.]

30 JOHNSON, Sue. *Hold Me Tight: Seven Conversations for a Lifetime of Love*. Nova York: Little Brown Spark, 2008. p. 21. [Ed. bras.: *Abrace-me apertado: sete conversas para um amor duradouro*. São Paulo: Jardim dos Livros, 2012.]

Capítulo oito: Um novo jeito de amar e ser amado

31 TRONICK, Ed; BEEGHLY, Marjorie. "Infants' Meaning-Making and the Development of Mental Health Problems". *American Psychologist*, v. 66, n. 2, p. 107-119, jul. 2011. Disponível em: https://doi.org/10.1037/a0021631; LECLÈRE, Chloë *et al*. "Why Synchrony Matters During Mother-Child Interactions: A Systematic Review". *PlOS One*, v. 9, n. 12, p. 11-17, dez. 2014. Disponível em: https://doi:10.1371/journal.pone.0113571.

32 HENDRIX, Harville; HUNT, Helen LaKelly. *Getting the Love You Want: A Guide for Couples*. Nova York: St. Martin's Griffin, 2019. p. 79-81.

Capítulo nove: O poder transformador do amor

33 AMERICAN PHYSICAL SOCIETY. "How Much of the Human Body Is Made Up of Stardust?". *Physics Central*. Disponível em: www.physicscentral.com/explore/poster-stardust.cfm. Acesso em: 5 abr. 2021; SDSS/APOGEE. "The Elements of Life Mapped Across the Milky Way", 5 jan. 2017. Disponível em: www.sdss.org/press-releases/the-elements-of-life-mapped-across-the-milky-way-by-dssapogee.

34 PASCAL, Eugene. *Jung to Live By*. Nova York: Warner Books, Inc., 1992. p. 200-205.

35 QING Li. *The Japanese Art and Science of Shinrin-yoku – Forest Bathing: How Trees Can Help You Find Health and Happiness*. Nova York: Viking, 2018. p. 57-77.

CONHEÇA ALGUNS DESTAQUES DE NOSSO CATÁLOGO

- Augusto Cury: Você é insubstituível (2,8 milhões de livros vendidos), Nunca desista de seus sonhos (2,7 milhões de livros vendidos) e O médico da emoção
- Dale Carnegie: Como fazer amigos e influenciar pessoas (16 milhões de livros vendidos) e Como evitar preocupações e começar a viver
- Brené Brown: A coragem de ser imperfeito – Como aceitar a própria vulnerabilidade e vencer a vergonha (600 mil livros vendidos)
- T. Harv Eker: Os segredos da mente milionária (2 milhões de livros vendidos)
- Gustavo Cerbasi: Casais inteligentes enriquecem juntos (1,2 milhão de livros vendidos) e Como organizar sua vida financeira
- Greg McKeown: Essencialismo – A disciplinada busca por menos (400 mil livros vendidos) e Sem esforço – Torne mais fácil o que é mais importante
- Haemin Sunim: As coisas que você só vê quando desacelera (450 mil livros vendidos) e Amor pelas coisas imperfeitas
- Ana Claudia Quintana Arantes: A morte é um dia que vale a pena viver (400 mil livros vendidos) e Pra vida toda valer a pena viver
- Ichiro Kishimi e Fumitake Koga: A coragem de não agradar – Como se libertar da opinião dos outros (200 mil livros vendidos)
- Simon Sinek: Comece pelo porquê (200 mil livros vendidos) e O jogo infinito
- Robert B. Cialdini: As armas da persuasão (350 mil livros vendidos)
- Eckhart Tolle: O poder do agora (1,2 milhão de livros vendidos)
- Edith Eva Eger: A bailarina de Auschwitz (600 mil livros vendidos)
- Cristina Núñez Pereira e Rafael R. Valcárcel: Emocionário – Um guia lúdico para lidar com as emoções (800 mil livros vendidos)
- Nizan Guanaes e Arthur Guerra: Você aguenta ser feliz? – Como cuidar da saúde mental e física para ter qualidade de vida
- Suhas Kshirsagar: Mude seus horários, mude sua vida – Como usar o relógio biológico para perder peso, reduzir o estresse e ter mais saúde e energia

sextante.com.br